高等院校国家技能型紧缺人才培养工程规划教材
物流管理专业

物流市场营销

WuLiu ShiChang YingXiao

（第3版）

曲建科 编著

电子工业出版社
Publishing House of Electronics Industry
北京·BEIJING

未经许可，不得以任何方式复制或抄袭本书之部分或全部内容。
版权所有，侵权必究。

图书在版编目（CIP）数据

物流市场营销 / 曲建科编著. —3 版. —北京：电子工业出版社，2017.2
高等院校国家技能型紧缺人才培养工程规划教材. 物流管理专业
ISBN 978-7-121-29124-1

Ⅰ. ①物… Ⅱ. ①曲… Ⅲ. ①物资市场－市场营销－高等学校－教材 Ⅳ. ①F252.2

中国版本图书馆 CIP 数据核字(2016)第 137170 号

策划编辑：刘露明
责任编辑：刘淑敏
印　　刷：北京虎彩文化传播有限公司
装　　订：北京虎彩文化传播有限公司
出版发行：电子工业出版社
　　　　　北京市海淀区万寿路 173 信箱　邮编 100036
开　　本：787×1092　1/16　印张：15　字数：375 千字
版　　次：2006 年 11 月第 1 版
　　　　　2017 年 2 月第 3 版
印　　次：2021 年 6 月第 10 次印刷
定　　价：39.00 元

凡所购买电子工业出版社图书有缺损问题，请向购买书店调换。若书店售缺，请与本社发行部联系，联系及邮购电话：(010) 88254888，88258888。
质量投诉请发邮件至 zlts@phei.com.cn，盗版侵权举报请发邮件至 dbqq@phei.com.cn。
本书咨询联系方式：(010) 88254199，sjb@phei.com.cn。

高等院校国家技能型紧缺人才培养工程规划教材·物流管理专业

编委会名单

主　任：周建亚（武汉商贸学院）
副主任：黄福华（湖南商学院）
委　员：程言清（浙江万里学院）
　　　　方仲民（河北交通职业技术学院）
　　　　韩永生（天津科技大学）
　　　　金　真（郑州航空工业管理学院）
　　　　李金桐（山东大学）
　　　　李玉民（郑州大学）
　　　　刘雅丽（河北交通职业技术学院）
　　　　曲建科（青岛港湾职业技术学院）
　　　　田　征（大连海事大学）
　　　　王鸿鹏（集美大学）
　　　　王炬香（青岛大学）
　　　　王小丽（郑州航空工业管理学院）
　　　　王　芸（青岛大学）
　　　　王智利（广州航海学院）
　　　　吴登丰（江西省九江学院）
　　　　张良卫（广东外语外贸大学）
　　　　周　宁（广东外语外贸大学）
　　　　周云霞（苏州经贸职业技术学院）
　　　　杨鹏强（南华工商学院）

出版说明

21世纪既是一个竞争日益激烈的世纪，也是一个充满机遇的时代。随着我国经济的发展，物流管理与技术飞速发展的时代已经到来。物流人才被列为全国12种紧缺人才之一。为了满足经济建设与人才培养的需要，2005年9月教育部推出了"高等职业教育物流管理专业紧缺型人才培养指导方案"（以下简称"指导方案"），它的颁布对全国高职院校起到了规范与引导的作用。

为了密切配合教育部此次推出的"指导方案"，满足培养物流技能型人才的需要，我们启动了"高等院校国家技能型紧缺人才培养工程规划教材·物流管理专业"的策划、组织与编写工作。图书出版后受到广泛好评，现已全面更新升级到第3版。

本套教材约由20本组成，由来自高等院校物流专业教学第一线的"双师型"教师参与编写，基本满足高职高专院校物流管理专业物流运输管理方向、仓储与配送方向、企业物流方向与国际物流方向的培养需求，并将突出以下几个特色：

- 以教育部推出的"指导方案"为依据，构建丛书框架结构与每本书的基本内容，从而符合物流管理专业教学指导委员会对本专业建设的规划与精神。
- 针对高职高专学生的特点、培养目标及学时压缩的趋势，控制内容深浅度、覆盖面及写作风格。
- 突出基础理论知识够用、应用和实践技能加强的特色；保持相对统一的活泼的编写体例与丰富的栏目。增加任务引领等综合实训的内容。
- 在内容构建上，将学位教育与职业资格证书考试相结合，满足学生获得双证的需求。
- 写作上强调文图表有机结合，使内容与知识形象化，学生好学易记。
- 配套可免费下载的用于教学的PPT及习题参考答案（下载网址：www.hxedu.com.cn），使老师好用，学生好学。

本套教材主要作为高等院校物流管理专业的教材，也可供全国高等教育自学考试物流管理专业、初中级物流专业人才培训或物流行业从业人员参考使用。希望本套教材对我国物流管理人才培养及物流行业的发展有所贡献。

全国高职高专教学研究与教材出版编委会
E-mail:lmliu@phei.com.cn

前　言

　　物流业在我国的发展面临着诸多瓶颈，在许多专家学者的著作中已多有阐述，如政策瓶颈、体制瓶颈、技术瓶颈、人才瓶颈、物流社会化瓶颈和物流标准化瓶颈等。但除此之外，我觉得还不能忽视物流企业的营销力瓶颈。国际物流巨头携优势资源抢滩中国，国内知名物流企业纷纷加速资源整合，无数小物流企业也跃跃欲试，更有大量闲置社会资本对物流业这块肥肉虎视眈眈，所有这一切都预示着物流业的竞争将异常激烈。谁从观念到意识、从理论到方法、从知识到实践、从策划到操作，全方位、多层面重视物流营销、实践物流营销和实战物流营销，谁就可以坐守物流业的半壁江山。更何况，物流营销又是一个系统工程，从产品到价格到渠道再到促销，从4Ps到6Ps到10Ps再到12Ps，从4Ps到4Cs再到3Rs，哪一个环节出现问题都会影响物流企业的市场占有率，甚至关乎其生存。

　　本书正是鉴于这样的认识高度来编写的。本书自第1版、第2版出版以来，获得较多好评，多次重印，被许多院校选作教材。本版不仅吸收了物流市场营销既有的优秀成果，还总结和提炼了作者近20年来从事各类企业项目营销策划的经验和心得，可谓内容翔实、案例生动贴切、论述独到、观念新颖、方法奇特有效、形式活泼、理论与操作兼顾，切合任务引领学习要求，符合高等院校教学的需要。同时，本书还可以作为物流企业管理人员、其他市场营销人员及广大的物流爱好者学习和培训的理想参考书。

曲建科

目 录

第1章 物流市场营销概论 ... 1
1.1 市场营销典型人物与事件 ... 2
1.2 物流市场营销的核心概念 ... 3
1.3 物流市场营销的主要内容、方法与方式 ... 13
1.4 物流市场营销观念 ... 14
必备技能 ... 19
实训1 与当地某物流企业销售冠军"结缘"行动 ... 20
实训模板（对后面的每个实训项目都适用）... 21

第2章 物流市场营销信息与营销环境 ... 28
2.1 物流市场营销信息 ... 29
2.2 物流市场营销环境 ... 31
2.3 物流市场营销信息与环境分析方法 ... 36
必备技能 ... 41
实训2 物流企业内外信息和环境监控技术 ... 43
附录2A 揽货环境歌解析 ... 44
附录2B 揽货环境歌解读表 ... 45

第3章 物流市场营销战略 ... 46
3.1 物流市场营销战略概述 ... 48
3.2 物流市场营销战略规划 ... 50
必备技能 ... 53

实训3 物流运输企业交通事故与天气指数的关系 ... 54

第4章 物流市场调研与预测 ... 56
4.1 物流市场调研 ... 57
4.2 物流市场预测 ... 77
必备技能 ... 83
实训4 为邮政企业组织一次针对在校大学生的问卷调查 ... 83

第5章 物流市场细分、目标市场选择及市场定位 ... 85
5.1 物流市场细分 ... 87
5.2 物流目标市场的选择 ... 91
5.3 物流目标市场定位 ... 96
必备技能 ... 100
实训5 物流企业以行业为基础变量的市场细分 ... 101

第6章 物流市场营销组合策略 ... 102
6.1 市场营销组合的基本内容 ... 103
6.2 物流市场营销组合策略的内容及实施 ... 105
必备技能 ... 107
实训6 为某市某百货大楼开发家电营销的策划案 ... 108

第7章 物流市场营销的产品策略 ... 110
7.1 产品及产品组合策略 ... 111

目 录

7.2 产品包装 118
7.3 新产品开发策略 119
7.4 产品品牌策略 120
7.5 物流企业产品生命周期与市场营销策略 122
必备技能 125
实训 7 "正午特派""朝九特派"产品宣传彩页设计 126
附录 7A DHL 公司的产品开发 .. 127

第 8 章 物流市场营销的价格策略 ... 128

8.1 物流市场营销定价的基本原理 129
8.2 物流市场营销定价方法 136
8.3 物流市场营销定价基本策略 140
必备技能 144
实训 8 解读赵本山小品《卖拐》 145

第 9 章 物流市场营销的渠道策略 ... 146

9.1 物流市场营销分销渠道概述 146
9.2 物流市场营销分销渠道选择 148
9.3 物流市场营销分销渠道策略 151
必备技能 153
实训 9 面对面销售前的功课准备 154

第 10 章 物流市场营销的促销策略 .. 156

10.1 促销概述 157
10.2 人员推销 159

10.3 广告 165
10.4 公共关系 172
10.5 营业推广 177
10.6 网络营销与网站优化推广 .. 179
必备技能 181
实训 10 解读某货代企业电话营销范本 182

第 11 章 物流服务营销 184

11.1 服务营销概述 186
11.2 服务市场营销组合 190
11.3 物流服务市场分析与市场细分 195
必备技能 199
实训 11 客户服务规划设计书 199

第 12 章 物流市场直复营销 201

12.1 直复营销概述 202
12.2 物流直复营销形式 205
必备技能 215
实训 12 解读海运货代员的一封来信 216
附录 12A 海运货代员的一封来信（摘要）............. 216

第 13 章 物流市场营销管理 218

13.1 物流市场营销管理概述 ... 219
13.2 物流市场营销控制 227
必备技能 229
实训 13 期末大分享：销售冠军路线图 230

参考文献 231

第 1 章

物流市场营销概论

学习目标

通过本章的学习，了解营销发展史，掌握物流营销的基本概念、思路和方法，了解物流营销与一般营销的主要异同点。

工作任务

东方物流公司的市场营销思路

东方物流公司是一家以海上运输为主的综合物流服务商。为了应对国际航运市场的激烈竞争，它采取了以下措施：

（1）在大量的、严密的市场调研的基础上，通过准确的市场细分，公司结合自身条件和市场需求，把目标顾客定位为直接客户和大客户，重点是跨国公司。

（2）在充分的市场研究的基础上，根据市场细分，公司运用营销组合策略，对目标顾客进行了营销组合设计：

产品策略上，为了有效地满足顾客的需要，公司对不同类型的产品给予了综合考虑，以提高整体产品服务。例如，对于核心产品，公司为货主提供符合其需要的位移服务；对于一般产品，提供舱位体积、位置、货物定位等方面的服务；对于期望产品，提供船期、安全性、经济性和及时性等方面的服务；对于附加产品，提供咨询、报关、报价等方面的服务；对于潜在产品，提供多式联运等方面的服务。另外，在运用整体产品理念的基础上，公司也在不断提高产品的质量和调整产品组合策略，如在三大东西主干航线——太平洋航线、欧洲航线、大西洋航线扩充产品线深度等。

价格策略上，公司实行随行就市的定价方法，采取客户不同、季节不同、运价不同的策略。

分销渠道上，公司在全球设立自己的办事处，大力拓展直销渠道。

促销策略上，以人员推销为主，注重公共关系的发展。

经过 3 年的运作，公司赢得了竞争优势，一些主要航线的市场份额全面提升，总体经济效益明显好转。

> **? 思考题**
>
> 东方物流公司的营销思路和方法非常独特,也非常典型,请认真探讨并加以归纳。
>
> **提示**
>
> 营销一定有方法和规律可循——"4 步法"
> 第 1 步:调查——发现市场机会
> 第 2 步:细分——选择目标市场
> 第 3 步:策划——组合营销策略
> 第 4 步:实施——有效管理营销

> ● **名人名言**
>
> 学习市场营销只需要一学期的时间,掌握它却需要一生的时间。
>
> ——菲利普·科特勒

1.1 市场营销典型人物与事件

市场营销发展史上的典型人物与事件如表 1-1 所示。

表 1-1 市场营销典型人物与事件

时间或年代	代表人物	营销典型事件	营销观点
1923 年	A·C·尼尔森	创建专业的市场调查公司,研究食品杂货店的货架,计算货物的流动	理性营销时代开始
20 世纪 50 年代	霍华德和科特勒	《营销管理》一书出版	营销管理从经济学中分离出来
20 世纪 50 年代以后	邓白氏营销信息服务公司		市场研究发展为专业服务产业
1956 年	温德尔·史密斯	市场细分	市场细分不应停留在产品差异上
1960 年	J·麦卡锡	产品、价格、渠道、促销理论	4Ps 理论
20 世纪 50 年代初	雷斯	USP 理论	独特的销售主张
20 世纪 60 年代	大卫·奥格威	品牌形象理论	描绘品牌形象比强调产品差异重要

续表

时间或年代	代表人物	营销典型事件	营销观点
20世纪70年代		社会营销观或道德营销观	营销要兼顾企业和社会的利益
1969年	科特勒和西德尼·莱维	广义的营销	营销学不仅适用于产品和服务，也适用于组织、意识形态、政府、学校、政党、政治等
20世纪80年代	日本	顾客满意度	企业营销应追求"整体顾客满意"
20世纪80年代末	大卫·A·艾克	品牌资产	通过品牌忠诚、品牌知名度、心目中的品质、品牌联想和其他独有资产构筑营销
1983年	西奥多·莱维特	全球营销	呼吁跨国公司向全世界提供一种统一的产品，并采用统一的沟通手段
20世纪90年代		4Cs理论	营销从请顾客注意到请注意顾客
20世纪90年代		整合营销传播	整合各种营销工具
1985年	巴巴拉·本和德·杰克逊	关系营销——回归到人	营销的人文性
20世纪90年代末		互联网营销	互联网营销
21世纪	美国		幸福营销是带着幸福去营销，把幸福传递给目标客户

1.2 物流市场营销的核心概念

1.2.1 效用与物流服务评价

1. 效用

客户及顾客从消费某种商品或服务中所获得的主观上的满足程度称为效用。

有形产品的效用一般是从顾客购买到产品并开始使用和消费时开始的；而物流服务产品的效用是从物流企业开始提供服务时开始的，甚至在买卖双方开始洽谈交易时就已经开始了，如客户派人对物流企业进行现场认证等。

（1）从满足程度的评价主体上看，"满足"包括客户心理上的价值满足（客户实实在在地获得了服务预期）和行为上的各种感官刺激满足。

行为上的各种感官刺激满足是指客户在消费物流服务产品时因为享受到了规范化和标准化的服务而感到满意，通常表现为对物流提供方大加赞赏、主动配合、提供各种便利、续签合同、主动介绍业务甚至愿意支付高价钱等。

（2）从满足程度的持续时间上看，"满足"包括服务过程的满足和服务结果或效果的满足。

（3）从满足程度的来源上看，"满足"包括物流服务过程中所涉及的各个元素或要素的满足。

> **问题卡片**
> 物流企业在营销中通过什么途径和手段为客户提供最佳的效用评价？
> 　　提示：解决问题的方法通常来源于问题本身。该问题的解决要从上面讲到的"效用"概念和与"效用"相关的元素方面入手加以思考。

2．需要、欲望和需求

需要是指没有得到某些基本满足的感受状态。

欲望是指想得到某种东西或想达到某种目的的要求。欲望的大小决定了效用的高低。

需求是指有能力购买且愿意购买某个具体产品的欲望。

一般而言，人们的需要有限，但欲望是无限的。当具有购买能力时，欲望即可转化为现实的需求。市场营销者并不可能创造人们的需要，因为需要早就存在，他们所影响和创造的仅仅是人们的欲望，并以此将人们的购买力吸引到可以满足人们欲望的消费和购买行为上来，从而最终影响人们的需求。

3．价值、满意和质量

价值主要是指顾客的价值，即顾客从拥有或使用某商品所获得的价值与为取得该商品所付出的成本之差。

满意是指顾客的满意程度，它取决于消费者所理解的一件商品的性能和期望值的比较。

质量是指一组固有的特性满足需要的程度。顾客的价值和顾客的满意度是与产品或服务的质量密切相关的。

4．总效用（TU）

总效用是消费一定数量的某种商品或服务所得到的总满足程度。

总效用就是各单位商品或服务效用之和。

总效用是商品或服务消费量的函数。如果用 TU 表示总效用，用 Q 表示商品或服务量，则总效用函数就是 $TU=f(Q)$。

5．边际效用（MU）

物品的边际效用是指该物品的消费量每增（减）一个单位所引起的总效用的增（减）量。其数学表达式为：$MU_X = \Delta TU_X/\Delta X$。假如商品 X 是无限可分的，这一公式还可以进一步表述为：$MU_X = dTU_X/dX$。其中，MU_X 为边际效用，TU_X 为总效用，X 为商品数量。

6．边际效用递减规律

随着消费者消费商品量的增加，得到的总效用是增加的，但增加的速度是递减的。也就是说，消费者从连续消费每单位商品中所得到的满足程度随着这种商品的消费量的增加而减少，即从最大值到零再到负数。

观察人们的行为和心理，可以发现一个规律性的现象：当人们越来越多地消费一种物品或享用某一项物流服务项目时，他们获得的额外（边际）满足程度反而会下降。

实 例

一个饭量较大的人吃馒头。他非常饿时,吃第 1 个馒头觉得最香、最好吃,效用很大,为 30 个单位;吃第 2 个馒头时觉得也不错,好吃,效用也不小,为 20 个单位;吃第 3 个馒头时已经快饱了,觉得馒头也就那么回事,效用只有 10 个单位;吃第 4 个馒头时,感觉吃不吃都无所谓,效用等于 0;如果再吃第 5 个馒头,就会感觉肚子发胀,消化不良,产生负效用,即–10 个单位(带来痛苦)。吃馒头的效用如表 1-2 所示。

表 1-2 吃馒头的效用

商品(馒头)消费量 Q	边际效用 MU	总效用 TU
0	0	0
1	30– 0 =30	30+0=30
2	50–30=20	30+20=50
3	60–50=10	30+20+10=60
4	60–60=0	30+20+10+0=60
5	50–60=–10	30+20+10–10=50

我们从表 1-2 中可以看出:

MU>0,TU 增加;MU=0,TU 达到极值;MU<0,TU 减少。

即如果边际效用为正,增加商品消费会使总效用增加;如果边际效用为零,增加商品消费并不能增加总效用,此时总效用达到最大;当边际效用为负时,增加商品消费会使总效用减少。简而言之,由于边际效用递减规律的作用,总效用先随商品消费量的增加而递增,达到效用最大后又随商品消费量的增加而递减。

边际效用规律的启示

在消费者偏好和商品使用价值既定的条件下,商品消费量越小,边际效用越大;商品消费量越大,边际效用越小;如果增加单位消费品不能获得任何满足,边际效用则为零;当商品消费量超过一定数额时继续增加消费的商品,不仅不能带来愉快,反而会造成痛苦,此时边际效用变为负值。

理解"边际效用递减规律"时要注意以下几点:

- 边际效用的大小与欲望的强弱成正比。
- 边际效用的大小与消费数量成反比。
- 边际效用递减具有时间性。
- 一般情况下,边际效用总是正值(>0),即消费者不会把消费量增加到带来痛苦的"负效用"地步。

经济学把消费者在某种物品的消费中所获得的满足程度称为效用。满足程度高就是效用大;反之,满足程度低就是效用小。如果消费者在商品消费中感到快乐,则效用为正;反之,如果消费者感到痛苦,则效用为负。

？思考 用边际效用递减规律解释"围城"理论与物流企业客户流失的根源所在，并说明解决对策。

7．基数效用论

基数效用论认为效用的大小主要取决于消费者对其满足程度的自我感受，而且每个消费者都能比较和确定所选择的商品或商品组合对自己的效用大小，并选择合适的单位加以衡量。

基数是可以用来表示和衡量物体长度、重量等具体大小的数字，如1、2、3、4……19世纪的经济学家——英国的威廉·杰文斯、奥地利的卡尔·门格尔和法国的里昂·瓦尔拉斯认为：

（1）效用是可以用效用单位来计量其大小的，正如重量可以用千克来计量一样。效用单位为尤特尔（Util）。

（2）不同商品的效用和同一商品各单位的效用是可以加总而得出总效用的。因此，效用是可以用基数来表示的。

应用

市场调研中，许多问题的设计是根据基数效用论理论来完成的，如你对物流企业因国际石油和成品油价格上涨而大幅度提高运费的看法是：

极为反感/有较大反感/稍微反感/无所谓/稍微有好感/有较大好感/极为好感（序数效用论）
　　−3　　　　−2　　　−1　　　0　　　1　　　　2　　　　3　　（基数效用论）

8．序数效用论

效用被看作描述偏好的一种方法。多种商品的效用之间的比较可以按照消费者的偏好排出顺序，以序数表示商品效用水平的高低。

序数是指事物之间前后、高低的排序，如第一、第二、第三、第四等。V·帕累托、J·希克斯和20世纪的多数经济学家认为，效用是一种心理感受，既不能计量，也不能加总求和，只能表示出消费者满足程度的高低和顺序。因此，效用只能以序数来表示。

应用

你负责为公司选择物流服务商，请将以下各项按照对你的影响的大小从大到小排序：
□ 服务质量优　　　□ 价格低　　　□ 企业形象好　　　□ 请求服务方便

9．效用的三大特征

效用是商品对欲望的满足，是消费者的心理感受。效用具有主观性、非伦理性和差异性三大特征。

（1）主观性。某种物品效用的大小、有无，没有客观标准，完全取决于消费者在消费商品时的主观感受。

（2）非伦理性。效用是对欲望的满足。欲望是中性的，商品满足的欲望可以是求知、求美等有益的欲望，也可以是吸烟、酗酒等不良的欲望，甚至可以是背离道德、触犯法律的欲望（如吸毒和赌博）。从这个意义上讲，效用是中性的，没有伦理学的含义。

（3）差异性。作为一种主观感受，效用因人、因时、因地而异。对不同的人而言，同种商品提供的效用是不同的。对于同一个人，同种商品在不同的时间和地点带来的效用也是不同的。

- 因人而异。仓库对一个已经拥有大量闲置仓储设施的企业而言效用等于零，而对于一个急于想得到仓库的企业而言效用就很大。
- 因时而异。客户在有紧急服务请求时，物流服务的效用大，如零售店开展假日促销出现断货时；而在非特殊情况下，同样的物流服务，其效用一般。
- 因地而异。当某地的水资源被污染后，水的配送对该地区居民的效用很大，而对其他地区的效用则一般。因此，物流企业要不失时机地利用这样的关键时刻，加大力度宣传推广自己、营销自己。

思考 效用的三大特征给物流企业的营销带来了什么困难？

1.2.2 市场营销的含义

1. 市场营销的含义

市场营销的最新定义，来源于世界著名的营销专家菲利普·科特勒博士与加利·阿姆斯特朗合著的、1996 年美国出版的《市场营销原理》第 7 版的定义："市场营销就是通过创造和交换产品的价值，使个人或群体满足欲望和需要的社会和管理过程。"这一定义包含以下几个方面的内容：

（1）营销是一种创造性行为。营销不仅生产和创造各类产品或服务以满足显在的需求，还创造消费者新的需求和欲望。

（2）营销是一种自愿的交换行为。自由交换是营销实现的基础。

（3）营销是一种满足人们需要的行为。充分了解消费者的需要，以需求为导向，是市场营销的根本。

（4）营销是一个系统的管理过程。市场营销不是一个部门、一个机构或一项活动，市场营销涉及企业的每个部门、每个环节、每个人、每项工作、每时每刻、整个过程、全方位及全天候。

（5）营销是一个企业内部的营销或企业对内营销。企业不仅要面对众多的外部顾客，还要面对众多的内部顾客，所以对于企业内部顾客的营销是一个企业市场营销的起点，也是企业对外市场营销取得成功的关键所在。

（6）营销是一种企业参与社会活动的桥梁。营销实现了企业利益、顾客价值和社会利益的有机结合。

（7）营销的本质是要营造一种各个方面都有利于销售的氛围和气氛。

2. 市场营销的核心概念

（1）市场。市场是商品交换关系的总和。市场的形成必须具备以下基本条件：存在可供交换的商品，包括有形的产品和无形的服务等；存在提供商品或服务的卖方，以及具有购买欲望和购买能力的买方；具备买卖双方都能接受的交易价格、行为规范及其他条件，如场所、信息、信用、保险、资金渠道、服务及相关的物流等。

（2）营销市场。从营销的角度看市场，市场是由人口、购买力和购买动机（欲望）有机组合的整体，用公式表示就是：

$$市场=人口+购买力+购买欲望$$

3. 产品或服务

产品是可以满足人们需要的任何有形物品。服务是可以满足人们需要的任何无形物品。

现代市场营销中的产品或服务是相互融合、不可分割的有机体，供应商在提供有形产品的同时，在过程之前、之中和之后均须提供相应的无形服务；同样，提供无形产品即服务的供应商（如物流商）在提供无形产品的同时，还要根据客户的需要提供相应的有形产品（如包装物、简单加工等）。

4. 当代市场的特征

纵观国内市场和21世纪市场所依托的经济发展全球化的趋势，当代市场具有以下明显特征：

（1）市场科技化。20世纪末，科学技术飞速发展，各种新产品、新材料、新能源、新服务、新观念、新技术、新工具、新组织等新市场元素层出不穷，这极大地改变了人们的生活方式、生产方式和思维方式，改变了科学技术的市场流通与市场配置，造成了科技的市场化。为了适应科技市场发展的大趋势，企业必须采取相应的营销战略。具体来说，企业一方面要在生产过程中引入新的科学技术成果，实现科技的市场化；另一方面要在营销过程中不断增加科技投入，采用先进的营销手段，提高营销人员素质与水平，实现市场营销过程的科技化。这个科技化包括市场营销人员的科技化、市场营销工具的科技化、市场营销方式的科技化等。

（2）市场国际化。现代科学技术的发展有力地推动了市场的国际化进程，包括市场主体的国际化、市场客体的国际化、市场关系的国际化等。

（3）市场软化。所谓市场软化，是指市场的知识化、信息化、无形化等趋势更加明显。市场软化既导致了生产的软化，也造就了营销的软化。在现代商品价值中，商品的知识价值、美学价值、信息价值、商誉价值、形象价值、服务价值、心理功能价值等无形价值所占的比例不断增加。为适应市场软化的发展趋势，企业应采取软化的市场发展战略。具体来说，就是要求企业高度重视产品的设计、包装、商标、广告、服务、形象等一系列相关的软价值生产及其市场营销，在不断改进产品质量的基础上实施中国名牌战略，不断提高我国产品的附加值，实现精神生产的物质化和物质生产的精神化。

（4）市场绿化。所谓市场绿化，就是要实现商品生产及市场营销的无污染化、无害化、清洁化和能源的节省等，包括清洁生产、清洁包装、清洁销售、清洁运输和清洁消费。为了适应市场绿化发展的大趋势，我国企业应及早行动，树立市场绿化的新概念，制定市场绿化的新战略，积极开发绿色产品，采用绿色包装，提倡绿色消费，进行绿色市场定位，树立绿色企业形象，这样就可以变被动适应为主动适应，提高企业及其产品的市场地位和市场竞争力。

（5）市场标准化。为了维护世界市场交易活动的正常进行，必须建立新的世界市场秩序，制定必要的市场标准，如产品的设计标准、环境保护标准、产品责任标准、安全卫生标准、税收标准、计量标准、包装标准、标识标准、产品质量标准、服务标准、合同标准、交易方式标准等。这也是当代世界市场发展的基本趋势之一。要适应这种市场标准化的发展趋势，企业应面向世界市场，尽快与国际市场惯例、市场法规等市场标准接轨，用新的市场规范和标准来约束自己的市场行为，否则就会四处碰壁，甚至无法进入国际市场。

（6）市场差别化。市场发展的不平衡性和市场环境的复杂多变性，造成了市场需求的多样性。一方面，市场的科技化、国际化、标准化与规范化造成了市场的统一性；另一方面，市场的文化、市场的区域化和个性化又造成了市场差异性。要适应多样化的市场需求，企业就必须采取相应的市场差别化战略，包括产品差别化、价格差别化、顾客差别化、服务差别化、营销差别化等。

（7）市场替代化。任何一种产品的市场都会逐渐变得饱和与成熟，并且会逐渐变得衰退或死亡，从而被一种新的产品及其市场所代替。现代产品的市场生命周期日益缩短，这使市场的替代化速度日益加快。为了适应当代世界市场替代化速度日益加快的趋势，企业必须树立市场创新的观念，建立和强化市场创新的职能和机制，不断开发新产品、开辟新市场。只有这样，才能不断促进市场发展与企业发展。

1.2.3 物流企业营销特点

1. 物流企业的含义

《中华人民共和国国家标准物流术语》对物流企业的定义是，从事物流活动的经济组织。

物流活动（Logistics Activity）是指物流功能（运输、仓储、装卸搬运、包装、流通加工、配送、信息处理等）的实施过程。其结构功能如图1-1所示。

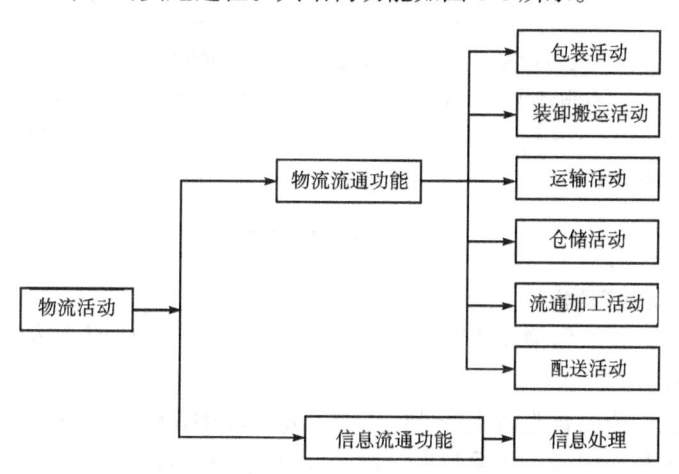

图1-1 物流活动（服务项目）的结构功能

2. 按照活动进行的物流企业服务细分

（1）包装功能要素。包括产品的出厂包装，生产过程中在制品、半成品的包装，以及在物流过程中换装、分装、再包装等活动。

（2）装卸搬运功能要素。包括对输送、保管、包装、流通加工等物流活动进行衔接，以及在保管等活动中为检验、维护、保养活动所进行的装卸活动。

（3）运输功能要素。包括供应及销售物流中用车、船、飞机等进行的运输，以及生产物流中用管道、传送带等进行的运输。

（4）仓储功能要素。包括堆存、保管、保养、维护等活动。

（5）流通加工功能要素。流通加工是指为使物品满足流通的需要而对其施加的包装、装袋、定量化小包装、挂牌、分类、混装、贴价签、商品检验、弯曲、钻孔、折弯、分割、计量、分拣、刷标志、系标签、组装等简单作业的总称。

（6）配送功能要素。配送是指物流进入最终阶段，以配送、送货形式最终完成社会物流并最终实现资源配置的活动。配送作为一种现代流通方式，集经营、服务、社会集中库存、分拣、装卸搬运于一身，已不是单单一种送货运输所能包含的了。

（7）信息处理功能要素。包括进行与上述各项活动有关的计划、预测，以及提供动态（运量、收、发、存数）的信息及有关的费用信息、生产信息、市场信息等活动。信息加工是指收集、归纳、整理、传输与物流各种活动有关的知识、资料、图像、数据、文件、单证等活动。

物流功能实际上就是物流企业可以向客户提供的物流产品或服务项目；物流功能的组合为物流产品开发提供了更加广阔的思路，也为物流企业实现一对一的营销提供了可能。

3．按照领域进行的物流服务细分

为满足顾客的需要，将原材料、半成品、成品及相关的信息从供应地向需求地流动的过程，是为克服生产与需求之间的空间阻碍和时间阻碍所进行的物品与服务的快速、有效流动过程。空间阻碍是甲地生产乙地需求（运输），时间阻碍是今天生产明天需求（储存）。物流服务结构如图1-2所示。

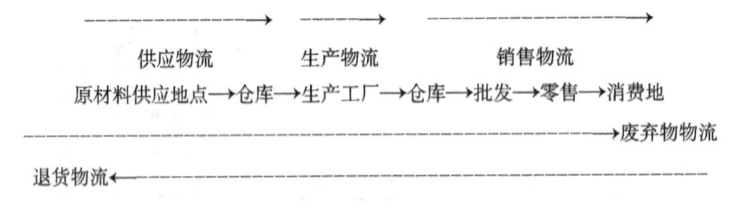

```
        供应物流        生产物流         销售物流
原材料供应地点→仓库→生产工厂→仓库→批发→零售→消费地
                                              →废弃物物流
退货物流←
```

图1-2　物流服务结构

4．物流营销与营销物流

（1）物流营销。物流营销就是物流企业将自己的物流产品或服务转化为客户所需要的利益和价值的过程。

（2）营销物流。跨国企业将生产外包出去，将物流委托给第三方，以便更贴近最终用户、聚焦客户需求和期望等。粗看起来，这些环节似乎被打散了，缺乏相关性；实际上，这些环节背后有一条暗线贯穿始终。这条暗线就是营销物流系统。

所谓营销物流，是指在营销活动过程中，产品经过计划、预测、储存、订购、运输和签收等流转服务活动最终到达顾客手中，同时将顾客的需求和相关产品信息反馈给企业的循环过程。

（3）营销物流的架构体系。宝洁公司和沃尔玛公司在营销物流上取得了令人瞩目的成绩。它们的高级管理者将营销物流中的配送和运输服务视为竞争优势，甚至认为未来的几年内产品供给也许是唯一能够影响它们获利多少的环节。

就运营而言，营销物流包括10个方面的整合服务输出：订单管理及处理、库存控制、需求预测、客户服务、文件票据流转管理、包装、退货处理、仓库配送中心管理、销售生产计划及采购、零部件服务支持。

📋 **小资料卡片**

表 1-3 为世界第三方物流企业前 10 强产品经营模式。

表 1-3　世界第三方物流企业前 10 强产品经营模式

物流企业	所属国/地区	经营模式
UPS	美国	陆运为主,涉及 200 多个国家,600 万收件人/天,全球最大
Fedex	美国	空运为主,全球 3.8 万邮局收件箱,大量兼并同行
德国邮政	欧洲	邮政占总收入的 49%,83 家分拣中心,与 DHL 合作
Maersk	丹麦	拥有 250 艘船,全球最大航运公司,占丹麦 GDP 的 37%,第二大连锁超市
日通	日本	以汽车运输为主,现代化规模化仓储服务
Ryder	北美	设备租赁,机动车维修,与丰田公司合资 TPL,互联网外贸
TNT	欧洲	邮递占 42%的营业额,占 76%的利润,网上汽车商店/配送
Expeditors	远东	63%空运,物流信息服务,擅长拼货(美国注册)
Panalpina	欧非	全球第一家门到门服务企业,有时限担保和无重量限制空运
Exel	英国	全球最大废品处理物流,为摩托罗拉和福特全球配送

5. 物流市场营销的基本特征

(1)物流企业的市场营销既属于无形的服务产品营销的范畴,又属于有形产品营销的范畴。

(2)物流市场营销产品具有不可事前展示性。物流营销的产品是与物流活动过程相统一和紧密联系的过程。也就是说,物流营销的对象——服务产品,不可能在服务活动开始前像其他的有形产品一样被放置在商场的货架上向消费者展示,而只有随着物流服务活动的开始、进行和结束而一步一步地向顾客展示。所以,物流市场营销更具有不可预见和不可捉摸性,难度更大,对营销者的要求更高。

(3)物流企业的市场营销应是以"营销企业"为主的营销。物流市场营销产品的不可事前展示性,决定了物流企业在市场营销过程中更应积极主动和有计划地向各个客户和营销对象推广、推介自己整个企业与品牌。向客户推广自己企业的同时,增强客户对企业的信心和吸引力,进而促使客户放心大胆地同自己签订业务合同,其最终目的在于实现物流优势资源的整合,实现物流企业长久化、经济化发展。

(4)物流市场营销的对象更为广泛——既有团体客户,又有个体消费者;既有国内客户,又有国际客户;既有大客户,又有小客户;既有一次性客户,又有长久性客户——市场的差异性更大。

(5)物流市场营销的目的除了推广自己企业的服务项目外,更多的还在于寻求与其他物流企业的合作、合资和联合,以及寻求与国内外客户建立战略性的合作关系,这与一般产品营销具有明显的差别。

（6）物流市场营销的产品更应强调"一一对应制"和"量身定制化"，应根据不同的客户分别设计不同的物流服务项目组合和产品，以满足他们差别化的需求。

（7）"以需求为本，以人为本"是物流市场营销的关键。

（8）物流市场营销的市场价值和潜力更大，发展更迅速，企业面临的机会更多。

（9）销售活动的超前性。物流产品还没有被提供和生产出来之前就需要营销。其不足是产品无形，难以通过描述说服客户；有利因素是一般可以在客户定制完成后再生产，盲目性较小。

（10）生产活动的流动性。在运动中生产产品或提供物流服务，难以控制，难以达到客户满意。

（11）生产场所的广域性和流动性。

（12）"物流营销"一词几乎可以与任何词语、概念、行为、术语、模式、文化、物质、地方、时间、人物、特征、感觉、行动等发生交互和反应，并与这些概念相融合，生成新的营销思维、方法、行为、方式、方案和不同的营销结果。

可以与之交互的东西包括服务、教育、科技、政策、功能、价格、广告、关系、公益、精神、传播、情感、实惠、气质、性格、感觉、设计、互动、参与、视觉、创新、听觉、安全、人性、行动、环保、讲课、健康、节日、自然、潮流、连锁、体育、资本、方便、文化等。总之，消费者钟情的、喜欢的、忠诚的、渴望的一切东西均可以拿来开发、加工成营销的手段，并加以有效利用，以创造营销的奇迹。

物流营销技巧

物流营销的有效工具——距离

（1）物流企业应该在靠近货主企业的地方置办（购买、租赁或建设）自己的物流设施，实现与客户的零距离。

（2）物流企业应该在各类工业园内置办（购买、租赁或建设）自己的物流设施，争取与各类货主企业保持零距离。

（3）物流企业应该尽量在物流园区内置办（购买、租赁或建设）自己的物流设施，争取与其他各类物流企业保持零距离。

（4）物流企业应该在有可能及有必要的前提下争取将自己的办事机构设置在客户企业的内部，真正实现与客户企业的零距离接触和零距离服务。

（5）物流企业应该尽量争取把外资企业作为自己的客户目标，争取为它们提供物流服务，实现与它们的零距离接触；这样做虽然付出多、要求高，但得到的也多。

（6）国内的物流企业应该尽量争取实现与外资物流企业的联姻，实现与外资物流企业的零距离接触，提高自己的市场营销能力。

思考题

你能说出零距离的好处吗？

1.3 物流市场营销的主要内容、方法与方式

1.3.1 物流市场营销的主要内容

- 物流企业的内部诊断和外部市场环境调研。
- 物流市场细分、目标市场选择和市场定位。
- 物流市场营销的组合策略和分策略。
- 物流营销活动的规划和管理。

1.3.2 物流市场营销的主要方法

物流市场营销的主要方法包括产品研究法、组织机构研究法、职能研究法、管理研究法和系统研究法，尤以系统研究法最为普遍和有效。

1.3.3 物流产品营销的主要方式

1. 直接卖

直接卖，即通过与客户签订一次性的、短期的或长期的协议，将自己现成的部分或全部物流产品、服务项目直接推销给客户，或者先从部分区域、部分业务、个别产品入手，逐步为客户提供全方位的物流服务。

例如，MENLO 物流公司与 IBM 的合作，就经历了从对美国中央物流中心的运输服务，到增加对重要物流中心的管理服务，再到增加对欧洲市场的物流服务，最后到提供全球一体化的物流服务，建立了长期的合作伙伴关系。

2. 先买再卖

先买再卖，即先部分或全部买进客户的物流系统，使自己的物流系统更加完善和充实，再为原企业或其他企业提供物流服务。一般而言，客户的物流系统很具优势，可以快速增加自己物流产品的竞争力。

3. 与某一优势资源捆绑起来一同卖

采用这种方式，一般是因为自己的物流系统还不够完善，无法向客户提供他们所需要的各种物流服务。这实际上又有两种方式：一是通过合资，把自己与客户合资，共同拥有部分物流系统的产权，然后共同推广、营销双方的物流系统和物流服务项目，以实现共同营销；二是先与社会上零散的、少量的物流资源实现整合，一般通过挂靠的方式，实现物流资源的集聚，再共同开展营销。

4. 客户物流资产托管

对那些自己没有能力运营和管理而又希望拥有属于自己的物流系统和资源的客户，企业可以与他们签订全面托管协议。这种形式下，企业可以完全依托客户的物流设施，自己只需输出物流管理服务，替客户管理产权仍属于他们自己的物流系统和业务。

1.4 物流市场营销观念

1.4.1 市场营销观念演变

所谓市场营销观念,是指企业在一定时期、一定生产经营技术和一定市场营销环境下,进行所有市场营销活动,以及正确处理企业、顾客和社会三方面利益的指导思想和行为的根本准则。市场营销观念的演变与物流企业的营销观念定位如表1-4所示。

表1-4 市场营销观念的演变与物流企业的营销观念定位

时　　期	营销观念	市场背景	相关内容	物流企业相应的营销观念定位
20世纪20年代以前	生产观念	供不应求的市场态势	一切从生产出发,而不是为需要服务;生产什么就卖什么	物流发展起始阶段,物流企业用固有的简单运输和仓储设施去应对客户的多样化需求。我国的绝大部分企业仍然处于该阶段
20世纪30年代	推销观念	供过于求的市场态势	强调销售和推销的作用,增加销售人员,扩大销售机构,重视销售技术的研究,充分利用广告宣传,千方百计招徕顾客	低层次的物流供应过剩,物流企业不得不以物流销售为工作重心,但本质仍然是以"生产什么卖什么"为特点
20世纪50年代	市场营销观念	供过于求加剧	消费者需要什么就生产什么、卖什么,消费者的需要成为生产、经营和服务的出发点;企业营销管理的主要任务是从调查研究消费者需求和欲望出发,组织生产和营销	在此观念下,物流企业应该重视调查研究,开发物流新技术,合理定价,选择销售渠道,确定销售方式,提供售前、售后服务,重视信息反馈
20世纪70年代	生态营销观念	企业的资源有限而顾客的需求无限	企业要用有限的资源满足消费者无限的需求,就必须发挥自己的优势,生产既是消费者需要又是自己擅长的产品	物流企业的优势资源和客户的需求均处于变动之中,故企业要在变动中寻求市场机会,并在综合性和专业性上做出选择

续表

时　期	营销观念	市场背景	相关内容	物流企业相应的营销观念定位
20世纪70年代后	社会营销观念	环境恶化、爆炸性人口增长、全球性通货膨胀和忽视社会服务的时代,以及以保护消费者权益为宗旨的消费者主义运动的兴起	企业生产产品和服务时,不仅要满足消费者的需要和欲望,符合本企业的利益,还要符合消费者和社会发展的长期利益	物流企业在运营中要努力做到满足"社会发展、消费者需求、企业发展和员工利益"4个方面利益的共同提高
20世纪80年代	绿色营销观念	以保护环境、保护地球为宗旨的环保运动在全球蓬勃兴起和旨在改善生活质量的消费观念应运而生	清洁生产、绿色包装、绿色食品、绿色产品和环保逐渐成为企业市场定位与产品定位的决定性因素,成为市场营销成败的关键	绿色物流
20世纪90年代	大市场营销观念	市场竞争激烈,世界上许多国家的政府干预加强,贸易保护主义抬头,一系列关税和非关税贸易壁垒出现	为了成功地进入特定市场,企业应用经济的、心理的、政治的和公共关系的技能,赢得若干参与者的合作	物流战略营销包括物流一体化、标准化、国际网络化等

1.4.2 新兴的十大营销思想与物流营销观念

（1）得战略区域者得天下。不同区域市场之间存在着巨大的差别,所以一般企业不可能抢占全部市场,而应该首先考虑占领与自己企业实力和产品特征相吻合的战略区域市场。这使物流上出现了综合物流服务商、技能整合物流服务商、专业物流服务商和寄生物流服务商的区分,还出现了国际物流服务商和国内物流商的划分。世界知名物流企业到中国时首先都会从战略上整合本土物流资源,其中最为关注的是网络和渠道资源,通过合作与兼并扩大业务区域。

（2）从大众市场走向细分市场。市场细分随之而来的是细分市场的组合营销方案。物流企业要依据不同客户的不同需求细化物流运作方案,实现一对一营销。

（3）从供应链走向整合。企业营销和终端市场建设的成本太高,所以市场营销应该以消费需求驱动市场供应和分销,整合物流资源以形成高效的消费者回应,以客户需求驱动销售。

（4）营销创新回归到务实层面,给消费者和组织客户带来了真正的实惠,并使之获取了更直接的价值。

（5）市场的不确定性环境是一种常态。物流本身的特征决定了物流的广域流动性，即从一个地区到达另一个地区、从国内到国际，因此它更容易受到各种不确定因素的冲击和影响。

（6）物流市场营销通过成就别人而成就自己。物流营销是物流服务产品一边生产、一边消费的过程，生产结束则消费结束。所以，物流企业更应该首先考虑如何为客户提供满意的物流活动和优质的服务，以获取客户的认可。

（7）物流营销创新是物流企业发展的核心动力。

（8）物流营销基本标志着以业务员为主体的营销策略的终结和以团队为主体的市场营销模式的兴起。物流营销基本上是以向客户提供综合性的物流解决方案为目标的，仅靠业务员个体难以完成，所以必须组建一个高效的物流团队开展团队营销。

（9）物流企业的市场份额并不等于企业的营业利润。

（10）物流市场营销的方向比方法重要，趋势成就优势。

1.4.3 新兴市场——物流市场营销关键词

近年来，新兴市场不断涌现，物流市场的蓬勃兴起就是一例。新兴市场营销已经注入了许多新元素：① 营销中的社会责任因素。营销除了功利因素外，营销的诉求更应强调营销给社会和消费者带来的责任。② 深度市场细分。针对市场中新兴的消费者（如白领、SOHO、雅皮士、球迷、BOBO族等）和需求有针对性地进行营销。③ 产品创新走向营销化，即请消费者参与产品的设计、自主设计、概念设计和概念营销等。④ 符号营销成为时尚，如F1等。⑤ 营销概念短周期化，变化速率快。⑥ 娱乐、文化与营销融合。快乐成为消费的主要动力，没有娱乐似乎就没有购买的理由。⑦ 体验营销与设计。⑧ 国际因素在营销中有更为具体化的体现。⑨ 终端建设实施连锁化。⑩ 政府行为参与到市场营销活动中，或政府行为趋向营销化。

经济全球化趋势的进一步蔓延和我国GDP的迅猛增长，给我国新生的物流行业带来了前所未有的发展机遇。与此同时，国内原本分散的、不成规模的物流资本急剧扩张，新兴资本大量涌入，国际知名物流企业携巨资抢占中国市场，这些也使我国物流企业的市场竞争变得空前激烈。各物流企业能否在激烈的市场竞争中站住脚跟，能否因市场态势的变动及时地转变营销观念，成为影响企业健康成长的十分重要的因素。

1.4.4 物流市场营销观念变革

测试卡片

下面有7道选择题，请根据自己的理解，选择你认为正确的选项（可单选或者多选）：

问题1　物流企业的营销核心：□买　　□卖

问题2　物流企业的营销目的：□销售　　□融资

问题3　物流企业的营销主体：□少数人（业务员）

　　　　　　　　　　　　　　□全员（物流团队，包括企业所有部门和机构）

问题4　物流企业的营销客体：□企业外部客户　　□企业内部顾客

> 问题 5　物流营销的标的：　　□基本物流产品　　　　　□物流延伸产品
> 问题 6　物流营销的侧重点：□物流企业的产品或服务　□物流企业本身或企业整体
> 问题 7　物流差别化营销较一般产品的营销：□难　　　□易
> 注：本组测试题可以检验学生对物流市场营销本质的理解程度，同时又是做好市场营销工作不可或缺的基本意识和理念。
>
> **测试解答与分析**
> 由现代物流企业的基本特征和物流市场营销的基本特征所决定，现代物流企业的市场营销观念必须进行彻底变革，以适应市场形势的变化。

1. 物流市场营销的核心不是卖而是买

物流市场营销要通过成就别人而成就自己。我们知道，营销的本质是最终实现企业物流服务项目与最终顾客的顺利成交。而要实现这一目标，如何为销售营造良好的环境氛围，以吸引各类显在的和潜在的顾客主动了解物流企业产品和服务项目的设置、价格等情况并实现交易，才是最关键的。要做到这一点，物流企业就要使自己成为顾客实现价值的平台，并与特定的物流企业合作、发展业务，这样不仅可以给自己带来极大便利、使自己创造超值，还可以解决自己现在和未来所面临的各种难题。物流产品的核心形式是按照 5S 标准和顾客要求，向顾客提供核心价值和满足，如质量完好、时间准确、速度迅捷、服务周到、反应灵敏、处理得当等。它使顾客获得心理满足、快乐、满意，同时使顾客获得利益、价值、业务增长、收入增加，为顾客解决了困难和难题。因此，物流企业首先要很好地了解顾客的真实需要，并了解其需要的变动情况，把了解顾客需要当成重中之重。而了解顾客需要的过程就是买的过程，是买顾客需求的过程，只要买的工作做好了，卖就可以水到渠成。许多人认为物流市场营销的本质是卖，即卖产品或服务；实质上，物流市场营销的本质是买，即买进顾客的需求、期望、价值、意见、建议、好的想法，然后加以改进，形成实实在在的产品，不以卖求买，不以卖强买，不做一锤子买卖，而以买促卖。

2. 物流市场营销的目的不仅仅是销售，更重要的是融资

物流市场营销的目的除了推广自己企业的服务项目外，更多的还在于寻求与其他物流企业的合作、合资和联合，以及寻求与国内外顾客建立战略性的合作关系。这与一般的产品营销具有明显的区别。

物流产品的无形性和顾客价值评价的主观性决定了物流企业营销的重心不仅在于销售自己的物流服务项目，更重要的是为企业融资。融资的内容包括：各级政府的支持，如政策的倾斜等；顾客的知名度、回头率和顾客相互之间 1∶8∶5 的涟漪效应式的口碑宣传；优质良好的世界性的人力资源向自己企业源源不断地流动；媒体的免费宣传报道；银行等各金融机构的优惠贷款支持；拥有更先进原材料企业的加盟；优质中间经销渠道的主动支持和代理；社会公众的声援；竞争对手的主动学习；社会各类与企业经营相关的资源的依附、挂靠和主动捆绑等。

物流以柔性化为主要竞争手段。为了满足不断变化的市场需求和顾客个性化的需求，物流企业最主要的任务是提高物流系统的定制化水平，这就要求企业建立更为柔性化的物流系统。柔性化的物流系统是实现柔性化的制造系统并充分发挥其功能的重要前提。物流

客户的需求是千差万别的。一个物流企业要满足不同顾客的不同需求，一方面不仅要使自己的各类硬件设施多，还要解决其刚性和功能单一性等不足的问题，同时要使自己的软件更加标准化和更容易整合；但是，这靠一个企业的力量是很难做到的，它不仅不能对顾客的需求实现快速反应，还会导致顾客的流失。另一方面，解决上述问题，可以通过与各类物流企业的合作、整合、联合等措施，实现物流企业的柔性化。一个企业融入的资源越多，企业针对顾客的不同需求的柔性程度就越高，企业就越会得到顾客的信赖，业务就会不断增加，市场份额和市场占有率就越高。

3．物流市场营销是一个系统的管理过程

物流产品的特性和复杂性，特别是物流企业致力于向顾客提供一体化的各类解决方案，决定了物流市场营销不是一个部门、一个机构或单一的一项活动，而是要组建一个强有力的营销团队，按照企业流程再造模式组建一个营销项目组，在其内部整合企业各个部门的优势资源，以便在顾客需要的时候为顾客提供最快捷、最优秀的方案。同时，企业应该鼓励各种"官办"或"民办"的企业团队协助营销团队的工作。这些团队包括问题解决团队、自然工作团队、自我管理团队、顾客服务团队、信息收集团队、虚拟团队等。物流营销基本上宣告了"以业务员为主体"的市场营销策略的终结和"以团队为主体"的市场营销模式的兴起。

4．物流市场营销客体不仅是企业外部顾客，同样包括企业内部顾客

物流产品不像有形产品那样容易感知、辨别，其价值也不容易识别，评价还要依赖于顾客的主观性，带有更多的感情色彩。所以，企业员工的素质、能力、服务的主动性、服务的热情、态度等直接决定了服务的质量和顾客的满意程度。因此，首先让自己的员工满意，建立起员工的荣誉感、认同感，加强企业文化建设，这是营销的关键。所以，物流企业首先要做的是向自己的内部顾客进行营销，将自己置于同员工平等的地位上，每一项营销制度、服务规范、营销理念、口号、营销指标、营销规划等都要有员工的参与并以同员工协商、洽谈等方式来实现，最好通过企业内部招标、公开买卖等方式来实现。企业不仅要面对众多的外部顾客，还要面对众多的内部顾客，所以对于企业内部顾客的营销是一个企业市场营销的起点，也是企业对外市场营销取得成功的关键所在。

5．物流附加服务产品的营销已经成为核心产品营销中不可分割的组成部分

物流服务产品的附加产品是指物流服务除了提供给顾客已经承诺的服务项目外又免费为顾客提供额外服务，如各种优惠、折扣、赠品、保险等。物流服务产品的附加产品可以直接成为物流企业市场营销和促销的手段，也会成为物流企业赢得市场竞争的重要工具。其中，物流金融服务产品是物流服务附加产品中最主要的形式之一。

6．物流企业的市场营销应是以"营销企业"为主的营销

物流市场营销产品的不可事前展示性，决定了物流企业在市场营销过程中更应积极主动和有计划地向各个顾客和营销对象推广、推介自己的整个企业与品牌。在向顾客推广自己的同时，物流企业还要增强顾客对企业的信心和吸引力，进而促使顾客放心大胆地同自己签订业务合同，达到市场营销的目的。物流企业的市场营销应是以"营销企业"为主的营销，其最终目的在于实现物流优势资源的整合，实现物流企业长久化、经济化发展。

7. 物流市场营销的产品更应强调"一一对应制"和"量身定制化"

营销的最高境界是可以迅速地根据每一个不同顾客的不同需要量身定制出一套独一无二的产品或服务。这对于一般的生产加工企业来说根本无法做到，即便可以做到，其成本也无法估量，顾客也难以承受得起。而对于物流企业来说，实现这种境界的难度要低得多，物流企业完全可以根据不同的顾客分别设计不同的物流服务项目组合和产品，以满足他们个性化的需求。

必备技能

用"三三制"归纳事物

"3"是一个神奇的数字。形容一件事情的好坏往往有好、中、差3种情形；形容高矮有高、中、低3种情形；形容大小有大、中、小3种情况；一个问题有3个方面；产生问题有3个方面的原因；解决问题有3条途径。

1. 营销力由核心力、动态力、外显力三大要素构成（1个问题的3个方面）

（1）核心力：包含文化营销力、产品营销力、员工营销力。（1个问题的3个方面）
- 文化营销力的策划：精神、制度、物质。（1个问题的3个方面）
- 产品营销力的策划：产品、价格、渠道。
- 员工营销力的策划：人品、素质、营销技能。

（2）动态力：包含公关营销力、服务营销力、管理营销力。
- 公关营销力的策划：社会、员工（股东）、客户。
- 服务营销力的策划：售前、售中、售后。
- 管理营销力的策划：营销理念、管理模式、风险防范。

（3）外显力：包含广告营销力、品牌营销力、形象营销力。
- 广告营销力的策划：诉求、媒体、受众。
- 品牌营销力的策划：单品牌、多品牌、无品牌。
- 形象营销力的策划：理念、行为、视觉。

2. 把复杂的事物归纳为最主要的3条

一名合格的营销人员，必须具备把复杂、杂乱的事物归纳为最主要的"3条"即"三三制"技能。

例如，提升物流营销业绩的具体措施和途径包括如下方面：① 改善物流营销人员的培训模式，由原来的专题授课培训改为师傅负责制培训；② 改进物流企业服务项目或产品的开发模式，由原来的自主开发转变为借力开发；③ 减少物流服务项目的代理制度，改为以自己独立构建直销网络为主；④ 建立社区配送网络；⑤ 设立专业的物流营销服务组织机构，管理相关物流业务；⑥ 减少物流产品开发的成本，增加物流效益和效率；⑦ 物流员工的招聘以有3年以上相关岗位从业经验的人员为主。

按照"三三制"要求，以上措施和途径可以归纳如下：

（1）物流营销管理改善。① 设立专业的物流营销服务组织机构，管理相关物流业务；② 物流员工的招聘以有3年以上相关岗位从业经验的人员为主；③ 改善物流营销人员的培训模式,由原来的专题授课培训改为师傅负责制培训。

(2)物流营销网络改进。① 减少物流服务项目的代理制度,改为以自己独立构建直销网络为主;② 建立社区配送网络。

(3)物流产品策略转变。① 改进物流企业服务项目或产品的开发模式,由原来的自主开发转变为借力开发;② 减少物流产品开发的成本,增加物流效益和效率。

3. "三三制"树

"三三制"树(见图 1-3)是分析和解决物流营销问题、提出有效解决方案最为重要的工具之一。

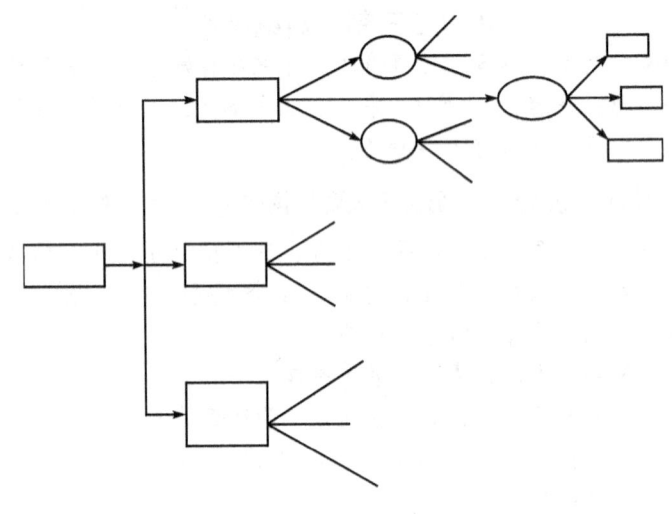

图 1-3 "三三制"树

实训 1　与当地某物流企业销售冠军"结缘"行动

实训任务单

学习领域	物流市场营销实务
学习情境	物流市场营销概论
学习任务	每位同学调动一切社会资源,每人至少找一个物流企业的销售(业务揽货)能手,与他交朋友,通过电话、短信、MSN、面谈、第三者访谈等方式跟踪记录其优良习惯、销售技巧和销售经验。可进行流水账式记录,最后整理归纳,定期在全班分享,最终形成全班合订本《销售冠军成长路线图》
任务描述	1. 每人都有各自结缘销售冠军工作模式与工作经验记录本 2. 不定期整理记录 3. 提炼感悟与感言 4. 提炼出销售冠军经典语录 5. 期末结束后整合成全班合订本《销售冠军成长路线图》

续表

任务目标	能够利用身边的各种资源提高自己的销售技能					
任务要求	任务情境	任务对象	任务手段	任务资源	任务组织	任务成果（物化成果形式）
	与销售冠军交朋友	1. 物流企业业务员 2. 货代员	1. 跟踪 2. 模仿 3. 沟通	1. 毕业生通讯录 2. 人脉关系网	1.任务的完成应该符合具体工作过程中人的思维的完整性，即包含和体现信息、计划、决策、实施、检查和评估6个步骤（见实训模板） 2. 该过程由教师指导学生完成	1. 销售冠军基本统计资料信息 2. 销售冠军成长路线图
分配人签字			受领人签字			

实训模板（对后面的每个实训项目都适用）

信息单

学习领域	
学习情境	信息　　计划　　决策　　实施　　检查　　评估
学习任务	
信息形式	
信息问题	
标准化信息资源	
备注	

计划单

学习领域						
学习情境	信息	计划	决策	实施	检查	评估
学习任务						
计划方式						
实施步骤	步骤1	步骤2	步骤3	步骤4	步骤5	步骤6
实施组织						
计划说明						
决策方式						
决策实施						
方案评价						
计划人签字				决策人签字		
备注						

决策单

学习领域						
学习情境	信息	计划	决策	实施	检查	评估
学习任务						
决策方式						
实施步骤	步骤1	步骤2	步骤3	步骤4	步骤5	步骤6
实施组织						
决策说明						
决策实施						
方案评价						
决策人签字			决策人签字			
备注						

实施单

学习领域						
学习情境	信息	计划	决策	实施	检查	评估
学习任务						
实施方式						
实施步骤	步骤1：					
	步骤2：					
	步骤3：					
	步骤4：					
	步骤5：					
	步骤6：					
	步骤7：					
实施说明						
备注						

检查单

学习领域							
学习情境	信息	计划	决策	实施	检查	评估

学习任务	

序号	检查项目	检查内容				检查人
		标准	实际	差距	原因	

检查评价	
备注	

项目综合评价单

考核能力	考核类别	考核项目	成绩 小组自评	成绩 小组互评	成绩 教师评定	专家企业评定	备注
专业能力（60%）	信息获取（10%）	收集到的信息数量与质量（3%）					
		引导问题回答（3%）					
		资源共享（2%）					
		成员信息占有（2%）					
	计划方案制定（10%）	计划方案科学性（5%）					
		计划方案可行性（5%）					
	实施与执行（10%）	进度控制（2%）					
		安全保证（2%）					
		全员参与（2%）					
		质量保证（2%）					
		成本控制（2%）					
	检查与监督（10%）	知识抽查（4%）					
		技能测试（6%）					
	物化成果（20%）	物化成果1					
		物化成果2					
		物化成果3					
		物化成果4					
		物化成果5					
		物化成果6					
		物化成果7					
		物化成果8					
		物化成果9					
		物化成果10					
社会实践能力(15%)	团队合作（5%）	全员参与（2%）					
		后进激励（1%）					
		高效沟通（2%）					
	团队分享（5%）	组内分享（3%）					
		组别分享（2%）					
	吃苦耐劳（5%）	抗压能力（2%）					
		敬业精神（3%）					

续表

考核能力	考核类别	考核项目	成绩				备注
			小组自评	小组互评	教师评定	专家企业评定	
筹划能力（15%）	计划能力（3%）	计划能力（3%）					
	决策能力（3%）	决策能力（3%）					
	创新能力（3%）	创新能力（4%）					
	组织能力（3%）	组织能力（5%）					
其他(10%)	小组互评（4%）	小组互评（4%）					
	组成加分（3%）	组成加分（3%）					
	老师加分（3%）	老师加分（3%）					
综合说明：							

第 2 章

物流市场营销信息与营销环境

学 习 目 标

通过本章的学习，了解物流营销环境是由内、外两个系统构成的，掌握物流环境分析的一般思路和主要方法。

工作任务

运用 SWOT 环境分析法，确立企业成长战略

爱世达公司是广东省一家从事交通物资贸易和仓储的中型国有企业。目前，企业面临的形势如下。

1. 企业面临的主要机会

企业面临的主要机会是潜在客户多，这主要是由于：

（1）广东经济总量增长快，市场容量大，需求旺盛，区域内"四流"活跃。

（2）广东每年投资在公路建设中的资金为 150 亿~200 亿元人民币，对各种交通物资材料的需求数量极大。

（3）广东生产企业物流外包比例大，为公司发展第三方物流提供了机遇。

（4）广州的危险品仓储业务正在进行清理整顿，而公司的仓库正好可以提供该项业务。

2. 企业面临的主要威胁

企业面临的主要威胁是日益激烈的市场竞争，主要表现在：

（1）电子技术、信息技术的发展带来新兴商业模式，更多的供应商通过网络与客户直接见面，中间跳过了贸易商。

（2）国内部分大企业日渐成熟，外资企业大量涌入，使得市场竞争更加激烈。

（3）金融信贷体制改革使企业获得资金贷款的可能性越来越低。

（4）买方市场形成，用户讨价还价的能力增强。

（5）广州目前正在实施的公路主要枢纽货运站建设中的几个货运站就在公司储

运仓库的附近。

3. 企业拥有的主要优势

企业拥有的主要优势是具有专业物流与经营的竞争力，主要表现在：

（1）公司信誉好，经过长期经营后在交通物资经营和储运上有一定的知名度。

（2）公司物流经营的基础设施较好。

（3）公司物流人才队伍好，有一批高中级经济师和专业物流人才。

（4）公司仓库靠近黄埔港，专用公路和铁路线直通码头，特别适宜从事货物的停放和中转。

（5）公司在危险品和化工品方面储运能力竞争力强。

4. 企业存在的劣势

企业存在的劣势表现为战略目标不明确，具体如下：

（1）公司经营战略方向不明。到目前为止，公司还没有一套非常明确的战略设计，经营业务杂乱，投资失误较多，没有形成核心竞争力。

（2）公司历史包袱重，债权债务较大，资金紧张，人员结构不合理，冗员过多。

（3）公司不良资产较多，经营效率低，发展后劲不足。

（4）公司机制不活，员工积极性不高。

（5）身为一家中小型交通物资企业，公司力量还是比较单薄的。

（6）公司企业文化建设薄弱。

思考题

1．根据环境分析的结果，你认为爱世达公司应该制定怎样的企业发展战略？

提示：将企业战略定位于特殊品——交通物资及危险品、化工品的物流上，走专业物流服务商之路。爱世达公司战略定位宣传的口号是："老大难"物流专家。营销战略制定的一般思路：① 高度重视企业面临的主要机会，特别是可以与企业优势实现有效对接的机会——物流市场需求增加，尤其是危险品物流市场呈现出利好局面。② 立足企业自身优势——交通物资与危险品物流具有一定的竞争力。③ 企业可以通过什么手段、方法、途径、措施、模式、技术等抓住机会、凸显优势。通过不断完善危险品物流的综合技术，为客户提供"一站式"的高标准物流一体化服务，在同行业中树立"危险品物流专家"的形象。④ 具体通过什么步骤、多长时间、达到什么目标。

2．上网收集一下广东省危险品的市场营销环境状况资料（分组完成后相互交换分享）。

2.1 物流市场营销信息

2.1.1 物流市场营销信息的含义

物流市场营销信息是指在一定的时间和条件下，同物流企业市场营销及与之相联系的多功能服务有关的各种信息、数据、资料的总称。它是对物流市场各种经济关系和营销活动的客观描述与真实反映，如媒体广告效果反馈、促销效果、竞争对手市场营销动向、国家有关政策的变化趋势等。

2.1.2 物流市场营销信息的内容

与物流企业市场营销活动有关的市场营销信息主要包括如下几个方面：

（1）物流商品或服务供求及其变化的信息。这主要包括物流商品或服务的供应信息和需求信息两个方面。物流商品或服务的供应信息主要是指物流服务的供应商、供应时间、供应数量和质量、供应结构、供应变化动态等。需求信息主要是指市场或物流各级客户需求的数量、质量、时间、购买地点、购买习惯、需求变化趋势、价值取向等信息。

（2）物流商品或服务价格及其变化信息。物流商品或服务的价格及其变化信息主要是指物流各类服务项目费用或价格现有水平情况、影响价格变化的主要因素、竞争对手的价格水平和定价策略、客户对于价格的认可程度、客户的心理价位、替代品的价格、国际物流市场上同类产品或服务的价格情况等。

（3）物流市场竞争情况及其变化的趋势。竞争对手的一切信息和动态变化，均需要很好地加以收集、监测、研究和分析。

（4）物流技术进步和新产品或新兴服务项目开发信息。这主要是指因社会进步和科技发展所带来的一系列物流新产品、新材料、新工艺、新技术等各种相关的有效的信息。

（5）国际物流市场及其变化信息。这些信息主要包括不同国家物流市场需求数量、结构、动态、政策变化、国际组织的动态、国家事件、国家关系、政治环境及其变化趋势等。

（6）与物流市场营销有关的其他一切有效信息。

2.1.3 物流市场营销信息的管理

（1）物流市场营销信息的有效收集。物流市场营销信息的有效收集方法主要有直接收集法和间接收集法。直接收集法主要是指企业指定专门的机构负责，从各种渠道收集与企业物流市场营销活动有关的一切信息的方法，如市场调查等；间接收集法是指物流企业从其他机构购买而获得现成信息的方法。总之，企业应该组织专门的机构和部门，专业收集各种信息，并形成制度化、长久化、动态化和全员化。

（2）物流市场营销信息的有效加工。物流市场营销信息的有效加工主要是指将已经收集到的信息进行分类、计算、分析、判断、编写、归纳、去伪存真，使之成为能为物流企业市场营销活动服务的有效信息。

（3）物流市场营销信息的传输和储存。为保障物流企业市场营销信息作用的有效发挥，企业必须建立起有效的信息传递系统。信息是有时效性的，一旦过时将会失去其价值，因此企业必须保证信息的快速传递、传播和快速决策。

（4）建立物流企业市场营销信息系统。物流企业市场营销信息系统主要包括一系列硬件及软件设施与设备的配备、组织机构建设、制度建设、业务规划、信息管理等。

2.2 物流市场营销环境

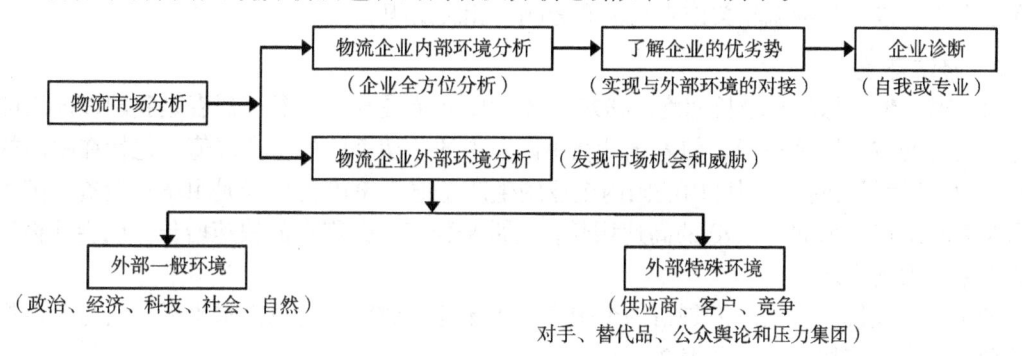

2.2.1 物流市场营销环境分析

物流市场营销环境分析所包含的内容及分析思路如图 2-1 所示。

图 2-1 物流市场营销环境分析

关于环境（Environment），不同的人会给出不同的定义。
- 经济学家给出的定义：环境是指对组织绩效起着潜在影响的外部机构或力量。
- 作家给出的定义：从宇宙中减去代表组织本身的那一部分，余下的部分就是环境。

2.2.2 物流企业外部一般环境

企业外部一般环境是指企业所处的外部宏观环境。它可分为 5 个部分：政治（Policy）环境、经济（Economy）环境、社会（Society）环境、科技（Technology）环境和自然（Nature）环境。对这 5 种环境的分析就是所谓的 PESTN 分析。

1. 政治环境

（1）国家的政治体制。国家的政治体制是国家的基本制度及国家为有效运行而设立的一系列制度，如国家的政治和行政管理体制、政府部门结构及选举制度、公民行使政治权利的制度、经济管理体制等。它决定着政府行为和效率。

政府机关是管理部门、权力行使部门还是服务部门？末位淘汰制、效能考核、效能投诉等政策的实施，标志着政府部门职能的转换，影响着政府的工作效率，也间接地影响着企业的效率——因为企业活动中有一部分工作是与政府打交道的。

（2）政治稳定性。政治稳定性包括政局和政策的稳定性。我国能够以较大的额度和较快的增长速度吸引外资，其中除了我国的劳动力等生产要素价格相对便宜外，更为重要的是我国有稳定的政局和国际关系，从而带来了政策的稳定性、连续性和持久性，这给国外的众多投资者提供了巨大的安全感。

（3）国际关系。国际关系即国与国之间的政治关系。国际关系会影响国家之间的经济关系，而经济关系会影响企业的经营。

（4）法制体系。法制体系是由国家制定并被强制实施的各种行为规范的总和，如宪法、刑法、民事诉讼法、公司法、劳动法、环境保护法、专利法、海商法、《中华人民共和国水路运输服务业管理规定》、《汽车货物运输规则》、《港口货物作业规则》、《中华人民共和国国际海运条例》《道路零担货物运输管理办法》《中华人民共和国水上安全监督行政处罚规定》等。作为 WTO 的成员国，我国还必须遵循相关的国际规则和行业惯例，如与服务贸易有关的 GATS（服务贸易总协定）及 ISM CODE（国家安全管理规则）等。

（5）政治团体。这些政治团体包括物流行业组织和协会、公众团体、妇联组织、共青团和工会等，以及与物流相关或对物流有影响的相关组织。

2．经济环境

（1）国内生产总值及增长速度。GDP 非 GNP，前者是国际口径，后者是我国以前用的指标。两者的主要区别在于，前者统计在中国境内的一切企业的生产总值，包括在中国的外资企业；后者只包括中国境内的国内企业的生产总值。GDP 的增长是由增加投资、扩大内需及鼓励出口贡献的。GDP 的高速增长，会带来物流服务需求的快速增长，也会给物流企业带来巨大的机遇。

（2）市场规模。市场规模是指一个国家的市场容量或商品的总需求水平。它与人口规模及购买力水平密切相关（见表2-1）。

表2-1　人口规模、购买力水平与市场容量的关系

人口规模	购买力水平	市场容量
少	低	很小
多	低	一般
少	高	一般
多	高	大

（3）生产要素市场的完善程度。这是指与生产有关的一切要素（如市场的开发程度、商品市场、资金市场、劳动力市场、技术市场、房地产市场、信息市场等），是否可以在自由市场体系中通过购买而获得。生产要素市场的完善程度越高，越容易从市场而不是通过其他的途径获得生产或服务所需要的一切有用资源，而且这种获得也越公平合理。

（4）经济和物流政策。

（5）国家的物价总水平，特别是与物流相关及具有联动影响的能源材料的价格水平及其变化趋势。

3．社会环境

社会环境主要指社会文化环境，包括一个国家或地区的居民的受教育程度和文化水平、宗教信仰、风俗习惯、审美观点、价值观念、道德准则等。

4．科技环境

科学技术发展一方面促进了企业物流装备的现代化，如集装设备、物流设施、仓库设备、铁道货车、货船、汽车、货运航空器、装卸设备、输送设备、分拣与理货设备、物流工具的现代化等；另一方面，科技使信息技术与网络设备得到广泛应用，如基础应用层面的有 Internet（互联网）、GIS（地理信息系统）、GPS（全球卫星定位系统）、Bar Code（条形码）、RF（射频技术）等，作业层面的有 JIT（准时制工作法）、POS（销售时点信息）、ECR（有效客户响应）、ACEP（自动连续补货）、QR（快速响应）、MIS（管理信息系统）、ERP（企业资源计划）、DRP（分销资源计划）、CRM（客户关系管理）、SCM（供应链管理）等。

5. 自然环境

自然环境包括自然资源、气候、地质和地形、地理位置等。自然环境对物流企业的影响是巨大的，因为物流企业是以运输、储藏等为主要特征的服务企业。物流企业保管和储藏的商品涉及各个类别、各种特性，保管的技术要求和难度千差万别，受环境（如冷、雨、雾、冰雹、风、寒、阴、潮等）的影响极大。至于运输对于气候的依赖性，那就更为重要了。

2.2.3 物流企业外部特殊环境——外部具体环境

影响行业竞争的因素如图 2-2 所示。

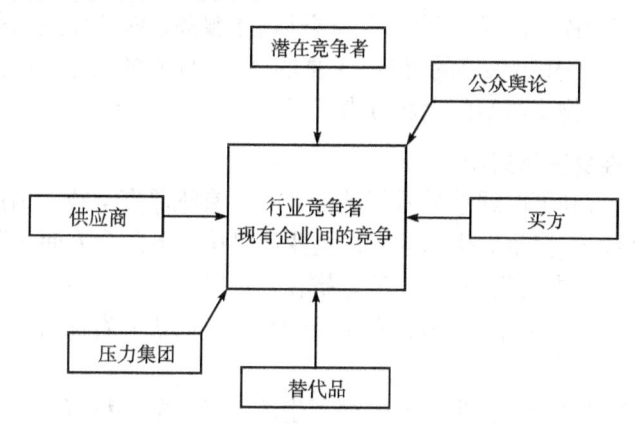

图 2-2 影响行业竞争的 7 种因素

这 7 种因素经过细分又可划分为如下几类。

1. 物流市场显在的竞争对手

（1）主要竞争对手。企业竞争对手很多，但要按照可比性的原则找出自己的主要竞争对手。要想区分不同的重量级别的对手，就应该了解自己，把自己与对手加以比较。

（2）反映企业竞争实力的主要指标有销售增长率、市场占有率、产品及服务的获利能力。其计算公式为：

销售增长率＝［（今年销售实绩−去年销售实绩）/去年销售实绩］×100%

销售同比＝（今年销售实绩/去年销售实绩）×100%

市场占有率＝（本公司销售收入/业界总销售收入）×100%

表 2-2 是一个实例。

表 2-2 企业竞争实力的主要指标

	去 年	今 年	增长率（%）
企业实绩	100	150	50
业界实绩	1 000	1 200	20
市场占有率（%）	10	12.5	25

（3）监测主要竞争对手的发展动向。方法是用动态监测的方法，指派专人、专门的机构负责该项工作。

（4）目前参与我国物流市场竞争的企业主要有如下几类：
- 以传统运输系统为支撑的物流企业，如铁路系统、中外运、华宇物流公司等。
- 以传统仓储系统为支撑的物流企业，如中储、商业系统、粮食系统公司等。
- 以邮电系统为代表的、从包裹递送转向物流服务的物流企业。
- 以"新经济"为口号应运而生的物流企业，如发源于商业系统的华运通、宝供、中野公司的全球数码仓库等。
- 以掌握业务需求而进入物流行业的潜在的生力军，如海尔、联想公司等。
- 国际大公司（如 FedEx、UPS 等）瞄准国内巨大市场陆续登陆。众多已经进入我国市场的国际著名物流企业，或与国内物流企业联盟，或并购股权，组成专业化的物流企业，为客户提供涉及全国配送、国际物流服务、多式联运和邮件快递等方面的专业化服务，它们凭借雄厚的资金、丰富的经验、优质的服务和一流的管理及人才，占据了三资企业物流供给的大部分市场。

2．物流市场潜在的竞争对手

当企业处于一个有利可图或前景看好的行业时，有雄厚资金或实力的企业必然会进入该行业。要抵抗这些潜在竞争对手的进入，企业可以从以下几个方面入手：

（1）迅速形成一定的规模。规模经济是指在一定时期内，企业所生产的产品增加，产品的平均成本下降。企业形成规模后，对于新的和较小的进入者而言，其成本会较高、风险会增大。

（2）迅速控制关键资源。如果企业控制了生产所必需的某种资源，就会保护自己而不被进入者干扰。关键资源包括资金、专利或专有技术、原材料供应、分销渠道、专业人员、经验或资源的使用方法或工艺等。例如，物流企业拥有大量的终端网络或航线，或者与国际核心物流资源相结合等，奶制品企业占有天然、优质的牧场资源，娃哈哈公司占有千岛湖的优质水资源等，这些都是很好的范例。

（3）建立品牌优势。企业具有较高的美誉度和知名度，同时具有很高的知名度和回头率，这是企业的品牌优势。

（4）充分利用政府政策。

3．物流市场的营销渠道企业

物流市场的营销渠道涉及的企业包括物流企业的供应商和物流营销中介等。物流营销中介是指协助物流企业把物品从供应地运送到接收地的活动过程中所涉及的所有中间机构，包括各类中间商和营销服务机构。对于物流企业而言，物流营销中介就是各类货运代理机构。营销服务机构主要包括营销调查机构、营销研究机构、广告代理机构、企业形象设计机构、媒体机构、营销咨询机构、物流服务项目代理机构等。

物流企业的供应商是指从事物流活动和业务所必需的各种资源和服务产品的供给者。它包括直接向物流市场提供各类物流活动、服务项目及有形产品的各类企业，为物流企业提供设备、工具、机械、能源、土地、厂房设施的各类供应商，为物流企业提供信贷资金的各类金融机构，为物流企业生产经营过程提供各类服务和劳务的机构等。所有这些构成了物流市场的供应商。

4. 物流用户或消费者市场

物流用户或消费者市场包括国内外消费者市场、生产者市场、中间商市场、政府及一切事业单位市场等。

无论是哪类用户或消费者市场，其营销的目的都在于确定客户所期望的价值。而要很好地了解客户的需求价值所在，则必须知道企业提供的产品是什么，产品有哪些突出价值和优势，企业又是怎样与客户打交道的，以及企业会派什么样的人、通过怎样的价格向顾客出售产品或服务等。同时，还要注意随时将自己的客户按大、中、小级别加以区分，进行有效的分类，建立详细的档案，以便区别对待，进行严格的管理和有效的沟通。

5. 公众

公众是指那些会给物流企业实现其营销目标构成实际或潜在影响的任何团体，包括金融公众、媒体公众、政府机构公众、企业内部公众、社会一般公众和社会压力集团等。

- 金融公众包括银行、投资公司、证券公司、保险公司等。
- 媒体公众包括电视、报纸、杂志等。
- 政府机构公众包括专门负责物流企业经营的职能部门及各级政府机关等。
- 企业内部公众包括企业董事会、经理、职工等。
- 社会一般公众是指消费者等。
- 社会压力集团包括社会绿色和平组织、环保部门等。

实例

为了推广自己生产的涂料产品，证明自己的产品无毒，北京富亚涂料公司策划了一次"小猫小狗喝涂料"的活动。为了吸引公众的注意力，公司提前几天在媒体上做了广告。活动当天来了许多记者和公众，公司老总亲自主持该活动。但当活动正要开始，准备让猫、狗喝涂料的时候，绿色和平组织所组织的许多成员来到现场，大谈该活动是多么的不道德、不仁义，纷纷谴责该企业的做法，并采取一切措施阻止该活动的进行。现场乱作一团，猫、狗被保护起来了。公司老总一看所有的花费及付出马上就要打水漂了，情急之下自己咕咚咕咚把涂料喝了下去，这又引发了媒体的一场大争论，同情有之，批评有之，但企业歪打正着，达到了扩大影响的目的。

问题

对照以上实例，说说你对物流企业面临的环境有怎样的认识。

2.2.4 国内物流市场的 5 种主要力量

国内物流市场主要有 5 种力量，它们分别是：

- 外资企业，以 FedEx、UPS 等公司为代表。
- 中外合资物流企业，以中外运敦豪、中外运天与地和黄天柏等公司为代表。
- 国有企业，以中海、中远、中外运公司为代表的强势国有品牌。
- 民营企业，以宝供、宅急送、北京中铁快运、远程等公司为代表。
- 企业自有品牌，以海尔、安得等公司为代表。

面对由于国内物流市场需求环境的变化和外部条件的变化而必然导致的市场格局的变化，物流企业必须采取不同的营销手段和市场策略。

> **问题卡片**
>
> 国内物流市场的 5 种主要力量中，哪些是影响物流市场格局变化的主要因素？为什么？

2.3 物流市场营销信息与环境分析方法

2.3.1 物流企业诊断——SWOT 分析法

SWOT 分析法被认为是物流企业内外部环境分析的有力武器和有效工具。其中，S——优势（Strength）；W——劣势（Weakness）；O——机会（Opportunity）；T——威胁（Threat）。

1．物流企业优势与劣势的识别

物流企业的优势是指企业在执行策略、完成计划和实现目标时可以加以利用的能力、资源及技能。物流企业的劣势是指企业在能力和资源方面的短缺或不足。它们都与竞争有关，都会妨碍企业执行策略和实现目标。企业的优势也可以用企业的竞争力指数来表示。一般来讲，一个企业的竞争力指数由以下几个指标构成：市场份额、产品或服务的独特性、服务的质量、顾客的忠诚度、企业的知名度、行业的成本和利润水平、企业的制造能力、企业的技术优势、企业的人力资源优势、企业的研究和发展能力、企业的专利、企业的营销能力和网络优势、企业的组织结构和适应性等。

2．多途径考察物流企业的优势和劣势

（1）内部观点。利用物流企业现有的有丰富经验和阅历的物流管理者和专家，提出有关企业优势和劣势的调查。同时，企业的历史资料及现成的二手资料也可以展示企业的优、劣势变化。

（2）外部观点。用竞争对手的优势和劣势与自己企业的相应资源和能力做比较，处于同行业的显在竞争者一般要处于企业长期不断的密切监控之下，对手的优势和劣势就会一览无余地暴露在企业的视野里，再用对手资源和能力的变化对照自己，就容易获得关于自己的现状。

（3）专家的意见。从企业外部寻找一些优秀的行业专家，请他们从外部、客观的角度对企业的优、劣势加以定位。

3．SWOT 分析法的实施

（1）SWOT 分析法的步骤。

1）把企业已经识别出的优势分成两组。分组的主要依据是看它们是与外部行业中产生的机会有关还是与威胁有关。

2）用同样的方法把所有劣势分成两组，一组与机会有关，一组与威胁有关。

3）建构一个表格，4 个组各占 1/4。

4）把企业的优势和劣势与机会和威胁配对，分别放在每个格里。SWOT 图表明企业内部的优势和劣势与外部的机会和威胁的对应关系（见图2-3）。

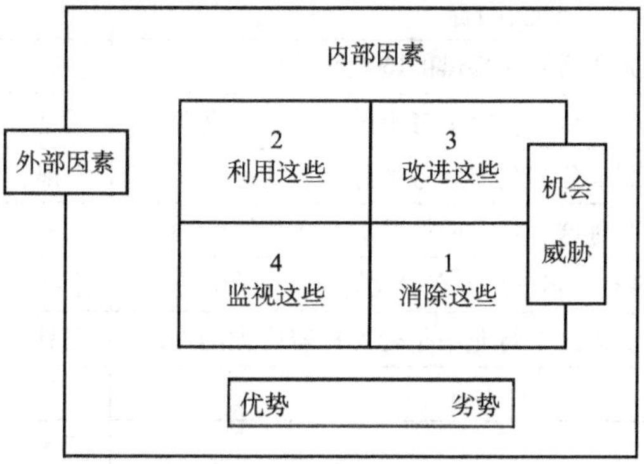

图 2-3　企业内部的优势和劣势与外部的机会和威胁

（2）结论和分析。

1）在某些领域，企业可能面临来自竞争者的威胁，有一种不利的趋势，而在这些领域或变化趋势中，企业不仅不具备优势，还有一定的劣势，那么一定要首先把这些劣势消除。

2）市场上出现了难得的机会，而机会所出现的领域恰巧是企业的优势领域，则企业应快速反应，马上行动，立即抓住它。

3）某些领域中可能有潜在的机会，但遗憾的是这不属于企业的优势领域，则企业应借机把属于这些领域的劣势改掉。

4）对目前企业有优势的领域进行监控，以便在潜在的威胁可能出现时不感到吃惊或不知所措。

值得一提的是，在企业、行业和市场形势的分析中，变化是唯一的常数，因此利用SWOT分析法，不要指望一次就完成分析，而是随着企业发展环境的不断变化，企业必须努力修改这个表格，以期达到新的平衡。

4．物流行业分析调查表

无论经营什么，企业都要制定很好的企业战略，这就要求企业必须很好地去分析自身所处的行业。对物流行业进行分析调查如表2-3所示。

表 2-3　物流行业分析调查表

序号	调查内容	选项
1	企业所从事的物流行业中竞争者的数量	□许多　□一些　□很少
2	该物流行业被几个大公司所控制	□是　□不是
3	该物流行业中3家大公司总的市场份额	□<40%　□40%~80%　□>80%
4	平均需要采用几年新技术就会改变该物流行业的经营方式	□1年　□5年　□10年
5	新的竞争者进入这个物流行业的障碍	□高　□一般　□低
6	竞争对手脱离该行业的障碍	□高　□一般　□低
7	该行业在总的市场需求上的状况	□发展　□稳定　□降低
8	企业可以利用的巨大而未开发的相关物流市场	□是　□也许　□没有

续表

序号	调查内容	选项		
9	这个物流行业的服务产品所能提供的特性和选择	□广泛	□一般	□有限
10	客户购买本公司服务项目是否完全考虑的是价格的高低	□是	□不是	
11	客户能很容易地找到本公司物流服务产品的替代品	□很容易	□有困难	□不能
12	物流相关供应商是否对这个行业的产品有很大的影响力	□是	□不是	
13	在享受本公司的服务时，客户是否有很大的讨价还价的能力	□是	□不是	
14	物流分销商或代理商在这个行业中是否发挥着巨大的作用	□是	□不是	
15	物流产品的成本	□降低了	□不变	□提高了
16	物流产品的毛利润	□大	□一般	□小

5．机会识别

（1）物流技术上的变化。当物流技术有了变化时，有些公司常常表现迟钝，因为它们在老技术方面投入过多。对于物流企业而言，技术上的变化是机会出现的重要因素之一。

（2）物流新材料、新设施的出现。物流新材料可能引起产品的革新并扩大市场机会。

（3）物流客户对现有服务产品的不满。当物流企业识别出某类顾客对现有产品的挑剔和不满意时，市场机会就会出现。

（4）物流市场的发展。当一个市场启动时，那些能先用自己的产品来满足市场需求的企业就有机会。

（5）老产品的新用途。当老产品有了新用途时，市场就会发展。

（6）高技术人才特别是物流专家的获得。获得了某个行业的高技术人才，实际上就等于重新获得了巨大的市场机会。

（7）正确的物流选址。物流选址的好坏意味着经营的成败，也意味着未来环境变化下的新的市场机会的多少。

（8）物流新组织模型出现。例如，减少公司的组织规模，或对组织或流程进行重组，可以获得新的市场发展机会。

（9）物流营销中出现新的分销渠道。分销渠道的变化往往会带来市场机会。

（10）物流政策和法规的变化。

（11）物流行业的平均收入和利润水平的变化。

（12）进入物流行业的入市壁垒和出市壁垒，即进出该行业的难易程度出现变化。

（13）物流行业的繁荣程度出现变化。物流行业的繁荣程度越高、越发达而接近于顶峰，市场机会就越小，反之则越高。我国物流行业目前的平均成本与世界发达国家的巨大差距正是我国物流机会多的有力佐证。

以上机会基本上反映了一个行业或产业的吸引力。

6．威胁识别

（1）减退的市场。一个正在萎缩的市场，无论是否被预测到，都会付出巨大的代价。

（2）政府政策的变化，以及规则与规章的调整。政府政策的变化，以及规则与规章的调整，可能会影响企业的生存，如企业无论大小都要执行环保机构、安全与卫生机构、税务和工商部门及行业标准等的约束。因为能源供应紧张，我国政府对能源产品的出口政策由原来的出口退税调整为出口征税，这会对国际货运物流产生深刻影响。

（3）变化的趋势。我国国际贸易的增长趋势对物流市场需求造成了深刻的影响。

（4）替代产品出现。替代品的危险就是常常使企业不知道危险从哪里来。物流相关服务项目中的替代性更明显。

（5）反复无常的汇率。即使很小的企业也会受到全球经济力量的影响，其中就包括汇率的影响。例如，当美元对其他主要货币的汇率上升时，美国的公司几乎都会被湮没在便宜的外国进口货的冲击之中。

（6）原材料，特别是物流生命线的能源的短缺。

（7）失去保护的专利。失去保护的专利往往使原来就想进入该行业的潜在的竞争者可以理直气壮地进入，并且可以轻易地获得不花钱而得到的专利技术的支持。

（8）懒惰和自满情绪出现。一个企业获得滚滚财源的时候，或多或少都会表现出骄傲自满的思想行为，或表现出"大公司病"，这实际上给竞争者带来了可乘之机，危险和威胁便会接踵而至。

2.3.2 物流企业的类型

我国物流企业规模有大有小，发展水平良莠不齐，既存在像中远、中外运公司这样规模较大的综合型物流集团，也存在像宅急送、远成公司这样的特色民营物流企业，还存在攒几辆车、租一块地、申请个营业执照就去跑业务的"物流公司"。现实中，我国物流企业发展很不平衡。按业务综合程度和企业规模可以将我国物流企业分为 4 种不同的类型，如图 2-4 所示。

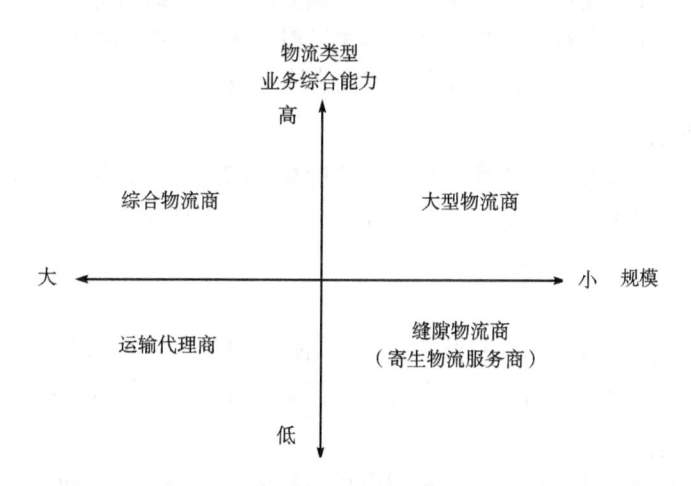

图 2-4 按业务综合程度和企业规模划分的物流企业类型

2.3.3 波士顿矩阵分析法

一个物流企业，特别是综合性的物流企业可能会有多项业务，利用波士顿矩阵图可以分析这些业务的现状和地位，如图 2-5 所示。

波士顿矩阵的纵轴表示市场成长率，即该业务的销售量或销售额的年增长率，用数字0~20%表示，同时认为市场成长率超过10%就是高速增长。矩阵的横轴表示相对市场份额，反映该业务相对于最大竞争者的市场份额，用于衡量企业在相关市场上的实力，用0.1（表示该企业销售量是最大竞争对手的10%）~10（表示该企业销售量是最大竞争对手销售量的10倍）表示，并以相对市场份额1.0为分界线。图中的8个圈代表企业所拥有的8个业务，它们的位置分别表示这项业务的市场成长率和相对市场份额的高低，面积的大小表示业务额的高低。

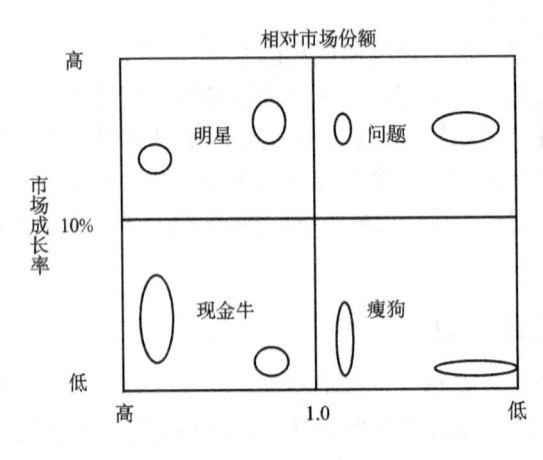

图2-5 波士顿矩阵图

1．问题业务

问题业务是市场成长率高、相对市场份额低的业务，这可能是企业的新业务。对于问题业务，企业必须决定是否继续投资以迅速发展市场。只有那些符合企业长远战略目标、与企业优势资源相吻合的业务才有可能转化为明星或瘦狗业务。

2．明星业务

明星业务是指市场成长率高、相对市场份额高的业务，它将成为企业未来的现金牛业务。它是企业的希望，企业必须继续追加投资，以扩大规模和增加竞争实力，从而击败竞争对手。

3．现金牛业务

现金牛业务是指市场成长率低、相对市场份额高的业务。这是成熟市场的领导者，是企业现金的来源。企业对此不必投入更大的资金就可以享有规模经济和高利润的优势。

4．瘦狗业务

瘦狗业务是指市场成长率低、相对市场份额低的业务。这类业务一般是微利或亏损业务。对这类业务，企业要痛下决心，快刀斩乱麻，彻底将其清理。

小资料卡片

我国物流各行业开放进程如表 2-4 所示。

表 2-4　物流各行业开放进程明细

服务内容	市场开放进程
公路货物运输	2004 年年末外资企业可以 100%独资
国际海上运输	外资比率 49%以上
包装业	2004 年年末外资企业可以 100%独资
仓储业	2004 年年末外资企业可以 100%独资
运输业	2004 年年末外资比率 49%以下，2007 年 12 月外资企业可以 100%独资
国际多式联运	2005 年年末外资企业可以 100%独资
国内运输代理	2004 年年末外资企业可以 100%独资

物流营销技巧

营销——决策快半拍，市场胜一拍

2002 年 9 月 29 日，中海运公司总裁李克麟在美国考察，时值美国西部大罢工。李克麟看到那种情况后立即回国，向集装箱生产厂下达了制造 8 万个标准箱的指令。因为美国罢工，所有集装箱只能有去无回，只有大量储备才可以满足出口的需要。但是，国内其他企业猛醒过来后为时已晚，国内集装箱制造厂已经无现货，订单早已排满。[①]

必备技能

营销分析要学会用图表说话

1. 选择图表的基本步骤

步骤 1：① 确定你所要表达的主题（将数据转化为主题）。② 对作为设计者的你来说，选择合适图表的关键，就是确定你想要表达的具体主题。没有主题而选择图表，犹如蒙上眼睛整理行装。③ 选择正确的图表形式完全取决于你的主题清晰明确。不是数据（如美元、百分比、容量单位、日元等）决定你的图表，也不是比较项类（如利润、回报率、赔偿等）决定你的图表，而是你的主题——你想要表明的或你想要表达的主题，决定你的图表形式。

步骤 2：① 确定对比关系（从主题到对比关系）。② 确定的主题应包括以下 5 种对比关系当中的一种：成分、项类、时间序列、频率分布或相关性。

步骤 3：① 选择图表形式（从对比关系到图表）。② 每个对比关系都可用一种图表形式来表达。

---

① 没有特别说明，本书中的海运货代是指拥有商务部批准的国际货运代理资格牌照的海运货代。

2. 用图说话

（1）5种基本图形

基本图形有以下5种：条形图（见图2-6）、柱状图（见图2-7）、饼形图（见图2-8）、线形图（见图2-9）、圆点图（见图2-10）。

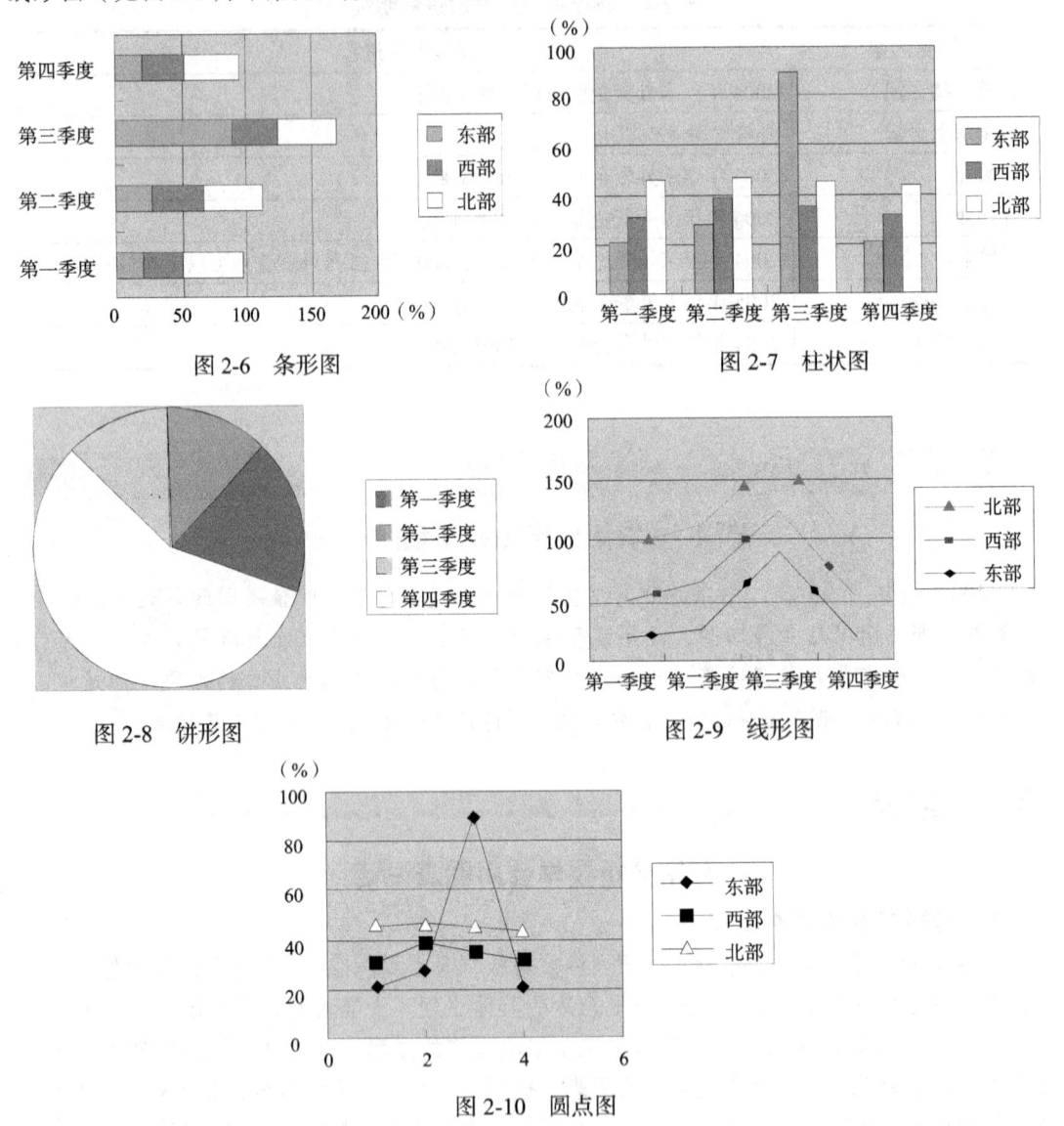

图2-6 条形图

图2-7 柱状图

图2-8 饼形图

图2-9 线形图

图2-10 圆点图

（2）5种对比关系。

1）成分对比关系。这一关系表达每部分占总数的百分比，如大货主业务量占整个公司业务量的75%。

2）项类对比关系。这一关系中，所比较的各个项类之间存在大小、高低之分，如今年配送业务量的增长首次超过运输业务量增长的幅度。

3）时间序列对比关系。这一关系表示每部分随时间的变化而变化或波动的状态，如从1月开始集装箱的货运量持续上升。

4）频率分布对比关系。这一关系表明有多少项类的分布在一个范围内，如 18~40 岁的男性更钟情于各类体育赛事转播。

5）相关性对比关系。这一关系表明两个变数或变量之间的关系可以是也可以不是你所证明的模式，如销售额随打折幅度明显增加。

（3）图形选择。

1）成分对比关系可以选择饼形图来表达。

2）项类对比关系可以选择条形图来表达。

3）时间序列对比关系可以选择柱状图和线形图来表达。

4）频率分布对比关系可以选择柱状图和线形图来表达。

5）相关性对比关系可以选择条形图和圆点图来表达。

（4）相关训练。

现有两家都以经营运输、仓储和流通加工为主的物流企业，其中一家企业的运输、仓储和流通加工业务量分别占企业总业务量的 50%、30%和 20%，另一家企业的运输、仓储和流通加工业务量分别占企业总业务量的 20%、30%和 50%，请选择准确的图表形式合理表达出来。

实训 2　物流企业内外信息和环境监控技术

实训任务单

学习领域	物流市场营销实务
学习情境	物流市场营销信息与营销环境
学习任务	作者本人曾在企业工作 15 年，经历过各类营销，故结合亲身经历和经验总结了一首"揽货环境歌"。歌词如下： 我的环境我做主， 企业环境我借助， 直接环境要效益， 间接环境近距离， 销售尽在氛围中。 请开展头脑风暴，认真解读该歌词，根据作者对环境歌的解析（见附录 2A）提示完成解读表（见附录 2B），写出解读报告，各组之间可以开展 PK 与相互分享
任务描述	从实战的角度出发，营销实际上就是为最终达成销售营造良好的氛围，也就是为销售创造良好的环境。一个企业的业务员、揽货员无时无刻不处于各种环境的包围之中，怎样利用这些环境带动自己的销售业绩提升，是衡量一个业务员销售素养的重要指标 揽货环境歌中给出了揽货员经常面临的 4 类环境：自我环境、企业内环境、企业外环境及宏观环境，怎样利用上述环境服务于自己的销售和揽货

续表

任务目标	1. 能够利用揽货环境歌中作者的经验规划自我揽货行动 2. 能够把营销环境知识与自己的日常销售业务和工作建立关联，让知识为自己服务，做知识的主人而不是知识的奴隶					
任务要求	任务情境	任务对象	任务手段	任务资源	任务组织	任务成果（物化成果形式）
	把教室布置成有利于开展头脑风暴的环境，注意环境温度、湿度、采光、投影设备、白板及座椅的舒适性	1. 揽货员 2. 解读表	头脑风暴	1. 揽货环境歌 2. 对揽货环境歌的解析	1. 学生分组，一般每7~9人一组 2. 任务的完成应该符合具体工作过程中人的思维的完整性，即包含和体现信息、计划、决策、实施、检查和评估6个步骤 3. 该过程由教师指导学生完成	1. 揽货环境歌解读表 2. 解读报告
分配人签字			受领人签字			

附录 2A 揽货环境歌解析

我的环境我做主，
企业环境我借助，
直接环境要效益，
间接环境近距离，
销售尽在氛围中。

1. 自我环境

（1）商务礼仪。关键词：微笑、仪容、仪表、随身物品、乘车、乘电梯、就餐。

（2）CIS 个人识别系统规划。① 别人不愿意做但对大家有意义的事情自己坚持做；② 每天都比你的同事多做一点点；③ 你所站的高度永远比别人要高一点点。

（3）让别人看来你就是你所在的那个专业或行业的专家（自我专业修炼）。

（4）个人信用要从一点一滴积累，要有规划。

2. 企业内环境

（1）选择一个好的企业，你就有了与别人不同的有利环境。

（2）把企业的行业排名、地区排名、市场占有率、口碑、好的航线、优势价位、持久的系统服务、好的拖车公司资源、海关等资源变成自己揽货的财富和撒手锏。

（3）向身边的冠军看齐。

44

（4）正直、诚恳、合群、开朗。
（5）经常对同事说：我需要你的帮助，你的帮助对我很重要。
（6）经常说 3 句话：你很了不起；我很欣赏你；我很羡慕你。
（7）企业内环境的分类。① 平等环境——与你一同进入企业的来自同等档次学校的人与你基本是平等的（忌与之形成小集团）；② 不平等环境——你与师傅、你与老同事、你与主管、你与经理、你与冠军等是不一样的。
（8）借助企业内环境的策略，就是要把企业内的各种优势尽可能地转变成自己的优势（不用白不用，不借白不借，把自己的手臂伸长）。

3．企业外环境

（1）企业的供应商，包括供应各种商品的单位或个人、海关、商检局、保险公司、银行、税务局、政府、媒体。

忠告：要学会"钻营"。

（2）企业经销商。
（3）企业客户。

企业要站在对方的角度考虑问题，向企业外环境要效益。

4．宏观环境

（1）对国家、地区的经济政策和科技变化动态信息等进行收集整理，定期分门别类地向不同客户或企业供应商投放，赢得他们的好感。
（2）提前预知天气变化，为客户送去提示或请客户关注。

附录 2B　揽货环境歌解读表

序　号	一级环境要素	二级环境要素细分	解读要点	利用策略设计	特别提示或备注
	自我环境				
	企业内环境				
	企业外环境				
	宏观环境				

第3章

物流市场营销战略

学习目标

通过本章的学习，了解物流企业营销战略规划的内容、方法和类型选择。

工作任务

中信物流股份公司营销战略

作为中国整车物流行业的新军，中信物流股份公司的前身是"中信汽车运输有限责任公司"，隶属于中信集团，注册资本1亿元，是中信汽车、中信国安、中信中原3家公司与许昌汽车销售公司和海万泰德公司合作的成果。

1. 营销网络发展战略

几乎是在无声无息中，中信物流公司完成了遍布全国的战略据点部署。总部设在北京；郑州、长春、沈阳、广州、上海设有分公司；天津等16个城市设有分支机构；北京等10个城市建有场站；北京、郑州、广州、武汉、上海、营口、重庆建有仓储中心。

2002年3月，中信物流公司凭借网络优势，一举成为郑州日产公司整车销售物流的独家供应商。郑州日产公司主要生产尼桑皮卡系列汽车，目前又上马了帕拉丁品牌的多功能客车，产品市场占有率极高，计划年产量达2.5万台。拿下这个项目后，中信物流公司根据郑州日产公司的销售情况，为其设计了完备的服务方案，其中甚至包括应急方案，并专门配备了专业物流管理团队——15人的项目组实施的是项目经理负责制，运作也完全按照现代项目管理的原则和方法进行。为使服务高效、精准，中信物流公司还专门为这个项目开发了计算机信息系统。该系统与郑州日产公司的业务系统联网运行，即使月销售量最高达到2 400台时，中信物流公司也可通过其遍布全国的网络和信息系统自如调动运力，轻松完成任务。而且，质损率低于0.5%，准时率高于98%，达到了双方"共赢"的目的。据郑州日产公司介绍，整车物流配送环节被中信物流公司全面接手后，支出已下降了30%。

2. 客户服务战略

中信物流公司善于在国内整车物流市场上按照现代物流的玩法"出牌"。一汽大众公司是中信物流公司的老客户,从 1993 年开始,一汽大众公司超过 15 万辆商品车的物流配送都是由中信物流公司一手操办的。但是,汽车物流远非运输这么简单,立志要做现代物流的中信物流公司开始在增值服务上寻求突破。

1996 年,中信物流公司为一汽大众公司增加了郑州中转库全国分拨服务。一汽大众公司通过火车低价批量将车运到郑州后,由中信物流公司提供中转库仓储管理和全国分拨服务,此举不仅使一汽大众公司降低了成本,还加快了市场响应速度。6 年里,中信物流公司的郑州中转库为一汽大众公司中转了 6 万多辆车。

2005 年,中信物流公司又向一汽大众公司提交了一份详细报告,提出在北京地区为其 36 家经销商开展商品车城市配送服务。一汽大众公司迅速认可,并签订了协议。这项服务每年可为一汽大众公司配送 3 万辆以上的商品车。通过这一招,一汽大众公司在北京市内的商品车配送难题迎刃而解,经销商的库存也大大降低,还为一汽大众公司将来发展电子商务打下了基础。

3. 产品或业务整合战略

多年来铺设网络的同时,中信物流公司还逐步设立了全国性的调度管理中心,建立了基础信息网络,开发了基于 GPS/GIS 和卫星通信技术的智能运输信息系统,这些显然是由传统储运企业向现代物流企业加速转变的绝招。但同时,由于运力不足而困扰公司的实际问题却长期得不到解决。

2005 年 8 月以来,随着市场份额的不断加大,中信物流公司的运力不足问题进一步凸显。面对运力不足与运力分散这一对矛盾,中信物流公司还是很快找到了解决办法——组建联盟车队。这个联盟是一个新的网络,它把中信物流公司与全国各地的中小物流企业连在了一起。中信物流公司与这些企业建立起联盟关系,各企业运输车的所有权不变,但调度权给了中信物流公司,统一使用中信物流公司的标志,纳入中信物流公司的管理网络并在全国范围内运行。

现在,联盟的意义已经显现——除了原有车辆,几十家联盟伙伴的加入使中信物流公司的运力一下子提高了 600~700 辆。2005 年,中信物流公司调度联盟车队车辆 1 022 班次,运送了 6 232 辆商品车,占了公司全年任务的 17%。2006 年,这个比例提高到了 50%,12 万辆商品车运输任务中的一半都是利用联盟车队完成的。

? 思考题

1. 中信物流公司市场营销战略的侧重点在哪里?为什么?
2. 通过该案例,你对物流市场营销的特点有什么不同的理解和认识?
3. 请对经过网络构建、车队联盟后的中信物流公司进行 SWOT 分析,并据此进一步制定该企业新的市场经营战略。
4. 你认为中信物流公司的"服务增值"活动中还有哪些项目可以进一步完善和推出?(提示:国外汽车物流企业除了开展整车和零部件物流运输与仓储服务外,还将服务产品延伸至后续检验、上色、汽车美容、汽车召回等领域。)

3.1 物流市场营销战略概述

3.1.1 物流企业市场营销战略的 3 个层次与规划

1. 物流企业市场营销战略的 3 个层次

第一层次：公司战略，即属于公司层次上的总战略，体现了企业的整体战略思想和战略目标。

第二层次：经营战略，即隶属于总公司的事业部或分公司的战略。它与现有企业普遍采用的事业部制的组织机构相对应。

第三层次：职能战略，即公司的各个职能部门依据总的公司战略和经营战略所制定的以经营为主的战略。它涉及市场营销战略、资本运营战略、产品开发战略、质量改进战略、顾客服务战略、广告战略、企业扩张战略、企业扩大生产战略、物流战略、人才战略、信息战略等。

2. 物流企业的市场营销战略规划

企业营销战略不是一种目标，它代表了具有一致性的市场营销方向。营销战略贯穿于企业的一切市场营销活动。产品、定价、分销、广告——所有这些构成市场营销组合的活动都必须集中体现营销战略下有效营销战术的运用。可以设想，战术是某种特殊波长的光线，战略则是调节这一光波的激光器。需要强调的是，营销战略是贯穿企业经营始终的营销方向，一旦建立便不可轻易改变。

企业的市场营销战略规划是企业在分析市场经营环境和自身资源条件的基础上，从整个供应链的角度，挖掘企业内部和服务在供应链中所创造的市场价值和企业的竞争优势，拟订企业中长期营销战略规划，选择和实施适当的营销战略行动，保证企业可以持续获得长期的市场竞争优势。

3.1.2 物流市场营销战略类型的选择

1. 由 SWOT 分析法派生的物流企业市场营销战略

由 SWOT 分析法派生的市场营销战略如图 3-1 所示。

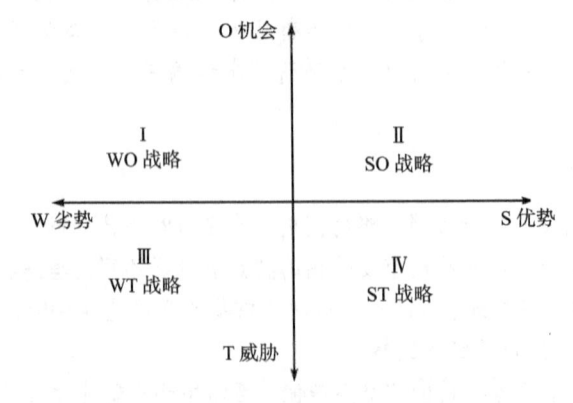

```
              O 机会
                │
        Ⅰ      │      Ⅱ
      WO 战略   │    SO 战略
                │
  W 劣势 ──────┼────── S 优势
                │
        Ⅲ      │      Ⅳ
      WT 战略   │    ST 战略
                │
              T 威胁
```

图 3-1　企业经营战略与 SWOT 分析

（1）SO 战略——进攻型战略，也可称企业扩张战略。其立足点是企业内部存有与外部

机会相对应的优势资源和能力,因此企业要不失时机地抓住该机会,寻求更大的发展和跨越。我们又可以将这一战略进一步划分为:

- 单一产品或服务进攻战略。
- 复合多样化进攻战略,即通过合并、收买和兼并方式开拓与企业现有产品或服务不同的新产品或服务项目来进攻市场。
- 同心多样化进攻战略,即企业生产与原产品或服务相类似的产品来进攻市场。
- 纵向一体化进攻战略,即企业倾向于通过投入或产出来扩大企业的生产经营活动。
- 横向一体化进攻战略,即通过兼并和购买同行业竞争对手的手段达到自我增长的战略。

(2) ST 战略——分散化战略,又称游击战略。当企业内部有优势但外部有威胁时,企业要善于采用迂回的策略,扬长避短。

(3) WT 战略——退却型战略。企业内部有劣势、外部又具有强大威胁的时候,企业要审时度势,及时调整自己的业务和结构,该转行就转行,该合作就合作,该倒闭就倒闭,该调整就调整,以期避免更大的损失。具体战略包括:① 积极退却战略;② 消极退却战略。

(4) WO 战略——防御性战略。当企业内部有劣势、环境又有一定的机会时,企业则要趋利避害。

2. 由企业产品或服务与市场不同组合矩阵派生的企业市场营销组合战略

这些战略如表 3-1 和表 3-2 所示。

表 3-1 产品或服务——市场组合战略 2×2 矩阵表

	现有产品或服务	新产品或服务
现有市场	市场渗透战略	产品或服务开发战略
新市场	市场开拓战略	多样化经营战略

(1) 市场渗透战略。企业通过广告、价格、售后服务等营销策略,使自己的市场占有率得以扩大。

(2) 市场开拓战略。现有产品或服务寻求新市场的战略。

(3) 产品或服务开发战略。企业开发出新产品或服务投放到现有市场的战略。

(4) 多样化经营战略。企业开发出新产品或服务投放到新兴市场的战略。

表 3-2 产品或服务——市场组合战略 3×3 矩阵表

	现有产品或服务	相关产品或服务	全新产品或服务
现有市场	市场渗透战略	产品发展战略	产品革新战略
相关市场	市场发展战略	多样化经营战略	产品发明战略
新兴市场	市场转移战略	市场创造战略	全方位创新战略

注:该矩阵是由美国学者斯坦夫·C·哈柏创立的。

3. 由市场细分派生的企业市场营销战略

(1) 差异化战略。差异化战略可以通过改进质量、包装、品牌、售后服务、企业声誉的途径来实现。

（2）低成本扩张战略。这是指企业具有生产及经营成本低于竞争对手的优势。途径在于从供应商、开发、生产、营销、物流等各个环节开展节约费用或降低成本的活动。

> **实 例**
>
> **格兰仕公司的低成本扩张战略**
>
> 自进入微波炉行业以来，格兰仕公司就以总成本领先为自己扩张的主战略。其规模每上一个台阶，就大幅度地下调一次价格。当自己的规模达到 125 万台时，它就把出厂价定在规模为 80 万台时企业的成本以下，以此使生产微波炉的同类企业多生产 1 台就亏损 1 台并最终不得不退出竞争和市场。

（3）重点战略。重点战略是企业把全部精力集中在某一特定的市场或产品上的战略。

（4）无差别化市场营销战略。尽管企业在进行市场细分中发现了市场需求的差别性，但出于自身资源等各方面因素的考虑，还是以无差别化的产品、无差别化的营销战略去面对差别化的市场需求的战略。

4．由企业的市场定位派生的市场营销战略

（1）重新定位——市场领导者战略。

（2）避强定位——市场追随者战略。

（3）对抗性定位——市场挑战者战略。

> **小资料卡片**
>
> **雅典奥运会物流量统计**
>
> 雅典奥运会期间物流量创历史新高，令希腊最大货柜港——皮里雅斯港上半年营业额上升 7%，创下近年少有的佳绩。据雅典奥运会指定官方货代及报关服务商之一的德国辛克国际物流公司统计，该货柜港为奥运处理的空运货物就有 2 000 吨、海运货柜 1 000 个；自欧洲各地运来的满箱货车有 1 000 辆，铁路货物 100 辆卡车；为各地传媒空运的个人计算机有 11 000 台、服务器 600 台、打印机 200 台。另外，奥运会结束后，部分器材还要运回国。据估算，奥运会为该国的 2000—2008 年经济周期带来近 270 亿欧元的经济收益。
>
> **思考题** 2008 年奥运会在北京成功举办。请查阅资料，阐述中国物流企业是怎样借"2008 北京奥运会"之光大力拓展业务的。

3.2 物流市场营销战略规划

3.2.1 物流企业业务模式和影响物流企业营销战略选择的因素

1．物流企业业务模式

（1）区域性物流。区域性物流是指物流企业利用具有仓储资源、运输资源和地缘优势所开展的区域内或区域间的物流。物流服务需要强大的网络支持，因此区域性的物流公司不具备开展跨区域物流服务的能力。

（2）跨区域物流。跨区域物流是指物流业务打破区域界限的物流，包括各行政区域之间、国际间的物流等。该类物流公司已经在全国建立起了健全的网络或分支机构。

（3）物流代理。物流代理是指在统一的营销策略下，代理方利用被代理方的业务资源或物流资源发展物流业务，通过代理业务提高物流管理水平和市场竞争力、进一步扩大自身优势的物流模式。物流代理在国际货物运输中被广泛使用和接受。

（4）第三方物流（Third Part Logistics，3PL）。第三方物流是指由物流劳务的供、需方之外的第三方去完成物流服务的物流运作方式。

（5）第四方物流。第四方物流是指能够提供全面供应链解决方案的供应链集成商。这大致有3种物流业务模式：① 协助提高者，即第四方物流与第三方物流合作，并提供第三方物流企业所缺少的技术和技能等。② 方案集成商，即第四方物流为货主服务，是和所有第三方物流提供商及其他提供商联系的中心。③ 产业革新者，即第四方物流通过对同步与协作的关注，为众多的产业成员运作供应商。

2. 影响物流企业营销战略选择的因素

影响物流企业营销战略选择的因素包括：① 受企业过去战略的影响。② 管理者对风险的态度。③ 企业所处的环境。④ 企业文化与权利关系。⑤ 低层管理者和职能部门人员对企业的战略选择。⑥ 竞争行为和反应考虑等。

3.2.2 现代物流企业顾客满意战略

1. 现代物流企业顾客满意战略的内容

顾客满意（Customer Satisfaction，CS）战略的内容包括理念满意、视角满意、行为满意、产品满意和服务满意。

2. 现代物流企业顾客满意战略的应用

（1）建立顾客满意度指标（Customer Satisfaction Index，CSI）体系。例如，超市的CSI系统包括：① 效率（结账正确、新鲜、高品质、价格合理、得到回馈）。② 保证（会有大廉价、等候时间短、没有短货、储存安全食品）。③ 完整性（有烹饪说明、社区公告和交易板、特殊事件与展示、提供休闲区）。④ 便于使用（宽阔的走道、宽广的配置、物品易找到）。⑤ 环境（宽阔的视野、良好的内部设计和有礼貌的服务员）。

（2）物流企业内CSI体系。企业要建立起物流企业内股东、管理者和员工多层次的CSI体系。

（3）物流企业顾客满意度级数设立。一般可以按照以下程度体系加以建立：很不满意（–60）| 不满意（–40）| 不太满意（–20）| 过得去（0）| 较满意（20）| 满意（40）| 很满意（60）。

（4）物流企业服务CSI综合评价指标的建立（见图3-2）。这些指标一般包括美誉度、知名度、回头率、抱怨率、销售率等。

图3-2中，企业通过专项调查及被调查对象所认定的企业的知名度和美誉度，分别统计各自的认定总量，在象限中分别标出，既可获得企业目前所处的位置，同时也能获得企

业改善自身知名度和美誉度的战略。

（5）物流企业顾客满意级数=$\sum X/N$。式中，$\sum X$表示调查项目的评分之和，N表示调查项目的数量。

例如，甲品牌的顾客满意级数=[40+20+60+（-20）+0+40]/6=23.3。

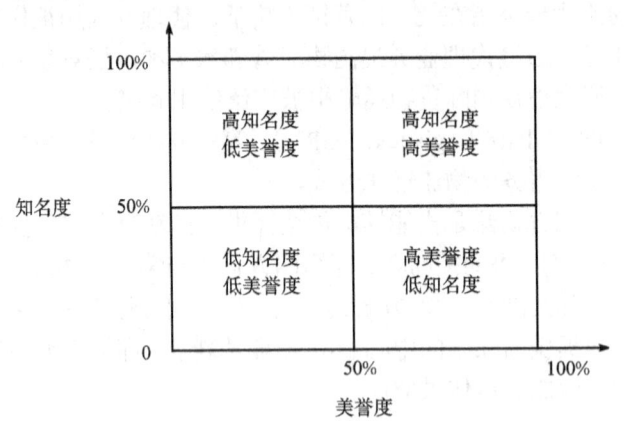

```
100%
        高知名度      高知名度
        低美誉度      高美誉度
知名度 50%
        低知名度      高美誉度
        低美誉度      低知名度
    0            50%         100%
              美誉度
```

图 3-2　物流企业服务 CSI 综合评价指标体系

3.2.3　我国物流企业营销竞争战略规划

根据物流服务范围（营业区域、运输结构的多样化、保管和流通加工服务的广度等）和物流机能（运输、储藏、配送、流通加工、信息、企划和管理输出等），可以划分出如下几种战略规划。

1．综合物流——先驱型物流企业战略

该类企业可提供一元化的物流服务，各种物流手段、功能、机能齐全，整合性高，如中国中远集团公司。

> **实例**
>
> **别人卖船我造船——反周期运营战略**
>
> 　　中海运公司是 1997 年成立的公司。在亚洲金融危机期间，世界船运业惨淡经营，当时有一家外国船公司以 1 天 1 美元的象征性价格把一条质量很好的集装箱船出租给中海运，而正常的租金通常是 4 万美元。中海运公司总裁李克麟不仅大量租船，以新船淘汰旧船，还别出心裁地大规模造大船和更先进的船。这种反周期运营的战略给企业的跨越式发展注入了新的活力。

2．机能结合型物流企业战略——系统化战略

系统化战略以对象货物为核心，通过货物分拣和货物追踪系统，提供高效、系统化的服务。

3．运送代理型物流企业战略——柔性物流战略

柔性物流战略是指运用铁路、航空、船舶等各种手段，开展混载代理业务的战略。船主、铁路和航运公司靠众多的大小代理商承揽业务。

4．缝隙型物流企业战略——差别化、低成本物流战略

差别化、低成本物流战略提供简单的物流运输服务、搬家服务、仓储服务、仓库租赁、代收商品、安全保管商品（如租赁保险柜等）等服务，以求在缝隙中生存。

3.2.4　绿色物流战略

物流与社会经济的发展是相辅相成的。物流企业实施与环境共生型的物流战略，旨在抑制物流对环境的危害的同时，形成一种能促进经济和消费者健康发展的物流系统，即向绿色型物流和循环型物流转变。

（1）集中库存虽然有效地降低了物流费用，但由于产生了较多的运输次数，从而增加了对环境的影响，燃料的消耗和对公路需求的增加也对环境产生了消极影响。

（2）24小时货运经营对环境的影响。目前，许多企业大力推广24小时运营的物流服务模式，因为这可以使运输工具更为有效和充分地被利用。但24小时开动机器，虽然降低了固定费用的分摊，可以进一步增加效益，但对环境却产生了很大的影响，同时还会产生严重的扰民问题。

（3）即时配送对环境的影响。即时配送是多频率、少批量的配送。这种方式增加了空气的污染和燃料的耗费。

（4）绿色物流战略还表现为所有车辆使用清洁的、环保的、无污染的燃料。

（5）减少运输工具的工作噪声。

（6）减少或避免运输途中的垃圾丢弃物对环境的污染。

（7）良好的环保意识，自觉性的、具体的、可执行的措施，明显的环保标准、标志，以及良好的社会监督意识等，这些也都是绿色物流战略的表现。

物流营销技巧

物流营销从发现客户问题和诚心诚意为其解决问题开始

物流企业的货主可以说每时每刻都会遇到各种各样的问题和困难，有些问题自己可能并不知晓，有些问题自己知道却不知如何解决，而这正是物流企业开展营销的绝佳时机。只要物流企业拿出自己的诚心，显示自己的专业和实力，让客户看到自己的价值并可以预见到自己获得的价值，业务就基本上到手了。

为此，物流企业必须能够准确了解客户，甚至比他们自己更了解他们。而了解客户唯一有效的途径是长期、持久、不断、仔细、科学地关注他们、研究他们、调查他们、关心他们，包括为他们建立详尽的数据库。

必备技能

战略需要细节支撑——丽兹·卡尔登饭店的24万个秘密

3年前，韩国一家大集团副总裁到澳大利亚出差。住进丽兹·卡尔登饭店（Raitz Carlton Hotel，1992年美国国家品质奖服务类奖得主）后，他打电话给该饭店客房服务部门，要求

将浴室内放置的润肤乳液换成另一种婴儿牌的产品。服务人员很快满足了他的要求。事情并没有结束。3 周后，这位副总裁住进美国新墨西哥的丽兹·卡尔登饭店，他发现浴室的架子上摆着他所熟悉的乳液，一种回家的感觉在他心中油然而生……

"凭借信息和多一点点的用心，丽兹·卡尔登饭店使宾至如归不再是一句口号。"丽兹·卡尔登饭店澳大利亚地区品质训练负责人琴·道顿女士道出了丽兹·卡尔登饭店成功的秘密。丽兹·卡尔登饭店全球联网的计算机档案中，详细记载了超过 24 万个客户的个人资料。这是每一个顾客和卡尔登员工共同拥有的秘密，正是它们使顾客满意在他乡。

问题

1．细节是什么？请组织一次"头脑风暴会"，找出涉及物流市场营销成功的 100 个细节。

2．对上个问题中开发出来的细节确定如何加以关注的具体方案。例如：

细节 1：着装方案"客户+1"，即永远比客户穿着得好一点点。
细节 2：永远比客户晚放下电话。
细节 3：与客户交谈中不接其他电话。
细节 4：多说"我们"少说"我"。
细节 5：随身携带笔记本。
细节 6：保持相同的谈话方式。

实训 3　物流运输企业交通事故与天气指数的关系

实训任务单

学习领域	物流市场营销实务
学习情境	物流市场营销战略
学习任务	通过实地调研，研究运输企业交通事故与天气的关系，并提出对策
任务描述	物流运输企业交通事故时有发生，其主要原因之一与天气状况有关，那么天气与交通事故究竟有怎样的关系 通过组织学生到当地气象部门和交通局调查，了解上一年全年每天天气变化数据和每天物流运输车辆事故状况，绘制当地物流运输企业交通事故—天气指数曲线，并据此编制宣传手册，向物流运输企业投放。这样不仅可以提高学生关注环境与物流业务的关联性意识，还能提高他们自觉帮助企业降低物流成本特别是事故成本的积极性
任务目标	1．能够建立自然环境与物流活动的关联性，进而增强对环境与物流的关注 2．能够利用环境因素为工作和业务服务，提高管理水平

任务要求	任务情境	任务对象	任务手段	任务资源	任务组织	任务成果（物化成果形式）
	1. 交通局 2. 气象局	1. 天气指数图	1. 实地调查技术	1. 一定的交通费	1. 学生分组，一般每 3～5 人一组	1. 物流运输交通事故

续表

	2. 宣传手册	2. 统计分析技术	2. 与交通和气象部门沟通费用	2. 任务完成应该符合具体工作过程中人的思维的完整性，即包含和体现信息、计划、决策、实施、检查和评估6个步骤 3. 该过程由教师指导学生完成	天气指数 2. 宣传手册
分配人签字		受领人签字			

第 4 章

物流市场调研与预测

学 习 目 标

通过本章的学习，掌握物流市场调研的步骤、方法、类型、问卷设计和结果统计，学会进行简单的汇总分析及调研报告的撰写，了解市场预测的方法及其主要应用。

工作任务

众调网

众调网是上海海略管理信息咨询有限公司旗下的大数据与在线调研网站。上海海略管理信息咨询有限公司是由美国斯坦福大学、香港理工大学、中国复旦大学和同济大学的教授和博士合作成立的一家研究性质的管理咨询公司，拥有斯坦福大学、香港理工大学、复旦大学和同济大学的强大技术力量。其目的是将当前最前沿的研究成果推广到市场，再在市场中进一步发展研究成果，从而实现"为广大企业谋求纵横商海的战略"的公司使命。

众调网的核心价值在于通过市场研究与互联网技术的有机结合，为企业和个人提供快速、高效、专业的市场调研产品及服务，并依托海略咨询自身积累的资源，打造中国领先的大数据在线调研平台。

众调网不仅是一个大数据调研平台，也致力于打造一个社会化、公益性的公众调查平台与活动社区。在这里，每个人都可以就自己感兴趣的话题表达自己的观点，发出自己的声音。

思考题

1. 大数据时代的市场调研有什么新的变化？企业该如何跟上时代的步伐？
2. 请从现有资料资讯中收集数据，并研究企业应该如何利用该数据进行营销策划。

4.1 物流市场调研

4.1.1 物流市场调研的基本内容

1. 物流市场调研的目的

物流市场调研的主要目的是更好地为物流营销决策服务，一般包括了解市场需求、识别发展机会、找出与主要竞争对手的差距、衡量顾客或客户的满意度等。

上述调研的目的也可以进一步归纳为：

（1）探索性调研目的。收集有关研究物流企业问题的原始和初步资料，以进一步确定问题和建立科学的假设。

（2）描述性调研目的。即描述物流企业营销中涉及的各种实际情况和事实，如客户的基本特征、态度、不满、愿望等。

（3）因果性调研目的。即验证具有因果关系的假设，如物流企业调高运输价格所可能导致的运输量的变化等。

2. 物流市场调研的内容

与物流市场调研的目的相适应，物流市场调研的内容一般包括如下几个方面。

（1）企业内部可控因素的调查。这具体包括：企业的人力资源状况；企业的财务及资金状况；企业的物流设施和设备状况；企业现有产品和服务状况；企业现有产品或服务的价格和收费状况；企业的广告和宣传策略；企业的服务模式和策略；企业文化状况；企业的 CIS 系统状况；企业的组织结构设置；企业的管理模式；企业内部 SWOT 分析法；企业综合资源及优势资源分析。

（2）企业外部不可控因素的调查。这主要包括：

1）涉及企业外部一般环境和企业外部具体环境的调研：国家有关的方针、政策、法律、法令、法规、国家及国际重大活动、行业政策；消费人口总量、年龄、职业、文化结构、消费水平、消费结构；消费群体的风俗习惯、宗教信仰、文化水平、价值观；消费心理、消费习惯、消费行为、偏好；潜在及显在竞争对手。

2）供应商调研：供应商的生产能力和规模；供应商提供的产品或服务的项目和类型；每种产品或服务的价格和收费标准；供应商的业务流程。

3）市场机会识别。市场机会分析模型如图 4-1 所示。

市场机会的研究内容包括：

— 产品消费者的特征和影响，包括收入、文化观念、品位、口味、价值观、生活方式和习惯等。

— 产品的使用习惯和变化，包括数量、地点、频次、场合、规格、包装等。

— 消费者购买的主要价值期望和着重考虑的因素。

— 消费者不满意、投诉、意见、建议和期望等。

— 新的消费趋势和流行方向。

— 科学技术的发展，如科技创新、发明和专利、新的生产工艺和方法、新材料、新配方的运用等。

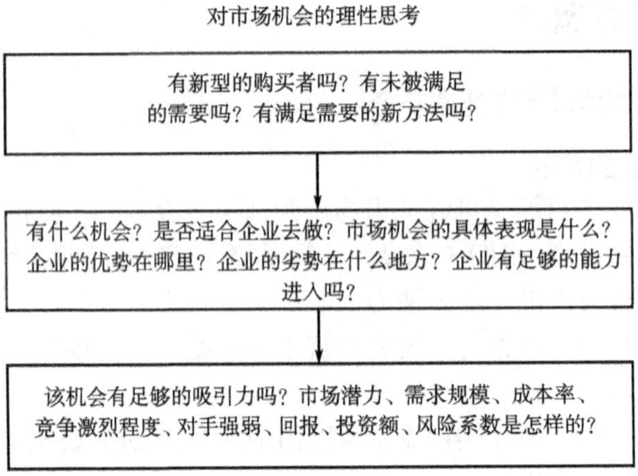

```
              对市场机会的理性思考
        ┌─────────────────────────────┐
        │  有新型的购买者吗？有未被满足    │
        │  的需要吗？有满足需要的新方法吗？ │
        └─────────────┬───────────────┘
                      ↓
        ┌─────────────────────────────┐
        │ 有什么机会？是否适合企业去做？市场机会的具体表现是什么？ │
        │ 企业的优势在哪里？企业的劣势在什么地方？企业有足够的能力 │
        │                进入吗？                          │
        └─────────────┬───────────────┘
                      ↓
        ┌─────────────────────────────┐
        │ 该机会有足够的吸引力吗？市场潜力、需求规模、成本率、 │
        │ 竞争激烈程度、对手强弱、回报、投资额、风险系数是怎样的？ │
        └─────────────────────────────┘
```

图 4-1 市场机会分析模型

（3）概念测试。概念测试内容包括：是否理解该产品或服务？是否相信该产品或服务？是否喜欢该产品或服务，为什么？是否认为该产品或服务满足了消费者某一方面的需要？是否已有其他企业或产品满足了消费者该方面的需要？是否认为定价符合产品的价值？消费者是否会使用或享受该产品或服务？消费者是否会购买该产品或享受该服务？

（4）品牌认知和产品购买习惯。品牌认知包括：品牌知名度；品牌认知的来源；对品牌特性的了解；对品牌的印象。产品购买习惯包括：是否购买过同类产品；购买过产品的品牌和特征；购买过的产品、品牌的名称；购买的价格和数量；购买的时间和地点；购买的频率；选择购买场所的原因；购买决策者和实施者；是指名购买还是临时购买；购买或不购买本企业产品的理由。

1）产品使用习惯：是否有使用经验；使用过的产品及品牌的特征；所使用的产品及品牌的特征；使用量和使用场所；使用开始的时间和结束时间；使用的频率或次数；使用的原因或用途；不使用的原因；更换使用其他品牌的原因。

2）未来购买品牌的情况：是否有购买计划；未来打算购买的首选品牌；未来打算购买品牌的特征；购买预算；预计购买量；未来购买决策的准备情况；预计购买的时期和场所；预计购买该品牌的原因。

3）产品或品牌的使用满意度：使用满意程度；感到满意的地方；感到不满意的地方。

4）个人统计信息：购买者、使用者的群体特征（全部使用者、重复使用者和不同品牌的使用者）；购买者、使用者的分类（人口统计特征、消费、使用习惯特征和新需求特征等）。

（5）行业分析。行业分析的内容包括：行业的发展和现状；行业进出口情况；市场规模和竞争；行业国内外市场的发展潜力和分析预测；行业主要产品的产销情况；产业政策及相关法规；行业中主要企业的经营状况和赢利水平；原材料的供应状况；生产企业名录及各自的分销渠道；产业的进入机会；在市场上对产品构成直接或间接威胁的潜在的竞争品牌；消费者对各品牌的认知和评价；竞争品牌生产和营销方面的优劣势；了解自己品牌在竞争中存在的机会和威胁。

（6）竞争对手分析。竞争对手分析的内容包括：竞争对手的目标及战略；竞争对手的营销策略；竞争对手的资源和投入；竞争对手的市场地位和发展潜力。

> **实 例**
> ### 新的增长点来自消费者的特殊购买地点
>
> 　　某品牌的糖果含有一定的维生素，而且在咀嚼时有浓郁的水果香味，包装以细条装和 3 种口味的组合装为主，产品类似口香糖，但由于可以下咽及含有维生素，所以产品比普通的口香糖更受欢迎。该新产品只选择在某个省的 5 个较大的城市上市，经过前期的市场推广，销售量迅速提升，但是到了半年后销量却停滞不前，问题究竟出在哪里呢？
> 　　通过对家庭购买日记账（只选择了 2 个城市开展了家庭固定样组连续调查）的统计分析发现，消费者购买此类产品的主要渠道是大卖场、大超市和连锁超市，也就是说此类产品 60%的销量来自这些地方。根据销售部门提供的调研资料，该产品在这些地方的铺货率也达到了 90%。可奇怪的是，该产品在其他渠道的销售量比该类产品的平均销量要高，而在上面这些主渠道，该产品的销量却低于该类产品的平均销量。
> 　　调查人员进一步分析发现，消费者在大卖场、大超市和连锁超市购买此类产品时，在收银台前购买的比例占 40%，而在这些收银台旁边的货架上几乎没有出现该类产品的踪影。于是，该公司要求销售部门在一个月内抢占主渠道收银台旁边的货架（每个终端至少应该有一个）。两个月内，该产品在主渠道的销售量又提升了 10%。

4.1.2　确立调查对象

1．调查对象的确立

调查对象的确立是指根据调查内容决定调查对象的母体。例如，"中国物流企业上市公司发展战略调查"的母体就包括沪、深两市的所有物流上市公司和企业，还包括在中国香港、新加坡和美国纽约上市的中国物流企业等，这是总的调查母体。

2．确定样本

确立样本就是在母体中按一定的抽样方法选择重点或典型样本。但是，普查是对母体的全部调查，如人口普查等。

3．抽样方法

抽样包括随机抽样和非随机抽样，如沪深两市股票代码中有数字"5"的样本就是随机抽样。非随机抽样就是调查人员在抽样过程中加进了自己的主观判断，一开始就把主观上认为不符合调查目的的样本剔除在外，如商业区拦截访问调研，或有意识地控制不同性别、不同年龄、不同收入的被访问者的比例。对于几个结伴而行的人，只访问其中的一个，这种甄别属于非随机抽样的范畴，按理说应该拦截每个人。

（1）非概率抽样，即非随机抽样。目前企业使用最多的街头随访或定点拦截访问，将问卷刊登在报纸、杂志上的调查，邮寄式调查或网上调查等，这些都属于非概率抽样。其主要不足是无法统计误差。

非概率抽样包括偶遇抽样、判断抽样、配额抽样和雪球抽样。

1）偶遇抽样。偶遇抽样是指被访问人员是在街上偶然遇见的抽样方法，如目前企业使用最多的街头随访或定点拦截访问。这种方法有一定的局限性，企业应该慎用。

2）判断抽样。判断抽样是指调研者根据经验和知识，在主观上对样本进行一定的筛选和剔除的抽样方法。例如，要调查未来想购买私家车的人员，就可以首先剔除 70 岁以上和未满 18 岁的人员等。

3）配额抽样。配额抽样是指根据总体结构特征来分派各组样本定额，使获取的样本结构特征与总体基本相似的抽样方法。比如，在一个 100 个样本的调查中规定，总的样本配额是男女比例为 1：1，则若有 10 个访问员，每个人的样本是男女各 5 人。

4）雪球抽样。雪球抽样主要用于已在总体样本中找到比较集中或十分稀有的样本，先用判断抽样或随机抽样的方法，选择一组调查对象，访问结束后再请他们帮助提供另一些符合研究特征的被调查对象，以此类推，不断延伸，像滚雪球一样。

（2）概率抽样，即随机抽样，具体包括：

1）简单的随机抽样。这是指总体样本中的每个个体都有被抽中的机会，可以用抽签法和随机数字法。

2）系统抽样（等距抽样）。系统抽样是按照某种顺序给总体中的所有个体编号，然后每隔 K 个单位抽出一个单位作为样本的抽样方法。K 值是指每隔多少抽一个，计算公式是：

$$K=N（总体个案数）/n（样本个案数）$$

例如，要对××市城区的居民采用等距抽样的方法抽取 1 000 户，则先把该市的 70 万户居民逐一编号，然后按照每隔 700 户（K=70 万/1 000=700）抽取一个样本的方法抽取样本。

3）分层抽样。分层抽样是先将总体按照某种特征或指标分成几个相互排斥又可以穷尽的子体或层，然后在每个层内按照随机的方法抽取一定的个体的抽样方法。例如，按照分层的方法在上例××市城区抽取 500 户，可以按照该市内 4 区划分为 4 层，然后按照简单的随机抽样法在每个区中分别抽取 125 户。

4）整群抽样。整群抽样是先将总体划分成许多相互排斥的子体或群，然后采用某种随机抽样从中抽取若干个体的抽样方法。例如，要在××市抽取 300 户居民进行调查，则先用随机抽样或等距抽样的方法在该市所有的居委会中选出 3 个，然后对这 3 个居委会中的每一户居民进行调查。

5）多段抽样。多段抽样就是把从总体中抽取样本的过程，分为两个或两个以上阶段进行的抽样方法。例如，市——3 个区——10 个街道办——15 个居委会——500 个家庭。

（3）PPS 抽样。PPS 抽样（Sampling With Probability Proportionate to Size，概率比例规模抽样），是一种不等概率抽样。前面所介绍的抽样方法有一个共同的特点，即总体中的每一个元素都有被抽中的可能，而如果总体中的每个元素的大小或重要程度不同，则其代表性就不一样，那么所抽样本的真实性就会受到影响。我们可以用例子来说明 PPS 方法。

例如，我们要在××市选择 8 家物流企业做调查，并决定用企业的营运额指标作为选择企业的重要标准（见表 4-1）。

表 4-1　各企业营运额汇总示例

企业序号	企业名称	企业年营运额（万元）	累计营运额（万元）	产生的随机号码
1	N_1	8 659	8 659	
2	N_2	7 569	16 228	
3	N_3	10 112	26 340	
4	N_4	5 328	31 668	27 449
5	N_5	14 563	46 231	
6	N_6	12 034	58 265	52 132
7	N_7	6 752	65 017	
8	N_8	9 778	74 795	

具体步骤：

1）根据各个企业营运额指标编制表 4-1。

2）用计数器随机产生两个随机数（大于 0 小于 1），如 0.367 和 0.697。

3）把产生的两个随机数分别乘以表 4-1 中的营运额的总累计数，即 74 795，取整后分别是 27 449 和 52 132。

4）27 449 和 52 132 分别对应的企业即 N_4 和 N_6 就是用 PPS 法抽取的样本。

5）如果产生的随机号码很近，使得计算出来的随机号码对应的是同一个物流企业，则需要重新产生随机号码，直到满意为止。

4.1.3　确定资料收集和调查对象

1. 企业调查和收集资料的分类

第二手资料——现成资料，是指通过实地调查之外的途径获取的各种数据、图文、音像资料等。

第一手资料——原始资料，是指对调查对象进行实地调查所直接得到的各种数据、图文、音像资料等。

2. 现成资料的调查对象

现成资料的调查对象一般可以分为企业内部和企业外部。企业内部可调查企业统计、营销、财务、档案室等部门，了解企业各层次相关人员收集生产、营销、物流的原始记录、统计报表、销售记录、销售发票、订货合同、送货单、运输单、退货单、财务报表、进货成本、生产成本、流通费用、利润、资金周转等，查看工作总结、工作报告、业务建议、企业评估、用户反馈、企业活动策划方案等。企业外部可以调查政府有关部门、行业协会、社会团体、经销商、零售商、报社、电视台、官方资料、报刊资料、商业资料、商情资料等。

3. 原始资料的调查对象

原始资料的调查对象是消费者、代理商、批发商、零售商、供应商及一切与企业有业务与非业务往来的部门、单位等。

4.1.4 定性调研

1. 小组座谈会或焦点小组

定性调研最重要的方法是小组座谈会。自从1941年罗伯特·蒙顿和保罗·拉札斯费尔德在美国召开了全球第一次小组座谈会，这种方法就越来越受到企业的重视。

定性调研可以以焦点小组为主，辅以个别深度访谈、三人组访谈、成对组访谈、一小时迷你型小组座谈会、午餐座谈会和冷餐座谈会等。这些方法都属于定性调研的方法。一般一个主题可以组织3~4次小组座谈，每次座谈的人数不要超过10人，而且要设计紧扣调研目的和主题的提纲，内容也应具有很强的针对性，不要什么都想涉及。

（1）选择恰当的焦点小组测试室。有一间会议室，要能容纳10~12人，椅子舒适；有受访者接待室，可以供他们休息、吃点心；有再次对受访者进行筛选的非公开场所；有可以容纳15~20名观察者的观察室；有主持人的个人活动空间；测试室电话不受干扰、单面镜足够大、隔音设施效果良好、录音设备良好、录像设备播放必需的各类资料齐全、室内温控设施运转正常等。焦点小组测试室如图4-2所示。

（2）通过合理的甄别问卷寻找有价值的参会者。一般为保证有足够的座谈人数，筛选参会者时应多准备4~5名。公司应设立同一甄别问卷，由访问员持卷进行初步访问。访问之初不要向被访问者说明企业的名称、产品商标、调研的目的等信息。被访问者是否合格，不应由访问员决定，待问卷收回后统一决定。问卷中最好增加一些个性测试和有关产品知识的题目，以分辨被访者属于沉默寡言型还是专业型。

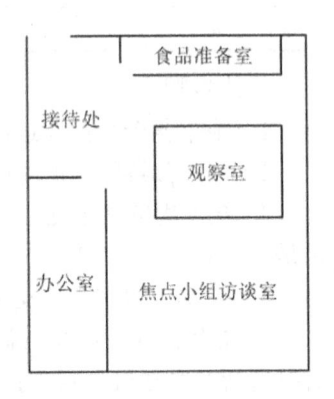

图4-2 焦点小组测试室

（3）挑选合适的主持人。

（4）拟定小组座谈会的提纲。

1）预热和自我介绍（15分钟）。

- 自我介绍：非常感谢各位抽出宝贵时间参加这个座谈会。我是××机构的专家，受××公司（保密）委托在此召开一个有关××课题的座谈会，希望大家多多关照。谢谢！
- 强调：对于我们提到的所有问题请务必发表自己的意见。您的一个小小的建议都非常有价值，都对我们非常重要。
- 要求：对于别人的言论，尽可能提出异议，但请不要批评他人，因为这里没有对错之分。
- 自我介绍内容：姓名、单位、职业、爱好等。

2）主题讨论部分（120分钟）。

- 围绕某主题的自由发言讨论（40分钟）。最好不要超过10个题目。
- 围绕另一个主题进行发言和讨论（30~40分钟）。需要注意的是，大问题要少，但每个问题中可以包含若干个小问题，并可以有层次感和递进式问题。
- 概念测试（30~40分钟）。可以就与××产品或服务概念有关的问题进行自由回答，还可以一边读卡片一边让参会者从中进行选择。

3）头脑风暴（20~30 分钟）。请大家充分发挥自己的想象力，就某一问题进行自由想象，不怕离奇。

4）致谢并馈赠礼品，或者到财务处领酬劳（15 分钟）。

2．市场走访法

（1）市场走访所应调查的内容。排查铺货、陈列及零售价格等；抽查产品在终端的被问几率及流转速度；了解营业员和促销人员对产品知识的熟悉程度、介绍及推广技巧；了解消费者购买同类产品的决策过程和对本企业产品的认知过程；收集竞争对手在终端的促销活动或价格变化的信息；为开发新产品概念、做广告及开展促销活动的创意寻找灵感；了解营业员和企业负责人对公司产品及竞争品牌的看法和意见；增加直接倾听消费者意见的机会；考核营业员的服务技巧；补充正规调查所不能或没有获得的信息和资料。

（2）市场走访的技巧。这些技巧包括独自走动、结伴而行、带上微型录音机、带上照相机和摄像机、观察、询问、座谈、假扮、公开或秘密进行等。

3．现场观察调查法

现场观察调查法是由调查人员或用仪器观察被调查者的行为、态度和反应的调查方法。运用这种调查方法，由于被调查者不知情，收集到的资料客观、准确，所以这种方法是获取第一手资料的重要途径。

4．深度访谈法

调研中，通过一般的观察或交谈会发现一些十分重要的情况，为进一步了解问题的根本所在，需要继续采用深度访谈法。

深度访谈法是一种无结构的、直接的、一对一的访问，通常访问的地点在被访者的家里或办公室，时间一般为 1~2 小时。访问员的访问技巧十分重要，一般访问员要少说，而让被访者多说。访问员要善于捕捉被访者的潜在动机、态度和情感等。

5．投射技术法

投射技术法（Projective Technique Method）是采用一种无结构的、非直接的询问方式，激励被访问者将他们所关心的话题的潜在动机、态度或情感反映出来的方法。

（1）词语联想法。快速地念出一连串词语，让受访者在不超过 3 秒内做出联想反应。这些词语可以是表示快速、直达、贴心、细致等意思的词语。

（2）句子和故事完成法。给出一句不够完整的句子或故事，让受访者继续完成。

（3）漫画测试法。典型的漫画测试是漫画中涉及两个人物，其中一个人物的对话框中写有对话，而另一个是空白的，要求受访者完成。

（4）照片归类法。照片中是不同类型人群，请受测试者把不同的照片与可能的使用品牌联系起来，并说明具体的理由。

（5）叙述故事法。让受试者讲述他们自己的一个故事或一段经历。

（6）第三人称法。不直接问一个人的感受，而是用"你的邻居、你的朋友、大多数人"等第三人称来表述问题。

4.1.5 定量调研

> **实 例　　　　　　　为什么大包装卖不动**
>
> 　　某保健食品在降脂、降压方面的效果明显好于同类产品。该产品的包装分为大小两种包装,大包装是10个小包装的量,但价格比购买10个小包装便宜10%,而且大包装正好是一个疗程的量。但奇怪的是,产品刚上市,小包装的销量稳步上升,大包装却几乎卖不动。
>
> 　　经过对购买来的保健品家庭消费指数跟踪调查资料分析发现,消费者购买大包装或礼品装的保健品主要在量贩店和大型超市(60%),因为他们认为这些地方的保健品比别处要便宜得多。购买一两包小包装产品时,就近、方便地购买比较普遍。
>
> 　　该企业对新产品的功效比较自信,而且认为消费者购买这种具有药用价值的产品需要向医生咨询,所以它制定的渠道政策是,药店的铺货率为80%,各类副食品小店、中小型超市的铺货率为40%,而量贩店和大型超市由于进场费太高且没有要求铺货,所以量贩店和大型超市仍是空白点。
>
> 　　保健品家庭消费指数跟踪调查资料还发现,该产品目前的销量中,小包装占90%,而且其中80%来自药店,说明该产品在药店的坐堂推广已经取得了一些成绩。但是,大部分消费者在药店最多只购买两盒试用,而他们对药店均有价格普遍偏高的看法,这影响了消费者在药店购买大包装或购买更多的小包装的决定。如果该产品需要把试用人群转化为忠诚顾客,使销量有更大的提升,则必须把大包装铺到量贩店和大型超市内。因此,对于该保健品的大包装而言,其原先终端的选择有着严重的失误。

1. 入户访问

入户访问,是指访问员按照研究项目规定的抽样原则,到被调查者的家中或工作单位,找到符合条件的被访者,然后进行面访的调查方式。入户访问是目前国内最为常用的一种调查方法。

入户访问主要有以下特点:

(1)访问是在被访者熟悉的环境中进行的,问卷回答率高。入户访问是在被访者家里或单位进行的,因而访问是在较为舒适、安全、不受自然干扰的环境中进行的,通常一旦访问开始,被访者一般都会较有耐心地完成访问,很少有中途拒绝或不予配合的情况。

(2)访问的问卷可以相对较长。由于访问地点在被访者家中或单位,访问的环境是被访者所熟悉的且外界干扰较少,特别是在被访者家中进行的访问,访问对象处于业余时间,这要比在单位进行面访更具优越性。

(3)易于进行质量控制。访问员可以明确地记录被访者的家庭或单位地址,能够实现对访问对象的回访复核,比较容易检验访问的真实效果。

(4)可以进行研究内容较为复杂的调查项目。访问员可以借助一些访问辅助用品(如样品、照片、卡片等),实现选项较多或内容较复杂的访问。

(5)入户调查是一种较好的多段随机抽样调查方法,用它的结果可以进行总量推算。

(6)调查成本较高。调查公司支付给访问员的劳务费用相对于其他调查方式要高得多,因为访问员实现这种访问相对较难,而且困难程度明显增强。这种阻力主要来源于城市小区或公寓的封闭式管理，访问员进入受访者家中的难度越来越大。

（7）拒访率高。由于被访者有不愿接受不速之客来访及出于安全等方面的顾虑，入户访问员需要接触很多样本，但成功率却相对较低。拒访率高特别表现在对中心大城市居民的访问上。

2．拦截式访问

拦截式访问，指的是在特定场所拦截访问对象，对符合条件者进行面对面访问的调查方法。根据拦截地点不同，拦截式访问可分为街头拦截访问和中心街区定点访问。街头拦截访问是在街区选择恰当地点（一般为商业街、娱乐场所、生活小区等地点），由访问员对拦截的合格访问对象进行访问。中心街区定点访问，则是在商业街区选择一个相对固定的地点（一般选择具有足够多的座位、环境较好、能够让被访者感到安全的地点），由调查公司暂时租用，访问员在选定点附近拦截合格被访者，引导被访者至此固定点进行访问。

拦截式访问效率高，因为是被调查者向访问员走来，访问员可以直接面对面地向被访者征询意见，得到他们的配合；这种调查方式的问卷长度相对较短，因此费用相对较低。在督导与访问员配比合理的情况下，这种方式可以较好地控制访问质量，但是事后回访较难实现。无论采用何种抽样方法，怎样控制样本及调查的质量，收集的数据都不会对总体具有很好的代表性，这是拦截式访问的最大问题。

3．电话访问

传统的电话访问就是选取一个被调查者的样本，然后拨通电话，向被调查者询问问卷上所列的一系列问题，并在访问过程中用笔记下答案。在这种方式下，访问员被集中在某个场所或专门的电话访问间，在固定的时间内开始数据收集工作，现场有督导人员进行管理。

电话访问的优点是反馈速度快、问卷长度短、花费较低，缺点是不能进行有形产品测试、访问时间不能过长、不能询问较为复杂的内容。

4．实验调查法

实验调查法是从影响调查对象的因素中选出一两个关键的因素，改变变量，观察被调查对象的行为和反应的调查方法。例如，改变产品的价格，看被访问者是否增加或减少该产品的购买等。

举个例子。某商场欲了解对某种品牌的糖果提价是否会影响其市场占有率，于是选出A、B、C、D、E、F 6种品牌的糖果进行实验（见表4-2）。6种产品价格相近，其中A、B实验前的市场占有率高，A、B被选为提价调查对象。

表4-2　A、B、C、D、E、F 6种品牌的糖果实验

品　　牌	零售价格（元）		市场占有率（%）		变动（%）
	实验前	实验期	实验前	实验期	
A	16	18	25	19	−6
B	16	18	30	22	−8
C	16	16	10	12	2
D	17	17	5	8	3
E	17	17	7	15	8
F	17	17	16	18	2

5. 固定样本连续调查法

固定样本连续调查法通过对随机抽取的同一样本进行定期的连续调查，从而把握消费者行为的动态变化和变化趋势。家庭消费指数跟踪调查就是其中之一。

> **小资料卡片**
>
> 表4-3为定量调查的10种数据收集方法。
>
> **表4-3　定量调查的10种数据收集方法**
>
> | 入户访问 | 事先预约或发一封短信到被访者家中 |
> |---|---|
> | 街访或购物中心拦截 | 在购物中心内或外街区、广场等 |
> | 传统意义上的电话访问 | 访问者通过电话与家庭成员或商业代表访谈 |
> | 集中电话访问 | 访问者在一个数据收集公司里开展电话访谈 |
> | 计算机辅助电话访问 | 题目设计在计算机上，访问员一边通过电话读题，一边记录被访问者的回答 |
> | 全计算机化访问 | 题目直接设计在计算机上，被访问者直接在计算机上作答 |
> | 小组自我管理调查 | 被访问者被集中起来组成一个小组，每一位独立完成自己的调查问卷 |
> | 留置问卷调查 | 将问卷留置在报纸、杂志等媒体上 |
> | 邮寄调查 | 将问卷直接邮寄给被调查对象 |
> | 预约访问 | 将被访问者预约到办公室进行访问 |

> **小资料卡片**
>
> 物流企业需要获取以下数据时，要用定量调研的方法：市场容量、市场潜力、各品牌的销售量或占有率、发展速度等；品牌、广告、促销活动的知名度、记忆率、理解度、偏好度、促销活动的参与度；产品的购买意向；产品、品牌的购买率、购买频率、购买地点、购买时间、购买量等；各要素的重要程度和满意度等；产品名称、广告的总体评价等；媒体习惯。
>
> 物流企业需要获取如下信息时，要用定性调研的方法：消费者的消费意识、消费态度和消费动机；消费者选择产品、品牌的依据和决策过程；消费者对产品、广告、品牌的理解、评价及原因；消费者对新产品的功能、口味、包装、价格、服务的评价和期望；消费者判断产品好坏的关键因素；消费者会如何使用产品；消费者对于推广活动计划的评价和建议；获得广告开发和产品开发的创意；需要咨询行业专业人士或专家的意见；需要访问竞争对手或经销商；需要涉及敏感、机密或令人窘迫的话题等。
>
> 在一个项目的调查中，一般会同时使用定性调研和定量调研两种方法。两种方法比较如表4-4所示。

表 4-4　定性调研和定量调研比较

	定性调研	定量调研
定义	通过观察人群的行为和言行来收集、分析和解释数据。观察或描述都是以定性或非标准化的形式进行的。研究得到的结果是探索性的和解释性的	使用结构性问题进行的研究，其中答案的选择大部分是预先给定的；被访者是按照一定的方法抽取的，具有一定的代表性，并且有数量的要求；数据的收集和统计必须符合正规的程序，使数据的形式和来源清晰而且详细
形式及内容	小组座谈会（5~8人）和3人组访（3人）：一般需要在专业主持人的主持下，与会者各抒己见，交流对产品及品牌的态度、使用经验和看法 成对组访（2人）、个别深访（1人）、家庭成员座谈会：一般是为了克服传统座谈会的局限性，如畏惧陌生人、趋同心理、易结为联盟、避免观点抵触等	入户访问：根据一定的抽样方法，由访问员直接到受访者家中进行面对面的访问 街头访问：根据调查目的和对象的特殊性，在受访人群较为集中的公共场所（如商场、公园、广场、车站、繁华商业街等）直接拦截受访人群进行访问 中心定点测试：选择一个或几个固定的场所，由访问员在附近拦截或预约被调查对象到这些场所进行访问 问卷留置调查、电话访问、邮寄问卷调查等（已经在前面介绍过）
作用	适合回答"如何""为什么""怎么样""有几种可能性""问题可能出在哪里"等形式的问题，并为定量研究界定更具体的范围	适合回答"多少""比例""如何排序"等形式的问题，可使信息结构化并可进行数量上的比较
特点	可以挖掘深层次的问题，如消费态度、动机、感觉和决策过程等问题；可以解释消费行为产生的原因，并可观察到消费者对这些问题的最直接反应。定性研究的结果只可作为决策的参考信息	着重回答数量和程度上的问题，如规模、潜力、占有率、排名程度等。其结果具有统计意义并有一定的代表性。定量研究的结果可以作为决策的依据
局限性	定性调研的结果不具代表性，因此在单独使用时不能作为商业决策的依据	较难控制潜在的抽样错误和潜在的数据处理错误，有时难以明白产生这些现象的原因

4.1.6　网上市场调查

1. 网上市场调查概述

（1）网上市场调查的概念。网上市场调查是指在互联网上针对特定营销环境进行简单调查设计、收集资料和初步分析的活动。网上调查有两种方式：一种是利用互联网直接进行问卷调查收集第一手资料；另一种是利用互联网的媒体功能，从互联网收集二手资料。由于越来越多的传统报纸、杂志、电台等媒体，以及政府机构、企业等纷纷上网，因此网络成为信息的海洋，信息蕴藏量极其丰富，市场调查的关键是如何发现和挖掘有价值的信息，而不再是过去的苦于找不到信息。第二种方式一般称为网上间接调查。

（2）网上市场调查的特点。网上市场调查的实施可以充分利用互联网作为信息沟通渠道的开放性、自由性、平等性、广泛性和直接性的特性，使得网上市场调查具有传统市场调查手段和方法所不具备的一些独特的特点和优势，如网上市场调查具有及时性和共享性、便捷性和低费用、交互性和充分性、可靠性和客观性、无时空和地域限制、可检验性及可控性等。

2. 网上市场直接调查

（1）网上直接调查法分类。

- 根据所采用的调查方法不同，网上直接调查法可以分为网上问卷调查法、网上实验法和网上观察法，常用的是网上问卷调查法。
- 按照调查者组织调查样本的行为划分，网上直接调查法可以分为主动调查法和被动调查法。主动调查法，即调查者主动组织调查样本，完成统计调查的方法。被动调查法，即调查者被动地等待调查样本，完成统计调查的方法。被动调查法是统计调查的一种新方法。
- 按照网上调查采用的技术划分，网上直接调查法可以分为站点法、电子邮件法、随机 IP 法和视频会议法等。
  - 站点法，是指将调查问卷的 Html 文件附加在一个或几个网络站点的 Web 上，由浏览这些站点的网上用户在此 Web 上回答调查问题的方法。站点法属于被动调查法，这是目前出现的网上调查的基本方法，也将成为近期网上调查的主要方法。
  - 电子邮件法，是指通过给被调查者发送电子邮件的形式将调查问卷发给一些特定的网上用户，由用户填写后以电子邮件的形式再反馈给调查者的调查方法。电子邮件法属于主动调查法，与传统邮件法相似，优点是邮件传送的时效性大大地提高了。
  - 随机 IP 法，是指以产生一批随机 IP 地址作为抽样样本的调查方法。随机 IP 法属于主动调查法，其理论基础是随机抽样。利用该方法可以进行纯随机抽样，也可以依据一定的标志排队进行分层抽样和分段抽样。
  - 视频会议法，是指基于 Web 的计算机辅助访问（Computer Assisted Web Interviewing，CAWI），将分散在不同地域的被调查者通过互联网视频会议功能虚拟地组织起来，在主持人的引导下讨论调查问题的调查方法。

1）网上问卷调查法。网上问卷调查法是将问卷发布在网上，被调查对象通过互联网完成问卷调查的方法。网上问卷调查一般有两种途径：一种是将问卷放置在站点上，等待访问者填写问卷，如 CNNIC 每半年进行一次的"中国互联网络发展状况调查"就是采用这种方式的。这种方式的优点是填写者一般是自愿性的，缺点是无法核对问卷填写者的真实情况。为达到一定问卷数量，站点还必须进行适当宣传，以吸引大量访问者。另一种是通过电子邮件方式将问卷发送给被调查者，被调查者完成后将结果通过邮件方式返回。这种方式的优点是可以有选择地控制被调查者；缺点是容易引起被访问者的反感，有侵犯个人隐私之嫌。因此，运用该方式时首先应争取被访问者的同意，或者估计不会引起被访问者的反感,并向被访问者提供一定补偿,如有奖回答或赠送小礼品以降低被访问者的敌意。

2)其他网上直接调查方法。问卷调查法比较客观、直接,缺点是不能对某些问题进行深入调查和分析原因。因此,许多企业设立了 BBS 以供访问者对企业产品进行讨论,或者访问者可以参与某些专题的新闻组进行讨论,以便企业进行更深入的调查并获取有关资料。及时跟踪和参与新闻组或公告栏,有助于企业获取一些问卷调查所无法发现的问题,因为问卷调查是从企业角度出发考虑问题的,而新闻组和公告栏是用户自发的感受和体会,他们传达的信息也是最接近市场和最客观的;缺点是获得的信息不够规范,需要专业人员进行整理和挖掘。

(2)网上直接调查的方式。

- 利用自己的网站。网站本身就是宣传媒体,如果企业网站已经拥有固定的访问者,则完全可以利用自己的网站开展网上调查。这种方式要求企业的网站必须有调查分析功能,对企业的技术要求也比较高,但可以充分发挥网站的综合效益。
- 借用别人的网站。如果企业自己的网站还没有建好,则可以利用别人的网站进行调查。这里包括利用访问者众多的网络媒体提供商(ICP)进行调查或直接查询所需要的信息。这种方式比较简单,企业不需要建设网站和进行技术准备,但必须花费一定的费用。
- 混合型。如果企业网站已经建好但还没有固定的访问者,则可以在自己的网站进行调查,但要与其他一些著名的 ISP/ICP 网站建立广告链接,以吸引访问者参与调查。这种方式是目前常用的方式。
- 电子邮件型。直接向你的潜在客户发送调查问卷进行调查。
- 讨论组型。在相应的讨论组中发布问卷信息,或者发布调查题目进行调查。这种方式与电子邮件型一样,成本费用比较低廉,而且是主动型的。但在指向 Web 网站上的问卷在新闻组(Usernet News)和公告栏(BBS)上发布信息时,需要注意网上行为规范,调查的内容应与讨论组主题相关,否则可能导致被调查对象的反感甚至抗议。

(3)网上直接调查的步骤。

1)确定网上直接调查的目标。互联网是企业与顾客有效的沟通渠道。在确定网上直接调查的目标时,需要考虑的是被调查对象是否上网,网民中是否存在着被调查群体,以及被调查群体的规模有多大。只有网民中的有效调查对象足够多时,网上调查才可能得出有效结论。

2)确定调查方法并设计问卷。网上直接调查方法主要是问卷调查法,因此设计网上调查问卷是网上直接调查的关键。由于互联网交互机制的特点,网上调查可以采用调查问卷分层设计的形式。这种方式适合过滤性的调查活动,因为有些特定问题只限于一部分调查者,所以可以借助层次的过滤寻找适合的回答者。

3)选择调查方式。网上直接调查采取较多的方法是被动调查方法,即将调查问卷放到网站等待被调查对象自行访问和接受调查,因此吸引访问者参与调查是关键。为提高受众参与的积极性,企业可提供免费礼品、调查报告等。另外,企业必须向被调查者承诺并且做到有关个人隐私的任何信息不会被泄露和传播。

4）分析调查结果。这一步骤是市场调查能否发挥作用的关键。与传统调查的结果分析一样，网上直接调查也要尽量排除不合格的问卷，这就需要对大量回收的问卷进行综合分析和论证。

5）撰写调查报告。撰写调查报告是网上调查的最后一步，也是调查成果的体现。撰写调查报告主要是在分析调查结果的基础上对调查的数据和结论进行系统说明，并对有关结论进行探讨性说明。

（4）网上直接调查技巧。

1）网上调查问卷的设计。设计问卷时除了遵循一般问卷设计的基本要求外，还应该注意下面几点：在网上调查问卷中附加多媒体背景资料；注意特征标志的重要作用；进行选择性调查；注意问卷的合理性；在问卷中设置合理数量的问题，控制填写问卷的时间，有助于提高问卷的完整性和有效性；注意保护调查对象的个人隐私。

2）网上直接调查应注意的问题：

- 注意信息采集的质量监控。对采集信息实施质量监控，可以采用"IP+若干特征标志"的办法作为判断被调查者填表次数唯一性的检验条件。同时，指标体系中所有可以肯定的逻辑关系和数量关系都应充分利用，列入质量监控程序。
- 答谢被调查者。给予被调查者适当的奖励和答谢对于网上调查来说是十分必要的，这既有利于调动网上用户参与网上调查的积极性，又可以弥补因接受调查而附加到被调查者身上的费用（如网络使用费、市内电话费等）。答谢的有效办法是以用户账号为依据进行计算机自动抽奖，获奖面可以适当大一点，但奖品价值可以小一些。
- 了解市场需求。从顾客的角度来了解顾客需求。调查对象可能是产品直接的购买者、提议者或使用者，对他们要进行具体分析。
- 网上直接调查的局限性。如果调查是针对具体产品的，则往往采用详细调查的方式。详细调查一般针对小的客户群体，调查时需要进行一对一访谈，得到的信息更准确，调查结果包含的多是"为什么"的问题，因此网上调查方法目前还不太适用。

3）网上直接调查的技术。网上调查的实施涉及超文本、电子邮件、网上视频会议、模糊归类、网上用户身份检验、随机IP自动拨叫、数据接口、Java、ActiveX或Java Script等计算机和网络技术。

3．网上市场间接调查

（1）网上间接信息来源。网上间接信息的来源包括企业内部信息源和企业外部信息源两个方面。与市场有关的企业内部信息源，主要是企业自己搜集和整理的市场信息、企业产品在市场销售的各种记录、档案材料和历史资料，如客户名称表、购货销货记录、推销员报告、客户和中间商的通信与信件等。企业外部的市场信息源包含的范围极广，主要是国内外有关公共机构。

（2）网上间接调查方法。网上间接调查主要是利用互联网收集与企业营销相关的市场、竞争者、消费者及宏观环境等方面的信息的活动。企业用得最多的还是网上间接调查方法，因为它的广泛信息能满足企业管理决策需要，而网上直接调查一般只适合针对特定问题进行专项调查。网上间接调查渠道主要有WWW、Usernet News、BBS、E-mail，其中WWW是最主要的信息来源。根据统计，目前全球有8亿个Web网页，每个Web网页涵盖的信息包罗万象、无所不有。网上间接调查方法一般是通过搜索引擎搜索检索有关站点的网址，然后访问所想查找信息的网站或网页。提供信息服务和查询的网站，一般都提供信息检索和查询的功能。

（3）网上间接调查方法。网上间接调查方法一般包括利用搜索引擎收集资料、利用公告栏收集资料、利用新闻组收集资料和利用电子邮件收集资料的方法。

4．利用互联网收集信息的方法

（1）收集竞争者信息的方法。收集互联网上竞争者信息的途径主要有几个：① 访问竞争者的网站。② 收集竞争者网上发布的信息。③ 从其他网络媒体获取竞争者信息。④ 从有关新闻组和 BBS 中获取竞争者信息。

收集互联网上竞争者信息的步骤：① 识别竞争者。寻找网上竞争对手的最好方法是在全球最好的八大导航网站中查找。这八大导航网站是 Yahoo、Altavista、Infoseek、Excite、Hotbot、Webcrawler、Lycos、Planetsearch。② 选择收集信息的途径。企业可选择一些公众性媒体，以发现潜在威胁者和最新竞争动态，然后有针对性地访问竞争对手的网站以了解其发展状况，做好应战准备。③ 建立有效信息分析处理体系。信息收集与处理最好由专人完成，分类管理，并用数据库将信息分类管理起来，以备将来查询使用。

（2）收集市场行情信息的方法。企业收集市场行情资料，主要是收集产品价格变动和供求变化方面的信息。目前互联网上设有许多信息网：① 实时行情信息网，如股票和期货市场信息网（如中公网证券信息港，http://www.cis.com.cn）。② 专业产品商情信息网（如慧聪计算机商情网，http://www.hcinfo.com.cn）。③ 综合类信息网（如中国市场商情信息网，http://www.bre392.com.cn）。

（3）收集消费者信息的方法。通过互联网了解消费者的偏好，主要采用网上直接调查法来实现。了解消费者偏好也就是收集消费者的个性特征，为企业细分市场和寻求市场机会提供基础。

利用互联网了解消费者偏好，首先要识别消费者的个人特征，如地址、年龄、E-mail、职业等。为避免重复统计，一般在已经统计过的访问者的计算机上放置一个 Cookie，它会记录访问者的编号和个性特征，这样既可以让消费者下次接受调查时不用填写重复信息，也可以减少对同一访问者的重复调查。另一种办法是，采用奖励或赠送的办法，吸引访问者登记和填写个人情况表，以获取消费者的个性特征。其次，调查一些敏感信息时，应注意一些技巧。

（4）收集市场环境信息的方法。企业仅仅了解一些与自身紧密关联的信息是不够的，特别是在做重大决策时，还必须了解一些政治、法律、文化、地理环境等方面的信息，这有助于企业从全局高度综合考虑市场变化因素，寻求市场商机。对于政治信息，一般可以从一些政府网站和一些 ICP 站点中查找（如新浪 http://www.sina.com.cn）。如果法律、文化和地理环境信息属于知识性的，则可以通过查找图书馆中有关的电子版书籍获取信息。

4.1.7 项目实施访问员的培训

项目实施访问员的培训是项目实施成败的核心环节，是整合整个研究梯队（主要是访问员）的最重要的步骤，也是保证数据采集质量的关键。

项目实施的访问员培训，应由项目经理和督导共同完成；在异地或特殊条件下，项目培训可由接受过公司该项目培训的专职督导来完成。项目培训的时间有限但作用极大，所以项目培训的内容应该全面、有序、重点突出，培训前由项目经理和项目督导制定出培训大纲尤为重要。培训大纲内容如下。

1．项目介绍

项目介绍的内容包括：项目研究的主要目的和意义；项目研究的主要内容；项目梯队成员介绍；项目执行时间、地点、调查方法、样本量及配额要求简介等。

2．问卷解释

问卷解释的内容包括：问卷结构及部分主要研究内容的简述；主要术语的解释，对项目中使用或项目执行过程中可能会遇到的行业术语进行解释、说明和举例；相关的背景知识的介绍；逐个问题的解释；每个问题的主要内容和作用；问题之间的逻辑关联；提问的方式；重点可能存在的问题及注意事项。

3．对访问员的工作要求和工作指示

（1）明确指出问卷中各题目需要访问员做什么样的辅助工作，如出示卡片、提供测试品、进行同期访谈录音等。

（2）调查技巧。调查中要运用不同的访问技巧，特别是进行面访时技巧的培训尤为重要，调查技巧主要包括如下3个方面。

1）介绍的技巧。最初的接触方法；正确介绍自己；准确表达来访的目的；简单、自信、明确的开场白。核心：谁，来干什么？

例如，在OTC中成药市场表现及消费者群体特征研究中，自我介绍如下：

> 您好。我是××市场调查与分析公司的访问员，我们正在对我国城市居民药品的消费情况进行市场研究。您家是我们按照科学的抽样方法抽中的访问对象，我不会占用您太多的时间，希望给予合作！

解释来访原因，回答受访对象质询。核心：调查什么，为谁做调查，如何为受访者保密。

2）提问的技巧。提问时要掌握的原则：访问员要对问卷非常熟悉；按问卷中的顺序依次提问；提问时语速中缓、口齿清楚；引导被访者对每个相关问题都做出回答，不可出现非问卷指示的跳答；需要时多次重复提问；激励提问；掌握进一步深度追问的时机；合理运用探询词（但不要过多地使用"为什么"）。

3）问卷的填写与记录要求正规、清楚。

4．项目的抽样方法介绍

介绍本次抽样的母体情况，采用何种抽样方法、抽出多少样本、抽样人是谁、监督人是谁等情况。

5．对该项目的执行安排

访问前及访问完毕后要检查问卷，填写"访问员工作记录单"，明确项目的联系人及联系人所应完成的工作，分发访问文件及相关访问工具。

6. 进行模拟访问

访问前可结合项目访问要求进行模拟访问讲解。

4.1.8 调查表（调查问卷）的设计

1. 过滤问卷设计技术

一般而言，过滤技术运用于问卷的始终。

（1）总问卷前的甄别问卷设计。这种问卷的设计一般应考虑如下因素：① 过去3个月内接受过任何产品类似访谈调查者要过滤掉。② 被调研者个人或家庭成员从事调研、咨询或生产、销售与调研产品或服务项目有关工作的要排除。③ 从年龄上、性别上、职业上或收入上排除不符合条件者。④ 过去一段时间或长期没有用过、听过、买过或未来根本没有计划购买的要排除。⑤ 其他应该排除者。

（2）主体问卷过程中的排除。要了解客户是否想租赁仓库设施时，不可能直接问"你为什么要租赁仓库"而只能先问"贵公司近期有租赁仓库的打算吗"如果被调查者说没有，则要跳过后边的某些问题；如果被调查者说有此打算，则要马上询问下面的问题——为什么要租赁？计划在什么地方租赁？拥有什么设施的仓库你会满意？最合理的价格在什么区间内？

2. 主体问卷设计技术

（1）答案选择法。

1）二选一法：贵企业是否打算今年将企业的所有物流业务交给3PL去打理？
　　□是　　　　　　□否

2）多项选择法：贵公司使用过的物流企业是：□A　□B　□C　□D　□其他

3）顺位法：按重要程度依次选择。

- 选择重要的一项：贵公司在寻求运输商时受影响最大的一个因素是：
  □运输效果好　　□价格低　　□服务态度好　　□请求方便

- 选择较为重要的2~3项：贵公司在寻求仓储设施时受影响最大的两个因素是：
  □保管质量好　　□仓储价格低　　□库存控制合理　　□距离企业近

- 选择属于重要的项目：贵公司在寻求仓储设施时比较关注的因素是：
  □保管质量好　　□价格低　　□服务态度好　　□附加服务项目多

- 顺序填写：贵公司在寻求仓储设施时比较关注的因素按照从大到小的顺序排列（1~4）为：
  □保管质量好　　□价格低　　□服务态度好　　□附加服务项目多

- 回忆法：请你说出你所知道的国际物流品牌。
  □中远　　　　□宝供　　　　□UPS　　　　□安利
  □TNT　　　　□山东海丰

（2）完成法。

1）自由回答法：请你说出什么样的物流企业是值得信赖的。

2）填空法：假如中外运欧洲航线降价，贵公司会＿＿＿＿＿＿＿＿。

3）字词联想法。

- 自由联想：请你说出当你看到"蓝色"时会想到什么？
- 控制联想：请你说出当你看到"蓝色"时会想到什么物流企业？
- 引导性联想：请你说出当你看到"蓝色"时会想到下列中的哪个？
  □物流企业　　　□高空　　　□高科技　　　□海洋　　　□经理

4）漏斗法。漏斗法是运用一组从泛泛到具体的问题层层套问以了解被调查者的真实态度的方法。

□贵公司现在是否打算寻找 3PL 服务？
□贵公司打算寻找什么样的物流服务商？
□贵公司认为物流品牌是选择物流服务商的首要因素吗？
□贵公司认为品牌物流服务商比别的非品牌物流服务商更有优势吗？
□品牌物流服务商会给贵公司提供更多的增值服务吗？
□品牌物流服务商给贵公司提供更多的增值服务时会收取较低的费用吗？

（3）量表法。

1）平衡量表法。你对国内物流运输企业的价格战的看法是：

极为反感/有较大反感/稍微反感/无所谓/稍有好感/有较大好感/极为好感
　　－3　　　－2　　　－1　　　0　　　1　　　2　　　3

2）一对比较法。在下列每对品牌中，请你对你认为较好的品牌画"√"。
　　□A 与 B　　　□A 与 C　　　□A 与 D　　　□A 与 E

3）数值分配量表法。
- 各项共同分配 100 分。
  请你对以下 4 个品牌的服务便利性打分，共计 100 分。
  □A　　　□B　　　□C　　　□D
- 每项满分 100 分。
  请你对以下 4 个品牌的使用方便性打分，每项满分为 100 分。
  □A　　　□B　　　□C　　　□D

4.1.9　调查报告的结构

- 结论与主要建议摘要。
- 引言：调查背景、调查范围、调查方法、数据收集、样本结构。
- 主要发现：根据调查结果的统计、分析，分门别类地提出调查的发现，这是调查报告的重点。问题、数据、图表逐项阐述。
- 结论与建议：详细，全面。

4.1.10　营销调研资料分析方法

1. 对比分析方法

（1）实际完成数与计划数的对比分析（见表 4-5）。

表4-5 ××城市××运输企业营运额分析　　　　　　　　　　单位：万元

比较指标	2007年实际营运额	2008年计划营运额	2008年实际营运额	2009年计划营运额
全行业营运额	186	200	208	240
××企业营运额	12.0	15.0	15.4	20.0
行业中最大企业营运额	45.0	—	44.0	44.0
××企业市场占有率（%）	6.45	—	7.40	8.33

从表4-5中可以看出，××企业2008年计划完成情况=2008年实际营运额/2008年计划营运额×100%=15.4/15.0×100%=102.67%。

（2）本期实际完成数与过去实际完成数的对比分析。

××企业2008年与2007年营运额的对比分析：

2008年实际营运额/2007年实际营运额×100%=15.4/12×100%=128.33%。

（3）本企业与同行业中的其他企业进行比较。

××企业2008年实际营运额/2008年最大企业营运额×100%=15.4/44.0×100%=35%。

（4）部分与总体的对比。

把××企业2007年、2008年和计划中的2009年的市场占有率进行比较，结果是从6.45%、7.40%到8.33%，呈明显上升趋势。

2．平均指标分析法

平均指标分析法揭示的是某种经济现象在一定的时间、地点和条件下的一般水平。它包括算术平均法、调和平均法、众数平均法和中位数平均法等。

平均指标=总体各单位标志值之和/总体单位数。

平均指标分析法的例子如表4-6所示。

甲厂产品的平均等级=$\sum X_1 F_甲 / \sum F_甲$=7 500/5 000=1.5（级）。

乙厂产品的平均等级=$\sum X_1 F_乙 / \sum F_乙$=8 400/6 000=1.4（级）。

甲厂产品平均销售价格=$\sum X_2 F_甲 / \sum F_甲$=3 700 000/5 000=740（元/吨）。

乙厂产品平均销售价格=$\sum X_2 F_乙 / \sum F_乙$=4 520 000/6 000=753.33（元/吨）。

表4-6 甲、乙两个企业某种产品的等级情况、销售价格及产量资料

产品等级	销售价格（元/吨）	产量（吨）甲	产量（吨）乙	产量×等级 甲	产量×等级 乙	销售额（元）甲	销售额（元）乙
X_1	X_2	$F_甲$	$F_乙$	$X_1 F_甲$	$X_1 F_乙$	$X_2 F_甲$	$X_2 F_乙$
1	800	3 000	4 000	3 000	4 000	2 400 000	3 200 000
2	700	1 500	1 600	3 000	3 200	1 050 000	1 120 000
3	500	500	500	1 500	1 200	3 700 000	200 000
合计	—	5 000	6 000	7 500	8 400	3 700 000	4 520 000

3．动态分析法（见表4-7）

下面运用动态分析法分析某运输企业的业务发展情况（见表4-7）。

表4-7 ××运输企业运量资料

年份	运量（万吨）	增长量（万吨）		发展速度（%）		增长速度（%）	
		逐期	累积	环比	定基	环比	定基
甲	(1)	(2)	(3)	(4)	(5)	(6)	(7)
2004	91	—	—	—	100.0	—	—
2005	99	8	8	108.8	108.8	8.8	8.8
2006	96	−3	5	97.7	105.5	−11.1	5.5
2007	102	6	11	106.3	112.1	8.6	12.1
2008	105	3	14	102.9	115.4	−3.4	15.4
2009	116	11	25	110.5	127.5	7.6	27.5

（1）发展水平是该企业原始资料。

（2）增长量是报告期的水平与基期的水平之差。

（3）发展速度。环比发展速度是下一期资料与其上一期资料之比；定基发展速度是后期资料分别与第一期资料之比。

（4）增长速度是报告期较基期增长量与基期水平之比。

4．长期趋势分析法

长期趋势分析法一般采用数学模型法，其中直线方程法最为普遍。该方法将在后面的市场预测中重点介绍。

5．季节变动分析法

直接平均季节指数法是季节变动分析法中最常用的一种方法。它是根据各个季节变动时间序列资料，用求算术平均值的方法直接计算各期季节指数的方法。运用这种方法的一般步骤：① 收集历年（通常至少为3年）各月或各季的资料。② 求出各年或各月的平均数。③ 求出历年所有月份或季度的总平均值。④ 计算同月或同季的季节指数（见表4-8）。

表4-8 ××仓储企业2007—2009年仓库面积出租情况资料　　　单位：平方米

年份\季度	2007	2008	2009	平均	季节指数（%）
1	180	230	330	246.67	22.15
2	1 730	1 700	1 950	1 793.33	161
3	1 150	1 210	1 430	1 263.33	113.42
4	3 180	140	136	1 152.00	103.42
合计	6 240	3 280	384	1 113.83	400

第1季度的季节指数是（246.67/1 113.83）×100%=28.72%，其他以此类推。从季节指数上看，该物流企业每年的第2季度和第3季度为销售旺季，第2季度更为突出。相反，第1季度是销售淡季。

6．相关分析法

相关分析法依据涉及因素的多少可以分为单相关分析法和多相关分析法，依据相关关

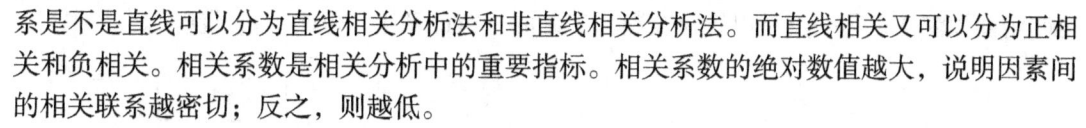

系是不是直线可以分为直线相关分析法和非直线相关分析法。而直线相关又可以分为正相关和负相关。相关系数是相关分析中的重要指标。相关系数的绝对数值越大,说明因素间的相关联系越密切;反之,则越低。

直线相关系数的计算公式:

$$r=(n\sum xy-\sum x\sum y)/[n\sum x^2-(\sum x)^2]^{1/2}[n\sum y^2-(\sum y)^2]^{1/2}$$

式中,r 为相关系数,n 为资料项数或期数,x 和 y 为因素。

下面运用相关分析法分析某物流企业的相关情况(见表4-9)

表4-9 ××物流企业广告宣传投入与营运额资料　　　　　单位:万元

年　份	广告费用 x	营运额 y	xy	x^2	y^2
2004	37	3 500	129 500	1 369	12 250 000
2005	40	3 460	138 400	1 600	11 971 600
2006	48	3 900	187 200	2 304	15 210 000
2007	56	3 980	222 880	3 136	15 840 400
2008	49	3 940	193 060	2 401	15 523 600
2009	55	4 020	221 100	3 025	16 160 400
合计	285	22 800	1 092 140	13 835	86 956 000

将表4-9中的资料代入求相关系数的公式中,可得 $r=0.94$,说明企业宣传和广告投入与营运额之间呈现高度正相关关系。

4.2 物流市场预测

4.2.1 市场预测的概念

市场预测是指在市场调查的基础上,运用历史统计资料,通过科学的手段和方法,对市场的未来因素、条件和发展趋势进行估计和判断,为企业决策和制订计划提供依据。

4.2.2 市场预测的程序

1)确定预测目标,即明确预测的目的和要求。
2)收集和分析有关资料。
3)提出预测模型,选定预测方法。
4)利用已有资料信息,用已选定的方法进行预测。
5)对预测结果是否达到预测目的及预测的误差是否在允许的范围内进行分析。

4.2.3 市场预测的过程

市场预测的过程如图4-3所示。

4.2.4 市场预测的方法

市场预测的方法有很多,具体可以分为两类:一类是以市场调查为基础的经验判断法,也叫定性预测法；另一类是以统计资料为基础的分析计算法，也叫定量预测法。

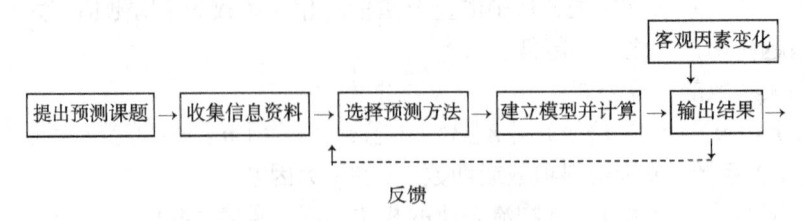

提出预测课题 → 收集信息资料 → 选择预测方法 → 建立模型并计算 → 输出结果 →

客观因素变化

反馈

图4-3 市场预测的过程

1. 定性预测法

定性预测法是指预测人员根据已有的历史资料，凭借个人的经验和综合分析、判断能力，对市场未来的变化趋势做出预测的方法。这种方法是在缺乏预测资料、影响未来变化趋势的因素复杂而繁多的情况下，又难以采用定量分析的方法时所采用的一种方法。它的优点是耗时短、易于应用。进行定性预测主要有以下具体方法：

（1）综合判断法。该方法是指组织若干了解情况的人员，要求他们根据对客观情况的分析和自己的经验，对市场未来情况做出各自的估计，然后将每个人的预测值进行综合，得出预测结果的方法。该方法的优点是能综合不同个人的知识、经验和意见，得出的预测结果比较全面；其缺点是会受到预测者了解情况的限制。

（2）用户期望法。当企业已经与自己的客户签订了较长期的物流及其他方面的合作协议时，或者企业自己的业务对象范围有限、数量不多时，客户对于自己企业未来业务的增长量、变化趋势的期望值就是自己企业未来发展的预测值，企业应及时根据这些期望发展的情况调整自己的各种资源配置，以适应未来的发展。

（3）专家预测法。专家预测法又叫德尔菲法，是采用通信的方式就所预测的问题征询专家的意见，经过多次信息交换，逐步取得比较一致的预测结果的方法。

德尔菲法的具体步骤：

1）建立属于自己的专家库和专家系统。值得一提的是，企业建立自己的专家库并非一朝一夕的事情。企业应由专门的部门、分派专人具体负责该项工作。日常工作中，企业要根据自身的业务特点、发展趋势和发展要求，及时地从各种渠道、各种媒体，通过各种方法和途径获得相关各类专家的具体信息，并根据需要及时与他们保持必要的联系和沟通，必要时还可以与他们签订聘用合同或协议，使他们成为企业的顾问。

2）拟定调查表。确定预测课题，并据此设计调查表，准备可供专家参考和使用的背景资料。

3）选择专家。选择与预测课题有关的在年龄、地区、专业知识、工作经验、预见分析能力及学术观点上有代表性的专家参与预测。参与预测的专家数量可以根据企业的预测课题和本次预测预算确定。

4）通信调查。将调查表和背景资料寄给选定的专家，要求他们在规定的时间里寄回企业。第一轮调查表收回后，要进行综合整理，分析不同的预测意见，然后将这种初步结果反馈给每位专家，要求他们修改和完善自己的意见，并进行再次预测。这样，经过几轮预测和反复完善，便可取得基本一致的预测结果。

5）预测结果的处理。在预测过程的每一阶段，对收集到的专家意见都要利用科学的方法进行整理、判断、分析、归纳和分类，以求对下一轮预测提供有用的预测。

专家预测法具有以下优势：① 参加预测的专家较多，又采用通信的方式，所以具有一定的代表性。② 从第二轮开始，每位专家都通过背景资料了解别人的观点，这时对是否还坚持自己的意见和先期预测需要做出选择和准确的判断，还要不断修改自己的意见，因此最终得出的预测结果可能是比较科学合理的。③ 由于采用匿名的方式，专家之间的相互干扰和影响较小，预测结果容易反映未来发展的趋势。④ 节约费用。

2．定量预测法

定量预测法是指预测人员根据历史统计资料，运用一定的数学模型，通过计算与分析确定市场的未来发展及数量方面的变动趋势的方法。它可分为时间序列分析法、回归分析法和因果分析法。

（1）时间序列预测法。按时间顺序（如年、季、月）加以排列，构成数列，从而寻求规律，用来推测同样条件下、同一问题的未来发展状况，这种方法叫时间序列预测法，也叫外推法。它比较适合客观情况变化不大的定量分析。

1）简单平均法。将过去几个时期的实际观察数据相加而求其平均值，作为预测值。

例如，××企业 2010 年 1~5 月的实际销售额分别为 100 万元、110 万元、90 万元、120 万元和 130 万元，则

$$6\text{月的预测销售额} = \frac{(100+110+90+120+130)}{5} = 110 \text{（万元）}$$

2）加权平均法。这是指根据每个时期观察值的重要程度，分别给予不同的权数，求出加权平均值作为预测值。其计算公式如下：

$$Y_t = \frac{W_1 X_1 + W_2 X_2 + \cdots + W_n X_n}{W_1 + W_2 + \cdots + W_n} = \frac{\sum_{i=1}^{n} W_i X_i}{\sum_{i=1}^{n} W_i}$$

式中　Y_t——第 t 期的预测值；

　　　X_i——第 i 期的实际值；

　　　W_i——第 i 期的权数；

　　　n——期数。

现仍用上例资料为例，1 月的销售量权数为 1，以后各期的权数分别为 2、3、4、5，则按加权平均法求得 6 月销售额预测值为：

$$Y_6 = \frac{(100 \times 1 + 110 \times 2 + 90 \times 3 + 120 \times 4 + 130 \times 5)}{1+2+3+4+5} = 114.67 \text{（万元）}$$

3）移动平均法。假定未来状况与较近时期的状况有关，而与较远时期的状况关系不大，那么可用靠近预测期的各期实际值的平均值作为下期的预测值。其计算公式如下：

$$Y_{t+1} = \frac{X_t + X_{t-1} + \cdots + X_{t-n+1}}{n} = \frac{1}{n} \sum_{i=t-n+1}^{t} X_i$$

式中　Y_{t+1}——第 t+1 期的移动平均值，即预测值；

X_i——第 $t-n+1$ 期到第 t 期的实际值；

n——移动平均值，一般取值为 $3\sim5$。

例如，××企业×产品 1~6 月的实际销售额分别为 0.8 万元、1.0 万元、1.2 万元、1.0 万元、1.2 万元和 1.3 万元，则 4 月的预测数为：

$$Y_4 = \frac{(1.0+1.2+1.3)}{3} = 1.167 \text{（万元）}$$

4）指数平滑法。这种方法根据较近期数据比较远期数据对预测的影响要大的情况，而给近期数据较大的权数。具体做法是以本期实际值和预测值为基数，分别给两者以不同的权数，计算出指数平滑预测值，作为预测的结果。其计算公式如下：

$$Y_{t+1} = \alpha X_t + (1-\alpha)Y_t$$

式中　Y_{t+1}——表示下期预测值；

X_t——表示本期实际值；

Y_t——表示本期预测值；

α——平滑系数，（$0<\alpha<1$）。

α 平滑系数的大小选择。α 值越大，则近期资料的影响越大；α 值越小，则近期资料影响越小。α 一般取值为 $0.3\sim0.7$。

例如，××机床厂本年度生产机床的销售预测值为 1 100 台，实际销售量为 1 050 台，$\alpha=0.3$，则下一年度的预测销售量为：

$$Y_{t+1} = \alpha X_t + (1-\alpha)Y_t = 0.3 \times 1\,050 + (1-0.3) \times 1\,100$$
$$= 1\,085 \text{（台）}$$

（2）回归分析法。回归分析法是把一定时期的实际销售量填列在坐标图上，此时其分布会呈现一定的趋势，这一趋势在坐标图上可用一条直线代表，这条直线称为回归直线。回归方程如下：

$$Y = a + bt$$

式中　Y——预测销售量；

t——预测时间序列；

b——回归直线的斜率；

a——纵轴截距。

a 和 b 两个常数用最小乘法求出，公式为：

$$a = \frac{\sum Y_i}{n}$$

$$b = \frac{\sum Y_i t_i}{\sum t_i^2}$$

式中　Y_i——各期的销售量；

t_i——各期的距差（离中差）；

n——期数。

例如，××企业 1~5 月的实际销售额如表 4-10 所示，要求以此来预测 6 月的销售额。

表4-10 ××企业1～5月销售额

月　份	1	2	3	4	5
销售额 Y_i（万元）	48	53	57	54	58

由表4-10计算得出表4-11中的资料。

表4-11 ××企业1~5月销售回归分析

月　份	销售额 Y_i（万元）	t_i	$Y_i t_i$	t_i^2
1	48	−2	−96	4
2	53	−1	−53	1
3	57	0	0	0
4	54	1	54	1
5	58	2	116	4
合计	$\sum Y_i = 270$	0	$\sum Y_i t_i = 21$	$\sum t_i^2 = 10$

$$a = \frac{\sum Y_i}{n} = \frac{270}{5} = 54 \quad b = \frac{\sum Y_i t_i}{\sum t_i^2} = \frac{21}{10} = 2.1$$

将 a 和 b 的值代入直线方程 $Y=a+bt$，其中6月 t_i 为3，则

$$Y_6 = a + bt = (54 + 2.1 \times 3) = 60.3 \text{（万元）}$$

因此，该厂6月的预测销售额为60.3万元。

（3）因果分析法。这是根据经济现象之间的相互关系进行市场预测的一种预测方法。回归分析不仅可用于时间序列分析，而且可用于因果分析。当回归线反映因果关系时，X 轴就不再代表时间，而是代表某种经济因素，即影响预测值 Y 的因素。这里，自变量 X 表现为因，因变量 Y 表现为果，一因一果的回归分析称为一元回归分析，二因一果的回归分析称为二元回归分析，多因一果的分析称为多元回归分析。其基础预测公式仍然是一元回归公式：$Y=a+bX$。式中，a、b 均为未知参数，它们可用最小二乘法解得，公式为：

$$a = \overline{Y} - b\overline{X}$$

$$b = \frac{\sum X_i Y_i - \overline{X} \sum Y_i}{\sum X_i^2 - \overline{X} \sum X_i}$$

式中　$\overline{Y}$——Y_i 的平均值；

$\overline{X}$——X_i 的平均值。

例如，××市新建住宅面积与家具销售额之间的关系如表4-12所示，要求预测2010年交付使用住宅面积为120万平方米时家具的销售额。

表4-12 ××市新建住宅面积与家具销售的关系

年　份	新住宅面积 X_i（万平方米）	家具销售额 Y_i（亿元）	$X_i Y_i$	X_i^2
2005	55	1	55	3 025
2006	60	0.9	54	3 600

续表

年　份	新住宅面积 X_i（万平方米）	家具销售额 Y_i（亿元）	X_iY_i	X_i^2
2007	62	1.3	80.6	3 844
2008	75	1.4	105	5 625
2009	100	1.6	160	10 000
合　计	352	6.2	454.6	26 094

$$b=\frac{\sum X_iY_i-\overline{X}\sum Y_i}{\sum X_i^2-\overline{X}\sum X_i}=\frac{454.6-\dfrac{352}{5}\times 6.2}{26\ 094-\dfrac{352}{5}\times 352}=0.013\ 8$$

$$a=\overline{Y}-b\overline{X}=(\frac{6.2}{5}-0.013\ 8\times 120)=0.268\ 5$$

2010 年交付使用住宅面积为 120 万平方米时家具的销售额为：
$Y=$ （0.268 5+0.013 8×120） =1.942 5（亿元）

物流营销技巧

物流营销可以走在客户的前面——超前菜单展示

一般生产性企业主要从事有形产品的开发与生产，而该类产品从设计、样品开发到批量生产，周期长、投入大，为了防止盲目性生产而给企业带来更大的经济损失，企业一般要进行严密的市场调研，确认市场上的消费者的确有该种需求，并且需求量足够大，同时属于当前需要，此时企业才会投资开发。这从市场营销的角度看叫作"以市场和需求为导向"，是科学的生产与科学的营销。

物流企业所提供的产品一般属于无形产品——各类服务项目，而且该类产品的生产、开发过程与客户的消费过程是同步的、一致的。从这个角度看，物流企业只有在有了现实的需求即物流企业只有与客户签订了服务合同后，才会开始物流服务。这种服务一般是客户需要的，也是以需求为导向的服务。因此，物流企业服务项目的开发就几乎不存在"因超前开发而大量积压、卖不出去"的问题，物流产品的展示仅仅是"菜单式展示"。同样，这也告诉我们，物流企业在营销中可以放心大胆地"开发各类服务项目"，尽管有的服务项目不知道客户是否需要，也不知道有些项目是否超前，物流企业都可以以"预告的产品或服务项目目录"的方式将其提前展示在客户的面前，供他们选择、评判。这是物流引导式营销，是激发客户潜在需求的营销，也是通过并未真正投资的概念性服务项目的开发唤起客户真正需求的营销。

必备技能

寻找营销关键驱动因素——二八定律

1. 二八定律介绍

二八定律，有些地方也译为"帕累托定律"，是 19 世纪末 20 世纪初意大利经济学家帕累托发现的。他认为，在任何一组数据中，最重要的只占其中一小部分，即约 20%，其余 80%尽管是多数，却是次要的，因此称二八定律。流传最广的一句说法是"80%的收入来源于 20%的客户，"所以也称 20/80 法则。

生活中普遍存在二八定律。商家 80%的销售额来自 20%的商品，80%的业务收入是由 20%的客户创造的；在销售公司，20%的推销员带回 80%的新生意；我们通常用 80%的精力做那些只会取得 20%成效的事。目前，国内企业管理工作中的"管"与"理"普遍遵照 8∶2 的比例，而世界经济发达国家的企业管理工作中的"管"与"理"却遵照 2∶8 的比例。

2. 利用二八定律在物流企业市场调研资料中寻找营销关键驱动因素

物流企业市场调研资料分析：据某调研中心统计，1991—2002 年，铁路营业里程从 5.78 万公里上升到 7.19 万公里，增长了 24.4%，年均增长 2%；公路里程从 104.1 万公里上升到 176.5 万公里，增长了 69.5%，年均增长约 5%；内河航道从 10.97 万公里上升到 12.16 万公里，增长了 10.8%，年均增长约 1%；民用航空线从 55.91 万公里上升到 163.77 万公里，增长了近 2 倍，年均增长 10.3%；输油（气）管道里程从 1.62 万公里上升到 2.98 万公里，增长了 84%，年均增长 5.7%；民用货用汽车拥有量从 398.62 万辆上升到 812.22 万辆，增长了 1 倍多，年均增长 6.7%；铁路货车拥有量从 370 054 辆上升到 459 017 辆，增长了 24%，年均增长 2%。

提示

把发现营销问题当成机会，因为没有问题就没有机会，发现问题才可以解决它，企业才可以发展。所以，发现营销中存在的问题时，应当感到高兴、兴奋、激动和满足。平时要从各个角度发现、观察、总结、收集问题。如果你找不到自己的问题、不足或毛病，有一个方法可以用，那就是研究你的对手，研究比你更优秀的人，监测别人，将别人与自己比较，则马上可以发现自己的不足，这就叫作你的对手知道你的问题。

实训 4　为邮政企业组织一次针对在校大学生的问卷调查

实训任务单

学习领域	物流市场营销实务
学习情境	物流市场调研与预测
学习任务	在校大学生每年都有许多信件、包裹、汇款、储蓄等业务，邮政企业十分想了解学生的想法，以获得学生这一很大的客户市场

续表

任务描述	在校大学生是当地邮政企业的主要客户市场之一。在校大学生每年都有许多信件、包裹、汇款、储蓄等业务，邮政企业想了解一下学生的想法。据此： 1. 设计一份针对上述内容的调查问卷，问卷设计可以提前与邮政部门的主管沟通完成 2. 在校园内以所在学校专业班级为母体，先用简单的随机抽样办法抽出其中 20 个班，再用系统抽样法从每班中抽出 20 个样本，针对 20 个班中的各 20 个样本进行调查 3. 分析调研数据，写出调查报告 4. 利用 PPT 与邮政部门沟通调研信息
任务目标	1. 能够运用市场调查知识针对某问题和某目的设计调查问卷，并组织调查 2. 能够对调查数据进行统计分析，并完成调查报告 3. 能够向企业解读该调查报告，获取企业的肯定

	任务情境	任务对象	任务手段	任务资源	任务组织	任务成果（物化成果形式）
任务要求	邮政局	1. 在校学生 2. 邮政企业主管或职工	1. 实地调查技术 2. 统计分析技术 3. PPT 技术	1. 一定的交通费 2. 与邮政公关	1. 学生分组，一般每 7~9 人一组 2. 任务的完成应该符合具体工作过程中人的思维的完整性，即包含和体现信息、计划、决策、实施、检查和评估 6 个步骤 3. 该过程由教师指导学生完成	1. 调查问卷 2. 调查回收问卷 3. 调查报告 4. 用于汇报调研结果的 PPT
分配人签字			受领人签字			

第 5 章

物流市场细分、目标市场选择及市场定位

学习目标

通过本章的学习，了解物流市场细分的一般变量选择、物流企业市场定位的策略选择和对目标市场进行有针对性营销的营销策略选择等内容。

工作任务

物流市场细分的三大商业逻辑

市场经济条件下，市场细分已经成为必不可少的一个市场竞争策略。在竞争日益激烈的物流市场，物流市场的细分也已经逐步突破了物流市场本身，面向整个物流生态圈进行市场细分。

基本逻辑：客户客观存在的物流需求

一定规模的特定的物流市场需求就可以定位为一个物流细分市场，进而可以定位为许多特定的物流产品。

2013年年初，开始比较用心地运营新浪微博@天天向上物流实战团的时候，我发现每天早上和中午都会有上百辆统一形象的摩托车停放在公司附近路边的空地上，摩托车后面都有一个上锁的储物箱；司机统一制服，统一背包，到一定时间就聚集在这里，然后陆陆续续骑着摩托车分散离开。我特别注意观察了下摩托车上的LOGO，根据LOGO信息在网上一查，发现原来是深圳市一家专注于为金融机构提供业务流程外包服务的公司，其中有一项服务就是金融物流，即为金融机构、企事业单位提供票据、凭证、报表等资料的取送服务，以及文档资料、信息资料、磁带、光盘等的仓储服务。再深入了解下去，我发现这是一个和玩钱人打交道的物流细分市场，20世纪80年代新加坡就有这样的专业公司并已经进入我国，国内的中信银行也组建了类似的外包服务公司，邮政速递也在为银行提供同样的细分物流服务——我当时就十分感慨：银行居然还有这种物流需求，这才是真正的为金融业服务的低调潜行的"金融物流"，而我们被银行推出的"物流金融"产品"蒙蔽"得已经太久太久了！

提醒一下读者朋友,我在讲案例的过程时已经不知不觉地透露了一些实战性的思维方法,不是吗?

第二个逻辑:切割或延伸客户物流需求

所谓切割,就是找一个产品开发维度对现有的物流市场进行精细化剥离,并对剥离出来的物流市场进行产品化设计和运作。根据实际市场情况,可以对物流市场进行横向切割分层,也可以进行纵向分割分段。

所谓延伸,就是从物流生态圈或供应链的角度对现有物流市场进行服务功能延伸,并对延伸后的物流市场进行产品化设计和运作。

我的老东家民生公司开辟国内到日本偏港海运航线就是一个成功的切割案例。在很长一段时间内,国内港口到日本基本港的海运市场竞争血雨腥风,十分惨烈,负运价现象屡禁不止。在这样的市场板块中,民生公司敏锐地切割出一个日本非基本港海运市场,投入船舶运营上海、宁波、大连、青岛到日本福山、中关、水岛、广岛、德山、高松、广岛岩、岩国、伊万里等日本偏港、小港的多条海运航线,打开一片蓝海市场。

而海尔将物流配送服务延伸出标准化、专业化上门安装服务,从而奠定了国内领先的大件货品的端对端一体化物流解决方案提供者地位,并因此吸引了阿里巴巴集团的战略投资——这也是物流市场细分商业逻辑下的典型案例。

第三个逻辑:挖掘和引导客户物流需求

这是难度最大的一种市场细分逻辑,因为这个商业逻辑的起点是客户的物流相关的问题和痛点。如何围绕这些问题与痛点,利用物流市场细分的眼光,挖掘其中物流市场机会,并加以市场引导和培育,成为这种市场细分的关键。

在这个细分逻辑下,近年商业及投资领域所谓的"颠覆性创新"也许是最高境界,但绝对是最困难的一种市场创新境界。在目前的资本驱动下,部分物流细分市场涌现出了大量的新概念、新模式和创业公司,主要围绕"最后一公里"、城市配送、社区 O2O 配送、车货匹配平台、公路货运 App、车辆跟踪管理技术等"烧钱",本质上都属于物流市场销售渠道的拓展或管理工具的创新,而不是新的细分市场探索。即使 2013 年横空出世的菜鸟物流,也只是基于一种对于电商物流资源整合及网络建设的伟大设想而已,并没有也不会创造新的物流细分市场。因此,在现阶段,更重要的是挖掘和引导客户现有但不迫切的或者潜在的物流需求,而不是创造一个崭新的颠覆性的物流市场。

(资料来源:http://www.auto808.com/News/2016-1-19/GF8AE70CE2FA3391740.html)

? 思考题

请思考物流市场细分的三大商业逻辑对物流企业营销的借鉴意义。

5.1 物流市场细分

5.1.1 市场细分的含义

市场细分是指将市场进行分片或分割的活动，具体是指营销组织或营销者通过市场调研，根据消费者对商品的不同购买欲望和需求、不同的购买行为与购买习惯，把消费者整体市场划分为具有类似性的若干不同的购买群体，即子市场，从而使企业可以轻而易举地识别和认定其目标市场的过程和策略。

5.1.2 市场细分的依据

市场细分的主要理论依据是市场具有同质市场与异质市场的区别。同质市场是指消费者对商品的需求大致相同的市场；异质市场是指市场群体之间的需求差别很多、很大，但各个市场群体内部的差异性较小的市场。市场细分的实质就是将异质市场分成若干个同质市场的过程。

5.1.3 市场细分的条件

1. 可衡量性

所谓可衡量性，是指市场细分的标准和细分以后的市场是可以衡量的。它包括 3 个方面的内容：① 消费者需求具有明显的差异性。② 对消费者需求的特征信息易于获取和衡量，能衡量细分标准的重要程度并进行定量分析。③ 经过细分后的市场范围、容量、潜力等也必须是可以衡量的，这样才有利于确定目标市场。

2. 可占领性

所谓可占领性，是指经过细分的市场是企业可以利用现有的人力、物力和财力去占领的。可占领性也有两层含义：一是细分后的市场值得企业去占领，即市场细分要有适当的规模和发展潜力，同时有一定的购买力，企业进入这个市场后有足够的销售额。如果细分市场规模过小，市场容量有限，则没有开发的价值。二是细分后的市场是企业能够去占领的。

3. 可接近性

所谓可接近性，是指企业容易进入细分市场。它有两个方面的含义：一方面，指市场细分后所确定的目标市场上的消费者，能够了解企业所经营的商品，并已对商品产生购买兴趣和购买行为，企业能够通过各种渠道推广本企业经营的商品；另一方面，企业采取的各种营销措施和营销策略（如人员推销、营业推广、广告宣传、公共关系等促销手段），适合被选定的细分市场，其营销努力能够引起细分市场上的消费者的注意和反应。

4. 稳定性

市场细分的目的在于正确选择目标市场、集中力量开拓经营、扩大销售、增加企业盈利，这就要求细分的市场不但有一定的市场容量和发展潜力，而且有一定程度的稳定性，即企业占领市场后相当长的时期内不需要改变自己的目标市场。

5.1.4 物流市场细分的标准

消费者需求的差异性是市场细分的依据，凡是构成消费者差异的因素都可以作为市场细分的标准。物流市场也存在单个的或以家庭为单位的消费者用户，如信件、包裹市场或直接面向家庭的配送业务市场等。所以，以消费者需求的差异性为变量的细分标准对物流市场而言同样适用。物流市场细分的标准或变量选择可以根据不同的特征加以分类，通常有两种分类方法。

1. 按照物流产品的属性或该产品及服务的使用对象划分

（1）生活资料市场细分标准——个体消费者市场细分。生活资料市场的细分标准因企业不同而各具特色，但一般来说主要有地理环境标准、人口状况标准、消费者心理标准和购买行为标准4个方面，每个方面又包括一系列的细分因素。

- 地理环境。地理环境包括区域、地形、气候、城镇规模、交通运输条件、人口密度、所处社区、街道、城市居住圈等具体变量因素。例如，邮政编码不同，说明居住区域不同，消费特征和需求有可能就不一样。
- 人口状况。人口状况包括年龄、性别、家庭人口和组成、家庭收入、家庭背景、种族背景、职业、受教育程度、文化水平、信仰、宗族、国籍、家庭生命周期等。
- 消费者心理。消费者心理包括消费者的生活方式、社交、兴趣、观点、个性、价值取向、态度、自主能力、服从能力、领导能力、成就感等。
- 购买行为。购买行为包括消费者的购买动机、期望价值和利益、产品或服务的属性缺陷、购买量、购买状况、使用习惯、使用频率和对市场营销因素的感受程度等。

（2）生产资料市场细分标准——组织市场细分。生产资料市场除了使用生活资料市场的细分标准外，还要根据企业类型、最终用户、企业规模和购买力、地理位置、关键客户作为细分生产资料的标准。

- 企业类型。这主要是指企业所处的行业、所有制形式、经营产品的种类和范围等信息。
- 最终用户。最终用户的不同要求，是生产资料市场细分最通用的标准。在生产资料市场，不同用户购买同一种商品的使用目的往往是不同的，因而他们会对商品的规格、型号、品质、功能、价格等提出不同的要求、追求不同的利益。工商企业要根据生产资料用户的要求来细分市场，把要求大体相同的用户集合成群，以便企业开展有针对性的经营，设计不同的合适的市场营销组合方案。
- 企业规模和购买力。企业规模和购买力的大小，也是生产资料市场细分的重要标准。在生产资料市场，大用户、中用户、小用户的区别要比生活资料市场远为普遍，也更为明显。大用户户数虽少，但购买力相对较大；小用户则相反，购买力不大。企业对大用户市场和小用户市场应分别采取不同的营销组合策略。
- 地理位置。企业地点涉及当地资源条件、自然环境、地理位置、生产力布局等因素。这些因素决定地区工业的发展水平、发展规模和生产力布局，形成不同的工业区域，产生不同的生产资料需求特点。工商企业要按用户的地点来细分市场，选择用户较为集中的地区作为自己的目标市场，这样不仅联系方便，信息反馈快，而且可以更有效地规划运输路线，节省运力与运费，同时能更加充分地利用销售力量，降低推销成本。
- 关键客户。企业要在客户群中辨别出关键客户，为其提供更好的服务。

综上所述，组织市场的细分变量可以用表5-1表示。

表 5-1 组织市场细分的主要变量

细分标准	细分变量
人口统计特征	行业类型，公司规模，公司地域，所有制性质
经营变量	购买或使用量，对技术的重视程度，对服务的专业性要求，对服务的依赖性，对品牌和知名度的重视程度
采购方法	采购确认标准（质量/价格/服务），采购方式（租赁/购买/合作/经销/代理），支付方式（现付/延付/经销/代理），权力结构（技术主导/财务主导），组织设置原则（高度集权/高度分散/居中）
情景因素	对特殊用途具有需求，短期、长期、临时服务，一次性大宗订货还是长期少量订货
个性特征	对待风险的态度（保守/激进/尝试），忠诚度，对价值观的认同程度，对文化的认同程度

2. 按照参与物流交易的不同主体的不同经营特征划分

（1）物流用户所提供市场细分的主要变量：① 人文变量——行业、规模、地区。② 经营变量——技术、特征、用户、市场。③ 采购方式——采购决策模式、采购组织机构、采购政策与标准、客户关系状况、使用状况。④ 采购条件——交货时间、特别订货、订货批量。⑤ 个性特征——技术适应性、忠诚度、合作性。

（2）物流服务供应商所提供的市场细分的主要变量：产品成本与价格；产品品牌与形象；产品用途和其他变量。

（3）物流市场营销者细分的主要变量：市场资源状况；市场战略、规模；市场核心竞争力；市场竞争优势。

（4）物流市场营销关系细分的主要变量：交易关系；沟通关系、媒介、中介，物流关系；终端、卖场；营销服务，市场细分变量的综合应用。

5.1.5 物流市场细分的主要步骤

物流市场细分的主要步骤：① 确定该区域适合物流的哪一项服务，需求规模有多大，服务对象是谁。② 选择作为细分市场的特殊需求变量作为细分标准。③ 突出该区域对物流的特殊需求作为细分标准。④ 了解进入细分市场的新变量，使企业不断适应市场的发展变化。⑤ 决定市场细分大小及市场群的潜力，从中选择能使企业获得有利机会的目标市场。

5.1.6 物流市场细分的方法

物流市场细分的方法是多种多样的，但通行的方法有4种。

（1）单一标准法。它是指根据市场主体的某一因素进行市场细分的方法。例如，按物流产品的危险程度细分市场，可以将物流市场分为危险品物流市场和非危险品物流市场。

（2）主导因素排列法。它是指一个细分市场的选择存在多因素时，可以从消费者的特征中寻找和确定主导因素，然后与其他因素有机结合，确定细分的目标市场的方法。

（3）综合因素法。它是指根据影响消费者需求的两种或两种以上的因素综合进行市场细分的方法。综合因素法的核心是并列多因素分析，所涉及的各种因素无先后顺序和重要与否的区别。

（4）系列因素法。它是指细分市场所涉及的因素通常是多项的，但各项因素之间先后有序、由粗到细、由浅入深。这里以系列因素法举例说明物流细分市场与客户选择的关系，如表 5-2 所示。

表 5-2　以系列因素法进行市场细分

地理区域	客户行业	产品属性	物流作业
区域物流	农　业	生产资料	联合运输
	制造业	生活资料	直达运输
跨区域物流	商贸业	生产资料	中转运输
		生活资料	甩挂运输
国际物流	服务业	其他资料	集装箱运输

5.1.7　物流市场细分的 5W1H 方法

（1）谁购买（Who）。罗列出客户的一般统计性资料，如企业名称、注册资本、经营范围、业务特色、行业特点等。

（2）客户需要什么或买什么（What）。罗列出一份详细的清单，包括产品或服务类别、包装、价格、基本服务与承诺、使用量、品牌、使用密度、颜色、款式、说明书、配送要求等。

（3）为什么买（Why）。顾客内心所期望的真正价值是什么，用什么方法打动客户。

（4）什么时间买（When）。对服务时间的具体要求和详细界定。

（5）在什么地点买（Where）。了解信息的渠道、沟通渠道、网点设置、便利性等。

（6）如何买（How）。明确怎样结算、支付方式、怎样签订合同、试用期限长短等。

将以上信息资料全部罗列出来后，可以分别从每一项中选出某些具有鲜明性的特征进行整合，最后确定某一类为自己的目标市场。物流市场细分的 5W1H 方法如图 5-1 所示。

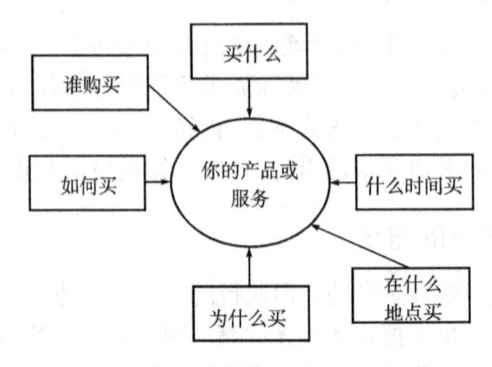

图 5-1　物流市场细分的 5W1H 方法

> **小资料卡片**
>
> **物流市场细分的参考变量——物流客户思考的 5 种模式**
>
> （1）客户只能接受有限的信息——物流企业一定要建立与显在客户、潜在客户、竞争对手客户及一般公众的长期的、有效的、快速的绿色信息联通通道，目的是经常对客户实施有效的信息刺激。
>
> （2）客户痛恨复杂，喜爱简单——物流企业要推出物流一站式服务等项目。
>
> （3）客户普遍缺乏安全感——客户对陌生的事物不会轻易相信，要让客户心动，物流企业可以开展诸如先试后买、物流企业旅游、民意调查数据、已经服务过客户的调查数据等资料打动他们。
>
> （4）客户对于品牌的印象不会轻易改变——品牌建设很重要。
>
> （5）客户的想法容易改变——物流企业要不断地强化宣传和引导。

5.2　物流目标市场的选择

5.2.1　目标市场选择的概念

1. 目标市场

目标市场是指企业在细分市场的基础上，经过评价和筛选所确定的作为企业经营目标而开拓的特定市场，即企业可以凭借某种相应的产品或服务去满足市场的这一需求，企业所服务的那几个特定的消费者群体就是企业的目标市场。

2. 目标市场选择

目标市场选择是指企业从有希望成为自己的几个目标市场中，根据一定的要求和标准，选择其中某个或几个目标市场作为可行的经营目标的决策过程。

任何企业拓展市场，都应在细分市场的基础上发现可能的目标市场并对其进行选择。因为，首先，对企业来说，并非所有的细分市场和可能的目标市场都是企业愿意进入和所能进入的。其次，作为一个企业，无论规模多大、实力多强，它都无法满足所有买主的所有需求——由于资源的限制，企业不可能有足够的人力、财力、物力来满足整体市场的需求。

5.2.2　选择目标市场的条件

一个理想的目标市场必须具备下列 4 个条件。

1. 有足够的市场需求

选择目标市场一定要有尚未满足的现实需求和潜在需求。理想的目标市场应该是有利可图的市场，没有需求且不能获利的市场谁也不会去选择。

2. 市场上有一定的购买力

有一定的购买力指有足够的销售额。市场仅存在未满足的需求，不等于有购买力和销售额。如果没有购买力或购买力很低，就不可能构成现实市场。因此，选择目标市场必须对目标市场的人口、购买力、购买欲望进行分析和评价。

3．企业必须有能力满足目标市场的需求

在市场细分的子市场中，有利可图的子市场有许多，但不一定都能成为企业自己的目标市场，企业必须选择自己有能力去占领的市场作为目标市场。同时，开发任何市场都必须花费一定的费用，将花费的一定费用和所能带来的企业利润相比较，只有所能带来的企业利润大于企业的费用的目标市场，才是有效的目标市场。

4．企业在被选择的目标市场上具有竞争优势

竞争优势主要表现为，该市场上没有或者很少有竞争，如有竞争也不激烈，且企业有足够的能力击败对手；企业可望取得较大的市场占有率。

5.2.3 选择目标市场的策略

所谓目标市场策略，是指企业对客观存在的不同消费者群体，根据不同商品和劳务的特点，采取不同的市场营销组合的总称。

1．物流企业目标市场的营销策略

一般来说，目标市场的营销策略包括无差异性市场策略、差异性市场策略、密集（集中）型市场策略和一对一营销策略。

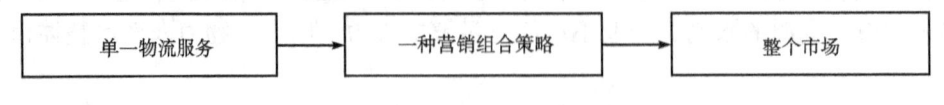

（1）无差异性市场策略。无差异性市场策略是指企业采用单一的营销策略来开拓市场，即企业着眼于消费者需求的同质性，把整个市场看成一个大市场，对市场的各个部分同等看待，推出一种商品，采用一种价格，使用相同的分销渠道，应用相同的广告设计和广告宣传，以占领总体市场的策略。其指导思想是，市场上所有消费者对某一商品的需求是基本相同的，企业大批量经营就能满足消费者的需求、获得较多的销售额，因而把总体市场作为企业的目标市场。这一策略的最大优点是，大批量生产和经营，有利于企业降低成本，取得规模效应；不需要对市场进行细分，可相应地节省市场调研和宣传费用，有利于提高利润水平。此种策略的缺点是，难以满足消费者多样化的需求，不能适应瞬息万变的市场形势，应变能力差。因此，一般来说，选择性不强、差异性不大的商品，以及供不应求的商品、具有专利权的商品等，宜采用此策略（见图5-2）。

单一物流服务 → 一种营销组合策略 → 整个市场

图5-2 无差异性市场策略

（2）差异性市场策略。差异性市场策略是指企业把整个大市场细分为若干不同的市场群体，依据每个小市场在需求上的差异性，有针对性地分别组织经销商品和制定营销策略，即组织不同的商品，根据不同的商品制定不同的价格，采用不同的分销渠道，应用多种广告设计和广告宣传，满足不同顾客的多样化需求。其指导思想是，消费者对商品的需求是多种多样的，企业只有经营差异性商品以满足消费者的各种需求，才能提高竞争能力、占领较多市场，因而选择较多的细分市场作为企业的目标市场。显然，差异性市场策略的最大优点在于，能够全面满足消费者的不同需求；同时，一个企业经营多种商品，可以实现

第 5 章 物流市场细分、目标市场选择及市场定位

营销方式和广告宣传的多样性，能够适应越来越激烈的市场竞争，有利于扩大市场占有率、增加企业销售额、提高企业信誉。其缺点在于，销售费用和各种营销成本较高，受到企业资源和经济实力的限制较大。因此，差异性市场策略适用于选择性较强、需求弹性大、规格等级复杂的商品营销（见图 5-3）。

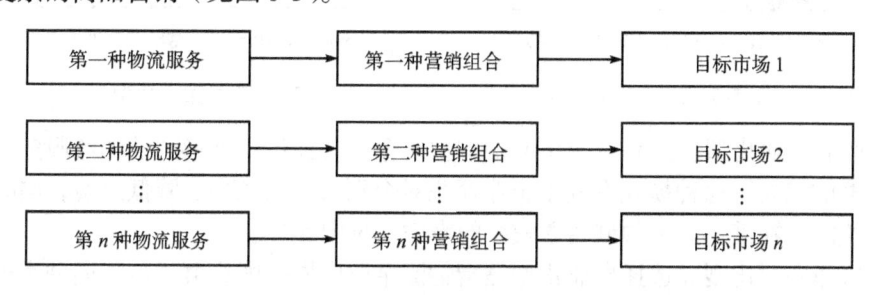

```
第一种物流服务 → 第一种营销组合 → 目标市场 1
第二种物流服务 → 第二种营销组合 → 目标市场 2
      ⋮              ⋮              ⋮
第 n 种物流服务 → 第 n 种营销组合 → 目标市场 n
```

图 5-3　差异性市场策略

（3）密集（集中）型市场策略。密集型市场策略也称集中型市场策略，是指企业把整个市场进行细分后，选择一个或少数几个细分市场作为目标市场，实行专业化经营，即企业集中力量向一个或少数几个细分市场推出商品，占领一个或少数几个细分市场的策略。其指导思想是，与其在较多的细分市场上都获得较低的市场份额，不如在较少的细分市场上获得较高的市场占有率，因而只选择一个或少数几个细分市场作为企业的目标市场。密集型市场策略的主要优点在于，可以准确地了解顾客的不同需求，以便有针对性地采取营销策略；可以节约营销成本和营销费用，从而提高企业投资的利润率。这种市场策略的最大缺点在于，风险性较大，最容易受竞争的冲击。因为目标市场比较狭窄，一旦竞争者的实力超过自己，或者消费者的爱好发生转移或市场情况发生突然变化，都有可能使企业陷入困境。因此，密集型市场策略经常被资源有限的中小企业所采用（见图 5-4）。

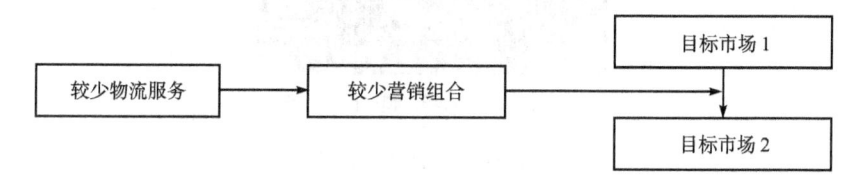

```
                                   → 目标市场 1
较少物流服务 → 较少营销组合
                                   → 目标市场 2
```

图 5-4　密集（集中）型市场策略

（4）一对一营销策略。这是物流目标市场的最精细化策略，是市场细分的最高境界。它推行的是"一对一"和"量身定制"化的物流服务，可以根据顾客的需求做到最个性化的服务。

2. 物流企业目标市场的范围策略

一般而言，企业市场营销所采用的范围策略可以归纳为 5 种类型。

（1）市场专业化型。市场专业化型是指物流企业向同一顾客群供应不同种类的物流服务。这种模式有助于发展和利用与顾客之间的关系，降低交易成本（见图 5-5）。

（2）市场集中化型。市场集中化型是指物流企业的目标市场无论从市场角度还是从产品角度都集中于一个市场层面上，企业只是提供一种物流服务，供应单一顾客群。这种模式一般只适合小企业或初次进入物流市场者（见图 5-6）。

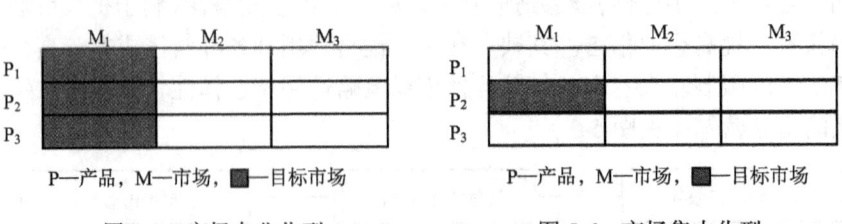

图 5-5　市场专业化型　　　　　　图 5-6　市场集中化型

（3）产品专业化型。产品专业化型是指物流企业仅提供一种形式的物流服务，以满足各类顾客群的需要。这种模式有利于企业摆脱对个别市场的依赖、降低风险，同时有利于发挥生产技能，在某一服务领域树立较好的声誉（见图 5-7）。

（4）选择专业化型。选择专业化型是指物流企业向同一顾客群供应不同种类的物流服务。这种模式有助于发展和利用与顾客之间的关系，降低交易成本（见图 5-8）。

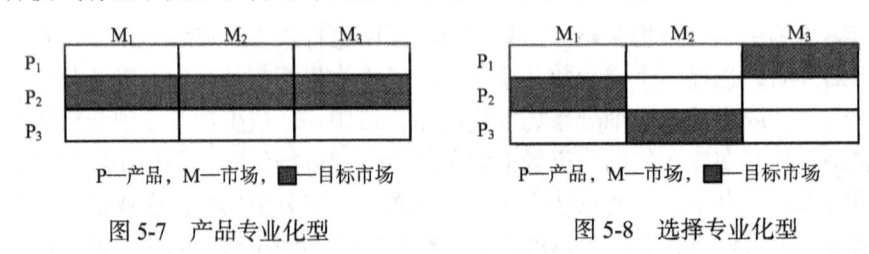

图 5-7　产品专业化型　　　　　　图 5-8　选择专业化型

（5）全面进入型。全面进入型是指物流企业决定全方位进入细分市场，为所有顾客提供其所需要的不同种类的系列服务。这是实力雄厚的物流企业取得市场领导地位所采取的模式（见图 5-9）。

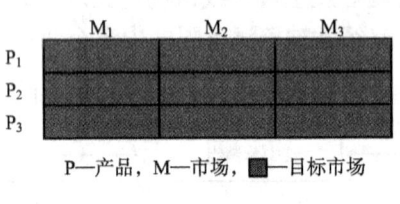

图 5-9　全面进入型

3. 选择目标市场策略应考虑的因素

前述目标市场策略各有利弊。在营销实践中，企业究竟应该选择何种策略，主要取决于所经营的商品、市场状况及企业自身条件。具体来说，企业选择目标市场等策略需考虑以下因素：

（1）企业资源。如果企业资源条件好，经济实力和营销能力强，则可以采取差异性目标市场策略。如果企业资源有限，无力把整体市场或几个市场作为自己的经营范围，则应该考虑选择密集型市场策略，以取得在小市场上的优势地位。

（2）商品或服务的特点。有些商品在品质上差异性较小，消费者也不会加以严格区分和过多关注，则可以采取无差异性市场策略。相反，对于服装、电视机、照相机等品质上差异较大的商品，则宜采用差异性市场策略或密集型市场策略。

（3）商品或服务的市场生命周期。一般来说，商品从进入市场到退出市场要经历 4 个阶段，商品处在不同的阶段应采取不同的市场营销策略。企业应随着商品所处的市场生命周期阶段的变化而不断调整市场营销策略。当商品处于进入市场阶段时，由于竞争者较少，企业的主要任务是探测市场需求和潜在顾客，这时宜采用无差异性和密集型市场策略；当商品进入饱和或衰退市场阶段时，为保持原有市场、延长商品的市场生命周期、集中力量对付竞争者，企业应当采用密集型市场策略。

（4）不同物流细分市场的特征。市场特征是指各细分市场间的区别程度。当市场消费者需求比较接近、偏好及其特点大致相似、对市场营销策略的刺激反应大致相同、对营销方式的要求无多大差别时，企业可采用无差异性市场策略；若市场上消费者需求的同质性较小，明显地对同一商品在花色、品种、规格、价格、服务方式等方面有不同的要求时，则宜采用差异性市场策略或密集型市场策略。

（5）物流细分市场的竞争状况。企业采用哪种目标市场策略，需视竞争对手的实力和市场营销策略情况而定。当竞争者采取差异性策略时，企业就应当采用差异性市场策略或密集型市场策略；若竞争对手力量较弱，则企业可采用无差异性市场策略。

5.2.4 物流区域市场细分策略

1. 区域市场是一个地理概念

因为各地区之间地理、经济结构、产业特征、自然环境、人文特点、基础设施、文化、政治、语言、风俗、宗教等不同，消费者（或称组织市场）也表现出很大的差异性。因此，物流企业必须正视各地区的差异性，因地制宜，有针对性地制定符合区域化特点的物流经营战略和营销推广策略。

2. 区域物流市场具有相对性和可变性

相对于全球而言，亚洲就是区域市场；相对于中国而言，河南就是区域市场；相对于城市而言，农村就是区域市场。对不同的企业而言，区域市场是相对的；对同一企业而言，因目标市场的定位不同，区域市场又是可变的。

3. 区域物流市场开发

区域物流市场开发是"有计划的市场推广"，因为区域市场是一个相对概念，企业在市场推广过程中处理好局部与整体的关系是很重要的。"有计划的市场推广"既反映了开发、生产、销售环节的计划性、有序性，又反映出企业自身的能动性。"有计划"是指企业在自身实力、知名度有限的情况下，使企业市场投入资源高度集约化，使企业成为一个统一的作战团队，制定量力而行的市场销售目标，审时度势，制订市场推广阶段性计划，以发挥最大杀伤力。"有计划"同时显示出企业区域市场开拓的计划性，如先易后难、先重点后一般，以及先集中优势兵力强攻易进入的市场，夺取局部胜利，然后逐步扩大市场根据地等。

4. 开发区域物流市场的意义

市场经济的实质是竞争经济。作为物流市场主体的物流企业，要想在强手如林的市场上稳健发展，就必须建立明确而稳定的区域市场。企业可以在有限的空间内创造局部优势，赢得较大的市场份额，从而有效抵御竞争攻势，保存实力并壮大自己，这是企业竞争取胜的一把利器。

与其在整体市场上与竞争强手短兵相接，不如在区域市场上创造优势；与其在广大市场范围上占有极小的市场份额，不如在某几个区域市场内提高市场占有率。对大企业如此，对中小企业尤为重要。

5.3 物流目标市场定位

5.3.1 目标市场定位的概念

目标市场定位，是指企业决定把自己放在目标市场的什么位置。企业进行目标市场定位，是通过创造鲜明的商品营销特色和个性，从而塑造出独特的市场形象来实现的。这种特色可表现在商品范围上和商品价格上，也可表现在营销方式等其他方面。因此，企业需掌握以下几种信息：

- 目标市场上的竞争者给顾客提供何种商品
- 顾客确实需要什么。
- 目标市场上的新顾客是谁。

企业需要根据所掌握的信息，结合本企业的条件，适应顾客一定的需求和偏好，在目标顾客的心目中为本企业的营销商品创造一定的特色、赋予一定的形象，从而建立一种竞争优势，以便在该细分市场吸引更多的顾客。

5.3.2 物流目标市场定位

1. 物流目标市场定位常见的问题

物流企业目标市场定位通常存在如下问题：① 只强调市场形象的塑造，不重视本企业可以给客户带来哪些利益和价值。② 不深入研究本企业与竞争对手的区别，不进行有效的市场细分，不能满足不同需求的目标市场。③ 只强调功能性形象，而忽视了象征性形象的宣传和塑造，或正好相反。④ 不了解客户的真实想法和感受，盲目宣传或扩大宣传。⑤ 产品或服务项目雷同，对不同的客户提供同样的产品或服务。

2. 市场定位的过程

市场定位首先要分析、研究市场和竞争对手，弄清顾客是如何评价竞争对手的、有怎样的需求，本企业的优势和劣势在哪里，以及有什么样的市场机会，进而推出自己企业的产品或服务。这样，既能使自己的产品或服务区别于竞争对手，又能充分挖掘巨大的市场潜力。

3. 确定市场定位的策略

物流企业可以从如下几个方面考虑市场定位的策略：① 根据物流服务的属性、特色和价值进行定位。② 根据价格和质量进行定位。③ 根据要求服务的目的和服务范围进行定位。④ 根据服务类别进行定位。⑤ 根据接受服务者的类别进行定位。⑥ 与竞争对手相区别，以确定本企业自己的定位。

4. 市场定位策略的执行

市场营销组合是执行市场定位策略的关键所在。企业要特别注意以下几点：

- 服务产品的开发、设计与组合：可以传递企业的市场定位，如物流中的流通加工。
- 价格：价格的高低和价格的变动可以改变企业的定位。

- 促销：促销，特别是广告宣传是传递企业定位的有效途径。
- 人员：通过员工培训可以提升或实现企业新的定位战略。
- 程序：要关注服务过程中的定位的传达。
- 客户服务：客户服务可以创造竞争者难以模仿的竞争优势，即可以在定位之中创造差异性。

5.3.3 物流目标市场定位策略

目标市场定位实质上是一种竞争策略，它显示了一种商品或一家企业同类似的商品或企业之间的竞争关系。定位方式不同，竞争态势也不同。下面分析4种主要定位策略。

1. 市场领先者定位策略

市场领先者定位策略是指企业选择的目标市场尚未被竞争者所发现，企业率先进入市场、抢先占领市场的策略。企业采用这种定位策略必须符合以下几个条件：① 该市场符合消费发展趋势，具有强大的市场潜力。② 本企业具备领先的条件和能力。③ 所进入的市场必须有利于创造企业的营销特色。④ 有利于提高市场占有率，使本企业的销售额在未来市场的份额中占到40%左右。

2. 市场挑战者定位策略

市场挑战者定位策略是指企业把市场位置定在竞争者的附近，与在市场上占据支配地位的、最强的竞争对手"对着干"，并最终战胜对方，让本企业取而代之的策略。企业采取这种定位策略必须具备以下条件：① 市场潜量必须足够。② 本企业拥有比竞争对手更丰富的资源和更强的营销能力。③ 本企业能够向目标市场提供更好的商品和服务。

3. 跟随竞争者市场定位策略

跟随竞争者市场定位策略是指企业发现目标市场竞争者充斥，已座无虚席，而该市场需求潜力又很大，企业跟随竞争者挤入市场，与竞争者处在一个位置上的策略。企业采用这种策略必须具备下列条件：① 目标市场还有很大的需求潜力。② 目标市场未被竞争者完全垄断。③ 企业具备挤入市场的条件和与竞争对手"平分秋色"的营销能力。

4. 市场补缺者定位策略

市场补缺者定位策略是指企业把自己的市场位置定在竞争者没有注意和占领的市场位置上的策略。企业对竞争者的市场位置、消费者的实际需求和自己经营的商品属性进行评估分析后，如果发现企业所面临的目标市场并非竞争者充斥，而是存在一定的市场缝隙或空间，而且自身所经营的商品又难以与之正面抗衡，这时企业就应该把自己的位置定在目标市场的空当位置，与竞争者形成鼎足之势。企业采用这种市场定位策略必须具备以下条件：① 本企业有满足这个市场所需要的货源。② 该市场有足够数量的潜在购买者。③ 企业具有进入该市场的特殊条件和技能。④ 经营必须赢利。

当然，企业的市场定位并不是一劳永逸的，而是会随着目标市场的竞争者状况和企业内部条件的变化而变化的。当目标市场发生下列变化时，企业就需要考虑重新调整定位的方向：① 竞争者的销售额上升，本企业的市场占有率下降，企业出现困境。② 本企业经营的商品意外地扩大了销售范围，在新的市场上可以获得更大的市场占有率和较高的商品销售额。③ 新的消费趋势的出现和消费者群的形成，使本企业销售的商品失去吸引力。④ 本企业的经营战略和策略做出重大调整。

5.3.4 物流目标市场选择方法——罗马尼亚方法

该方法适合大型的、综合性的市场评价研究项目。下面根据案例解读该方法的操作步骤。

例如，××公司面临3个不同的产品细分市场，各个市场有5个具体指标（见表5-3）。请选择目标市场。

表5-3 ××公司3个细分市场指标数据

指标符号	指　　标	甲市场	乙市场	丙市场
M_1	单位产品售价（元）	5 000	3 600	2 000
M_2	单位产品成本（元）	3 600	2 600	1 200
M_3	流动资金周转速度（天）	300	150	400
M_4	单位产品净收益（元）	1 200	1 000	800
M_5	销售增长率（%）	12	18	6

步骤：

1. 确定各个评价指标的权重

指标的权重一般由专家综合评价后给出。假设该例子中专家给出的权重数据如表5-4所示。

表5-4 专家给出的权重数据

评价指标（M_i）	M_1	M_2	M_3	M_4	M_5
指标权重	0.24	0.13	0.24	0.31	0.08

2. 评价指标标准化

评价指标标准化即把各种指标的实际值换算成相对分值。换算公式如下：

$$X_{ij}=[99\times(B_{ij}-C_i)/(A_i-C_i)]+1$$

式中　X_{ij}——j 市场的 i 指标分值（换算后的值）；

　　　B_{ij}——j 市场的 i 指标分值（换算前的值）；

　　　A_i——i 指标的最大值，当 i 指标是正指标即越大越好时，$A_i=\max\{B_{ij}\}$；当 i 指标是反指标即越大越不好时，$A_i=\min\{B_{ij}\}$；

　　　C_i——指标的最劣值，其确定方法与 A_i 正好相反。

乙市场的单位产品净收益指标的换算过程如下：

$$X_{42}=[99\times(1\ 000-800)/(1\ 200-800)]+1=50.5$$

综合计算结果如表5-5所示。

表 5-5 各指标换算后的分值

指　　标	权　　重	甲市场	乙市场	丙市场
M_1	0.24	1	47.2	100
M_2	0.13	1	42.3	100
M_3	0.24	40.6	100	1
M_4	0.31	100	50.5	1
M_5	0.08	50.5	100	1

3．计算各个市场的综合评价值（D_j），并选择目标市场

$$D_j = \sum_{i=1}^{5} M_i X_{ij}$$

式中，M_i 代表 j 市场 i 指标的权重，结果如表 5-6 所示。

表 5-6 各市场综合评价值

细分市场	甲	乙	丙
综合评价值 D_j	45.15	64.49	37.63

4．决策

D_j 反映的是细分市场的综合优势值，因此该值越大越好，故选择乙市场作为企业的目标市场。

物流营销技巧

物流企业市场细分的 3 个转变

1．发展专业物流

发展专业物流，如汽车物流、家电物流、医药物流、IT 电子产品物流、会展物流、化工物流、项目物流、农业物流和废弃物物流等。

2．凸显物流的地域特征

物流企业，特别是中型物流企业，应该尽量编织一个地域内的物流网络，完善地域内的物流节点，提升自己在某一地域内的综合物流服务能力。

3．延伸服务项目

延伸服务项目，开展精细化物流服务，提高物流的附加值。

必备技能

请以"产品属性"为物流市场细分的变量将物流市场进行多层次细分

（1）产品形状
　　特异型、异型和正常型。
（2）产品形态
　　固态、液态和气态。
（3）产品密度
　　高密度、中密度和小密度。
（4）产品重量
　　超重、重和轻便。
（5）产品体积
　　大、中和小。
（6）产品价值
　　高、中和低。
（7）产品包装状况
　　特别包装、一般包装和裸装。
（8）产品储藏条件
　　冷冻储藏、冷藏储藏和常温储藏。
（9）产品材质
　　特易碎品、一般易碎品和坚固品。
（10）产品保质期
　　长、中和短。
（11）产品成分
　　危险品和非危险品。
（12）产品用途
　　工业用、民用和特种用。
（13）产品款式
　　系列款式、多款式和单一款式。
（14）产品花色
　　全花色、多花色和单一花色。
（15）产品运输条件
　　特殊运输和常规运输。
（16）产品装卸条件
　　特种装卸、机械装卸和人工装卸。
（17）产品附加品
　　成套产品、成组产品和单件品。
（18）产品标准化程度
　　高度标准化、标准化和非标准化。
（19）产品的绿色性能
　　严重污染品、一般污染品和绿色品。
（20）产品的吸湿性
　　高吸湿性品、中吸湿性和无吸湿性品。
（21）产品的弹性
　　高弹性品、一般弹性品和无弹性品。
（22）产品的抗氧化性
　　耐氧化性品和不耐氧化性品。
（23）产品的分解性
　　易分解品和耐分解品。
（24）产品的锈蚀性和风化性
　　耐锈蚀和风化品及不耐锈蚀和风化品。

问题

1．上述细分是否全面？若不全面，请继续加以细分。

2．上述细分只进行到第一层次，请继续进行第二层次、第三层次的细分。

实训 5　物流企业以行业为基础变量的市场细分

实训任务单

学习领域	物流市场营销实务					
学习情境	物流市场细分、目标市场选择及市场定位					
学习任务	利用"国家标准行业划分明细表"中以行业为基础的变量，对物流市场进行细分					
任务描述	市场细分中的变量选择关系到细分效果和成败。 可上网检索下载"国家标准行业划分明细表"，根据表中数据资料对物流市场进行细分					
任务目标	能够运用市场细分知识，根据实际情况选择科学的细分变量，对物流市场进行细分，细分出商机和效益					
任务要求	任务情境	任务对象	任务手段	任务资源	任务组织	任务成果（物化成果形式）
	小组讨论活动室	国家标准行业划分明细表	模仿技术	互联网	1. 学生分组，一般每 7~9 人一组 2. 任务的完成应该符合具体工作过程中人的思维的完整性，即包含和体现信息、计划、决策、实施、检查和评估 6 个步骤 3. 该过程由教师指导学生完成	1. 细分市场表 2. 细分报告
分配人签字			受领人签字			

第 6 章

物流市场营销组合策略

学习目标

通过本章的学习，了解 4Ps、4Cs 主导下的不同营销策略的内涵，学会灵活运用营销组合策略为物流企业的营销服务。

工作任务

物流企业营销组合策略的开发来源于货主的直接需求

摩托罗拉公司主要有以下物流需求：

（1）24 小时的全天候准时服务。这主要包括保证通信 24 小时畅通、保证运输车辆 24 小时运转、保证天津与北京机场办事处 24 小时提货和交货。

（2）服务速度要快。摩托罗拉公司对提货、各环节操作、航班、派送等都有明确的时间规定，一般精确到小时。

（3）服务的安全系数高。要求客户对运输的全过程负全责，要保证航空公司和派送代理处理货物的各个环节都不出问题，一旦出了问题由服务商负责赔偿损失，当过失达到一定程度时取消其业务资格。

（4）信息反馈快。要求服务商的计算机与摩托罗拉公司联网，做到能对货物随时跟踪、查询。

（5）要求附加的服务项目多。

? 思考题

假如你是某物流企业的营销专员，根据摩托罗拉公司的需求，按照 4Cs 原则，结合本章要学习的内容，你认为设计和规划怎样的物流市场营销组合方案和策略才能使摩托罗拉公司满意？

第 6 章　物流市场营销组合策略

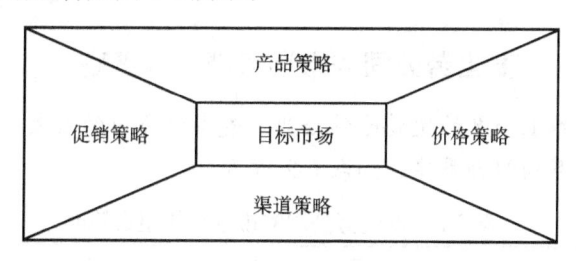

6.1 市场营销组合的基本内容

6.1.1 市场营销组合的概念

市场营销组合就是企业通过市场细分，在选定目标市场以后，将可控的产品、定价、渠道和促销诸策略进行最佳组合，使它们之间互相协调、综合地发挥作用，以期实现企业的市场营销目标。市场营销组合的概念是由美国哈佛大学尼尔·N·博登教授于1950年首先提出来的。市场营销组合如图 6-1 所示。

图 6-1　市场营销组合

6.1.2 市场营销组合的内容

1. 战术 4Ps 理论

1960 年，美国密歇根大学教授杰罗姆·麦卡锡提出了 4Ps 理论。4Ps 就是产品（Product）、价格（Price）、渠道（Place）和促销（Promotion）。

2. 追加 2Ps

20 世纪 70 年代，因为服务业迅速发展，传统的组合已不能很好地适应服务业的需要，于是有学者又增加了第 5 个 "P"，即 "人"（People）；又因为包装在包装消费品营销中的重要意义，使 "包装"（Packaging）成了第 6 个 "P"。

3. 再追加 2Ps

1984 年，菲利普·科特勒在强调 "大营销" 的时候又提出了两个 "P"，即公共关系（Public Relations）和政治影响力（Political Power）。

4. 战略 4Ps

1986 年，当营销战略计划变得更重要的时候，科特勒又提出了战略计划中的 4Ps，即研究（Probing）、划分（Partitioning）、优先（Prioritizing）和定位（Positioning）。这样，营销组合至今已经演变成了 12Ps。4Ps 组合及其内部变量如表 6-1 所示。

表 6-1　4Ps 组合及其内部变量

产品策略	价格策略	渠道或地点策略	促销策略
品质	基本价格	分销渠道	人员推销
特点	价格水平	区域分布	广告
外观	价格变动幅度	中间商类型	营业推广
附件	折扣	营业场所	公共关系
商标	折让	公共关系	

续表

产品策略	价格策略	渠道或地点策略	促销策略
品牌 包装 服务 销售保障	支付方式 支付期限 信用条件		

实 例

麦当劳公司的市场营销组合策略

麦当劳公司是世界上知名的快餐连锁企业。麦当劳公司的巨大成功，关键在于其采用了结构良好的市场营销组合策略，如表6-2所示。

表6-2 麦当劳公司的市场营销组合策略

产品策略	标准的、稳定的、高质量的产品，营业时间长，服务快捷
价格策略	奉行低价政策
地点策略	营业场所选择在顾客密集区域，无论是城市还是郊区，组织特许连锁经营，拓展新店
促销策略	强有力的广告宣传，广告媒体以电视为主，内容针对年轻人的口味

5. 4Cs

20世纪80年代，美国营销专家劳特朋向传统的4Ps理论发起挑战，提出了著名的4Cs理论。这一理论标志着营销观念又一次发生了彻底变革。它被概括为4个忘掉：

（1）企业应该忘掉自己原有产品的一切优点，重点研究消费者的需要和欲望，不仅卖自己能或想制造的产品，更要卖消费者的确想要买的产品或服务。

（2）企业应该忘掉自己固有的定价策略，而要从满足消费者的需要与欲望出发，了解他们肯支付或愿意花费的价格。

（3）企业应该忘掉自己固有或现成的营销渠道或途径，而重新构建渠道，以方便消费者购买。

（4）企业应该忘掉已有的各种促销手段，增加与消费者之间的相互沟通。只有相互间交流、对话、沟通、理解，彼此才能真正了解，实现真正的交易。

关键点总结

传统的4Ps与4Cs的根本区别：前者是在把"任何人当成消费者"的思维定式下，确定其营销形象是"消费者请注意"；而后者是在把"消费者当成人"的基本理念下，确定自己的营销形象是"请注意消费者"。

6. 4Rs

20世纪90年代，美国的舒尔茨提出了4Rs理论。Relevance——与顾客建立关联，充分了解顾客的需求和需求变化；Reflect——提高企业关于顾客需求的反应速度；Relation——与顾客维系紧密的关系，包括为他们建立数据库等，一切以顾客为中心；Recognition——

营销的最终目的是获得回报。

6.2 物流市场营销组合策略的内容及实施

6.2.1 物流企业的营销组合内容

物流企业是服务性企业，它向客户提供的主要是服务，因此在设计营销组合时应当遵循以下策略。

1．产品策略

产品策略是指与物流企业提供的服务或产品有关的决策。它包括若干子因素：产品或服务的设计、包装、品牌、组合等。而物流企业应该站在客户的角度去考虑提供什么样的服务。物流服务主要是借助运输工具和信息技术帮助客户实现货物在空间上的位移，不同种类、不同品种和不同包装的产品，以及处于产品生命周期不同阶段的产品，都需要给予不同的物流服务。

2．价格策略

价格策略是指企业根据客户的需求与成本提供一种合适的价格来吸引客户的策略。它包括基本价格策略、价格的折扣与折让策略、付款方式策略等。价格优势对企业分享市场和增加利润至关重要。因此，企业除了降低生产成本外，还须合理控制物流费用支出，因为物流费用在成本中占有较大比重。物流企业应该根据客户的需求，合理地对运输工具、路线、运距、费率等进行系统优化，并根据企业所针对的目标市场和客户群体，结合客户期望值和竞争者提供的服务水平，制定适当的服务标准和价格水平。

3．分销渠道策略

分销渠道策略是指物流企业选择将服务或产品从供应商顺利转移到客户的最佳途径的策略。物流服务一般采用直销的方式，有时也会采用中介机构。常见的中介机构有代理、代销、经纪等。

4．促销策略

促销策略是指物流企业利用各种媒体向客户传递对自己有利的信息，以引起客户的兴趣，提高企业知名度。这里主要包括广告、人员推销、营业推广、公关等营销沟通方式。

6.2.2 物流营销策略组合 4Cs 及其应用

物流营销具有一般产品市场营销的一些特征。然而，由于物流所具有的特点，物流营销组合与有形产品及其他服务产品的营销有着不同的特点，完全以 4Ps 理论来指导物流企业营销实践已经不能适应迅速发展的物流市场的要求。20 世纪 80 年代，美国的劳特朋提出的 4Cs 营销理论更适合目前的物流企业的营销组合策略。4Cs 营销理论主要包含以下几点内容。

1．瞄准物流客户需求（Consumption）

物流企业首先要了解、研究、分析消费者的显在需要，而不是先考虑企业能提供什么样的物流服务。现在，有许多企业开始大规模兴建自己的物流中心、分中心等，然而一些较成功的物流企业却不愿意过多地把资金和精力放在物流设施的建设上,它们主要致力于对物流市场的分析和开发,以便做到有的放矢。

物流企业还要了解客户的潜在需求。潜在需求是指人们模糊、朦胧的需求欲望和意识,它是产品或服务诞生的土壤,是物流企业创造市场的源泉。满足客户的潜在需求是物流企业争取与客户签订长期合同、减少客户流失的重要前提。

2. 消费者愿意支付的成本（Cost）

这要求物流企业了解物流需求主体为满足物流需求愿意付出多少钱（成本）,而不是先给自己的物流服务定价,即向消费者要多少钱。该策略指出,物流的价格与客户的支付意愿密切相关,当客户对物流的支付意愿很低时,即使物流企业能够为其提供的价格非常实惠但却高于这个支付意愿,物流企业与客户之间的物流服务交易也无法实现。因此,只有在分析目标客户需求的基础上,为目标客户量体裁衣,实行一套个性化的物流方案,物流服务才能为客户所接受。

3. 消费者的便利性（Convenience）

此策略要求物流企业始终从客户的角度出发,考虑能为客户提供什么物流服务,能给客户带来什么样的效益,如节约时间、资金占用减少、核心工作能力加强、市场竞争能力增强等。只有为物流需求者对物流的消费带来效益和便利,他们才会接受物流企业提供的服务。

4. 与消费者的沟通（Communication）

这一策略要求物流企业以客户为中心,实施营销策略,通过互动、沟通等方式,将自己所能提供的服务与客户的物流需求进行整合,从而把客户和物流企业双方的利益整合在一起,为客户提供一体化、系统化的物流解决方案,建立双方之间的有机联系,形成互相需求、利益共享的关系,实现共同发展。在良好的客户服务基础上,物流企业就可以争取到更多的物流市场份额,从而形成一定的物流服务规模,取得规模效益。

从上述的4Cs内容可以看出,4Cs物流营销组合有着很强的优势:

(1) 4Cs物流营销组合首先以客户对物流的需求为导向,与目前我国的物流供求现状相适应。它指出了物流市场不断发展的特点,着眼于企业与客户间的互动,实现了物流企业、客户及最终消费者都能获利的三赢局面。4Cs物流营销组合能够主动地满足客户需求,并积极地适应客户的需求,运用优化和系统的思想去整合营销,通过与客户建立长期、稳定的合作关系,把企业与客户联系在一起,形成竞争优势。因此,该营销组合将会成为我国物流企业目前和今后很长一段时间内主要运用的营销策略。

(2) 4Cs物流营销重点考虑顾客愿意付出的成本,实现了成本的最小化。物流企业的利润是客户效益的一部分,只有客户的效益提高了,才能促进物流需求的增加和质量的提高;反过来,物流企业的服务质量的提高又会促进客户效益的提高,形成良性循环。

6.2.3 整合社会资源的物流营销

物流服务的多样性代表了物流企业的营销能力。物流组合服务（Logistics Complex Combined Services）是指提供由不同物流服务所构成的服务集合,如计划、供给、装卸、仓库管理、仓储、运输及信息处理等服务功能。任何一个物流企业,无论其规模和能力有多大，也无论其服务如何多样化，都无法满足所有客户的全部需求，而只能满足一部分市场的需求。因此，物流企业必须注意整合社会优势物流营销资源，这不仅是指不同企业物流硬件设施的整合，还包括不同企业间各自优势营销策略、手段和技术的整合，实现与它们的优势互补，将目标市场依据一定的标准进行细分，根据自身的条件选择一部分客户作为目标市场，确定适当的物流组合服务策略，以更好地满足客户的需求，使企业在激烈的市场竞争中得以生存和发展。

物流营销技巧

物流营销=70%脚+30%脑

"70%脚"是指物流营销与一般产品营销一样，物流企业要将自己的工作重点放在走访客户、走访市场和调研环境上，通过艰辛的体力劳动、辛勤的付出、不厌其烦地主动与客户沟通，凭借对客户与市场细节的洞察力和关注度，获得客户的信赖。所有这些都离不开平时的积累，是用"脚"做出来的，而不是凭空想象出来的。

"30%脑"是指在有了"70%脚"的基础和前提下，根据对客户的准确把握，通过一定的技巧和手段，策划具有实用营销价值的营销方案。

必备技能

1. 沟通

请一个人上台，只能用语言说出以下4个图形（见图6-2）及它们的连接方式，让其他人根据描述在台下画，考核沟通者的沟通技巧。可以依据情况多选几个人上台，看看要使所有的人都画正确需要多少沟通者（老师可以据此设计各种图形供学生练习）。

2. 创新

请用4条直线，不准回笔（用一笔），将9个点连起来（见图6-3）。

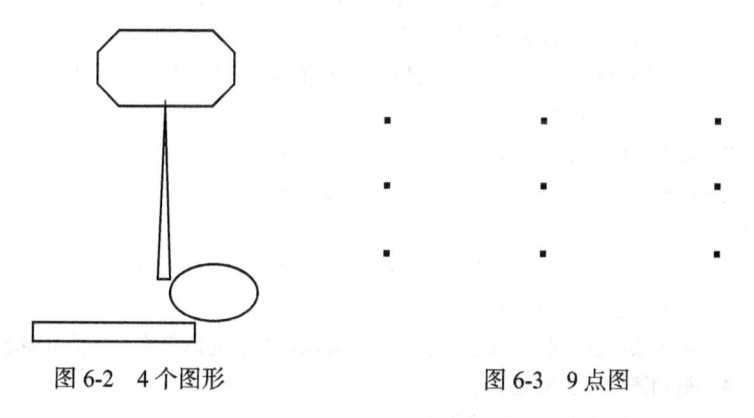

图6-2　4个图形　　　　　图6-3　9点图

3. 确立目标

（1）请指出下面这段话中存在的问题：

3只猎狗在追1只土拨鼠，结果土拨鼠进到一个洞里，跑出1只兔子，兔子爬上树，震下1个椰子，砸死了3只猎狗。

（2）一则调查资料：

哈佛大学曾对即将毕业的学生进行调查，结果如下：

学生在毕业时	毕业后
27%无目标 ──────────→	抱怨多
60%做着看 ──────────→	企业一般职员
10%有大致目标 ───────→	专家
3%有明确目标 ────────→	企业总裁、成功人士

问题

根据上面两个资料讨论：个人应如何制定符合自己的目标？怎样确定目标？怎样开始实施目标？

实训6　为某市某百货大楼开发家电营销的策划案

实训任务单

学习领域	物流市场营销实务
学习情境	物流市场营销组合策略
学习任务	利用某市某百货大楼春节前市场调查数据片段，结合所学市场营销组合策略知识，为该百货大楼开发针对城市近郊打工者这一目标市场春节前家电营销的策划案
任务描述	某市某百货大楼春节前准备搞家电促销，以击败众多对手，获得较高的市场销售和利润，于是它针对城市近郊打工者进行了一次小范围的市场调研。调查中获取的数据片段如下： 1. 受访的近郊打工者中有37%的人有在春节前在该市购买家电的愿望 2. 统计分析显示，具有购买愿望的打工者中有7.5%是夫妻、18%是同乡、3.2%为同村、13.4%为邻村 3. 该类打工者平时比较愿意收听该市22：30—23：00的"打工之声"节目 4. 该类打工者平时一般只有星期天休息，比较愿意到公园游玩 5. 该类打工者大都渴望受到尊重，惧怕风险，希望在家里留守的老人和孩子获得幸福 6. 据媒体透露，该市有大约24%的企业有不同程度的拖欠打工者工资的现象，该市政府已经出台各种措施维护打工者权益 7. 该市近郊某乡村小学属于市重点帮扶对象 请根据上述信息，站在该百货大楼的角度，针对城市近郊打工者市场开发家电营销组合策划案，要求： 1. 上述调查数据在策划案中要有明显关注和使用 2. 要利用春节这一元素 3. 至少要体现产品策略、价格策略、渠道策略、促销策略、公关策略5大策略 4. 策划案的可实施性要强 5. 要考虑实施成本和风险因素 6. 要有创新性 7. 针对每组策划案组织一次全班分享汇报会，进行评比，有条件的班级可以聘请零售企业的企划主管当评委

第6章 物流市场营销组合策略

续表

任务目标	能够运用市场营销组合知识、市场调查知识等完成一个工作实例					
任务要求	任务情境	任务对象	任务手段	任务资源	任务组织	任务成果（物化成果形式）
	1. 策划室 2. 学习型小组	策划案	1. 模仿技术，学习营销策划案模板 2. 头脑风暴法	1. 互联网 2. 策划室 3. 白板	1. 学生分组，一般每7~9人一组 2. 任务完成应该符合具体工作过程中人的思维的完整性，即包含和体现信息、计划、决策、实施、检查和评估6个步骤 3. 该过程由教师指导学生完成	1. 策划案 2. 解读报告 3. 汇报用的PPT
分配人签字		受领人签字				

第 7 章

物流市场营销的产品策略

学 习 目 标

通过本章的学习,了解物流产品的概念、特性和与一般有形产品的异同,了解物流产品的开发过程与思路、产品的生命周期理论、产品包装理论和物流产品的各种策略。

工作任务

联邦快递产品剖析

联邦快递除了向客户提供全球速递服务外,还向客户提供一些高附加值的服务,主要是3个方面的服务:

(1)提供整合式维修运送服务:联邦快递提供货物的维修运送服务,如将已坏的电脑或电子产品送修或送还所有者。

(2)扮演客户的零件或备料银行角色:扮演业者的零售商的角色,提供诸如接受订单与客户服务处理、仓储服务等功能。

(3)协助顾客简化并合并行销业务:帮助顾客协调数个地点之间的产品组件运送流程。过去,这些作业由顾客自己设法将零件由制造商送到终端顾客手中,现在的快递业者可完全代劳。

思考题

联邦快递向客户提供的高附加值服务项目的价值在哪里?这些产品是如何被开发出来的?

提示

(1)物流企业依靠自己的力量开发主导产品或服务项目,如海尔、中远公司等。

(2)与优势的物流资本合资,把别人的产品或服务项目变成自己的服务项目,扩大自己的产品线。

(3)购买物流企业现成的资源,实现物流产品的快速开发和扩张。

(4)委托加工或贴牌生产,即利用别人的物流资源进行产品扩展。

（5）贴牌生产，将自己没有能力从事或自己不愿意从事的物流项目，采用"定向定牌"的方式，交由经过严格筛选和考核的、愿意及有能力承担的物流企业承担。

（6）面向全球承接各种相关的物流多级代理业务或独家代理业务，以丰富自己的产品线。

（7）托管别人的物流资产。

● **名人名言**

在任何一场营销战争中，品质和价格都是胜利的根本保证。

——菲利普·科特勒

7.1 产品及产品组合策略

7.1.1 产品的概念

产品概念有狭义和广义之分。狭义的产品是指具有某种特定物质形态和用途的物体；广义的产品是指能够满足人的某种需要和欲望，可以提供给市场，被消费者消费和使用的一切物品和劳务，这是产品的整体概念。产品的概念具体可以从以下几个方面理解。

1．核心产品

核心产品是指产品能够满足消费者需要的本质属性，是产品可以给消费者带来的核心价值。例如，消费者购买衣服是为了保暖或遮体，购买米面是为了充饥，购买照相机是为了留住美好的瞬间。

2．形式产品

形式产品是核心产品的载体，它是直观地、具体地展示在消费者面前的物品，可以给消费者留下直接的、鲜明的、生动的印象。形式产品具体又包括5个方面的内容。

- 产品品质，主要是指产品的功能、性能、适用性。
- 产品特色，主要是指产品中有别于同类竞争产品的优势，这是产品立足于市场、参与竞争的重要手段。
- 产品形式，主要是指产品的造型、式样、风格、类型等，这是产品吸引消费者的重要方面。
- 产品品牌，品牌在产品进入市场的初期仅仅是一种商品交换的识别符号。但是，随着商品交换的实现，品牌就具有了独立的商品化的"人格"，凝结在其上面的价值也会被消费者广泛地接受和认识，品牌战略已经成为企业市场竞争的重要手段。
- 产品包装，主要是指产品的内包装和外包装。产品包装具有保护产品安全的功能。产品的包装，特别是其外包装是构成产品形象的重要手段。

3．产品附加

产品附加是指消费者在购买产品时所得到的附加服务或利益，如提供信贷、电话订货、免费送货、技术培训、咨询服务、安装或三包服务承诺等。

7.1.2 物流企业产品的概念

1. 物流企业的有形产品

许多物流企业不仅仅提供服务之类的无形产品。还提供一些有形产品。这主要是指物流企业凭借自己的优势获得厂商某种或某几种产品在某个地区的经销代理权，或者干脆取得其委托加工或贴牌生产权，然后借助自己的物流优势实施配送等物流活动。这类物流企业如同一般的企业一样，以开展有形产品的市场营销为主，把物流当成自己的辅助业务或实现有形产品与物流的捆绑营销。例如，某一物流企业取得某一药品在省内或国内的经销权，因此该企业提供的产品就是药品，即一个地道的有形产品，其主要任务就是不断扩大市场销售网络，增加销售渠道，扩大销售，而物流只是实现和扩大销售的辅助手段。这类企业中，物流能力已经成为企业发展的前提条件或取得代理权的前提条件。

2. 物流企业的无形产品——服务

物流企业服务产品是指与物流活动相关联的运输、代理、保管、配送、报关、包装、储藏、分拣、流通加工、信息、咨询、商检、通关等具体的活动，每种独立的物流活动形式或者几个物流活动的不同组合又都是一款或新产生一款物流产品，所不同的是物流服务产品是无形的、不可触知的、与物流设施是不可分的、不可储备的，质量是难以控制和保持的、不可再复制的。

3. 物流服务产品概念

（1）物流服务产品的核心形式。物流服务产品的核心形式是按照5S标准和顾客要求给顾客提供的核心价值和满足，如质量完好、时间准确、速度高效、服务周到、反应迅速、处理得当等。正是这种核心产品的提供使客户获得了心理满足、快乐、满意，同时使客户获得了利益、价值、业务增长、收入增加，为客户解决了困难和难题。

（2）物流服务产品的形式产品。物流服务产品的形式产品实际上是一个过程，是从物流服务开始到结束的整个过程，具体可以表现为物流设施的数量、质量、规模、先进程度、人员素质、过程控制。总之，在物流活动中所展现出来的、可以被客户感知的、看得见摸得着的都属于物流服务产品的形式产品的有效部分。形式产品往往直接决定了物流核心产品的质量。物流服务形式产品与一般有形产品的形式产品的不同在于，随着物流过程的终结，前者仍归物流商所有，并不像一般形式产品那样直接成为消费者所购买商品的不可分割的一部分。

（3）物流服务产品的附加产品形式。物流服务产品的附加产品形式是指物流服务除了给客户提供已经承诺的服务项目外，又免费为客户提供的额外服务，如各种优惠、折扣、赠品、保险等。物流服务产品的附加产品形式可以直接成为物流企业市场营销和促销的手段，也会成为物流企业赢得市场竞争的重要工具。

> **实 例**
>
> 东方物流公司根据客户的需要，为客户提供不同形式的产品核心产品——为货主提供符合其需要的位移；一般产品——舱位体积、位置、货物定位等；期望产品——船期、

安全性、经济性和及时性等；附加产品——咨询、报关、报价等；潜在产品——多式联运等。物流企业产品形式如表7-1所示。

表 7-1 物流企业产品形式

物流产品形式	物流产品内容	示　例	备　注
物流核心产品	每项服务产品的实际功能、给客户带来的实际利益和价值，是客户真正需要的东西	运输核心产品——正确的点位移效益；仓储核心产品——保质和时间效益；装卸和搬运——位移效益；配送——位移效益；流通加工——增值和增效效益；信息服务——决策支持和导向效益	核心产品的开发是一切物流服务产品开发的基础和关键
物流形式产品	核心产品的外在表现形式、表现手段和实现途径	① 具体的物流活动及每项活动从开始到结束的过程表现； ② 实现物流功能所必需的设施、装备、工具和人力表现等； ③ 物流服务产品的包装形式主要是有形包装和无形包装，如服务规范性等； ④ 物流服务品牌	
物流附加产品	客户在购买和享受物流服务中所获得的额外服务和利益	提供信贷、电话订货、免费送货、技术培训、咨询服务、安装或"三包"服务承诺、报关、报检、物流网络规划、SCM 咨询等	
物流期望产品	为确保核心功能的正确性而对其施加的具体规范和进一步限定	准确性、及时性、安全性、可得性、便利性、经济性等	物流期望产品使物流核心产品更加具体、明确和丰富
物流潜在产品	物流显在产品的延伸和升华部分	一站式服务、多式联运	潜在产品的开发可以唤起客户的欲望，给客户带来增值，是把客户的确需要但是还没有明确化的需求变成实在的产品

⑦ 问题卡片

作为一个新兴的行业，物流面临着众多的挑战和机遇。物流产品的开发不一定要循规蹈矩，可以根据自己的预测和判断，开发一些较为超前的服务项目，以唤起客户的兴趣、增加物流企业的吸引力。那么，如何根据客户的潜在需求，通过科学的市场预测手段及时和超前地开发出物流潜在产品，以引导市场营销？

7.1.3　产品组合策略

1．产品组合的概念

产品组合是指企业生产或经营的全部产品线和产品项目的结构，又叫作产品的各种花色品种的配合。它包括4个变数：产品组合的宽度、长度、深度和关联度。

2．产品组合策略

可供企业选择的产品组合策略有以下几个：

（1）全线全面型策略。这是指企业着眼于向任何顾客提供其所需要的一切产品的策略。采用该策略的条件是企业有能力满足整个市场的需要。

（2）市场专业化策略。这是指企业向某个专业市场或某些特定顾客提供其所需要的各种产品的策略。

（3）产品线专业化策略。这是指企业集中某一类产品的生产，并将其推向各类顾客的策略。

（4）有限产品线专业化策略。这是指企业以单一的市场或部分顾客作为目标市场的策略。

（5）特殊产品专业化策略。这是指企业根据自己所具备的特殊资源和条件，专门生产某些具有良好销路的产品的策略。

（6）特殊专业化策略。这是指企业凭借其特殊技术和特长，满足某些特殊顾客的特殊需要的策略，如提供工程设计、咨询服务、律师服务、保镖服务等。

物流产品组合分析如表7-2所示。

表7-2　物流产品组合分析

类别	含义	示例	备注
产品线	一组核心功能一样但是服务形式、操作手段、操作流程或服务对象等不同的一类服务项目	A物流企业提供运输和仓储两项服务。其中，运输具体分为国际海运、国内陆路运输和市际配送服务，运输就是一个产品线	产品线的划分标准可以多样化，行业、货品种类、航线、运输工具、储藏条件、物流设施、服务对象等均可
产品项目	同一条产品线下，按照一定变量所细分的不同服务类别	A企业运输产品线有3个产品项目	
产品线的深度	同一条产品线下，按照一定变量所细分的不同服务类别的数目	A企业运输产品线的深度是3	
产品组合	物流企业所提供和经营的不同产品线和产品项目的整体结构		4个变数： ● 产品组合的长度 ● 产品组合的宽度 ● 产品组合的深度 ● 产品组合的关联度

续表

类　别	含　义	示　例	备　注
产品组合的长度	所有产品线下产品项目的总和	假设A企业仓储服务分为危险品、冷链和普货，则A企业的产品组合长度是6	
产品组合的宽度	产品线的数目	A企业=2	
产品组合的深度	一个企业各条产品线所平均拥有的产品项目数量	A企业=3	产品组合的深度=产品组合的长度/产品组合的宽度
产品组合的关联度	不同产品线之间所使用设施、操作手段、操作规程、服务对象、资源共享的相似和相关程度	A企业运输与仓储的关联度一般	A运∩A仓

7.1.4 物流产品组合策略

1. 物流产品组合的概念

物流产品组合是将各个独立的或单一的物流活动或产品形式进行有效的捆绑和组合，使之产生新的其他不同形式的产品或服务的过程。例如：

运输+仓储+配送

仓储+流通加工+配送

2. 物流产品组合的决定因素

产品组合取决于3个因素：产品组合的宽度（广度）、深度和关联性。物流企业机关内的产品系列数目称为产品组合的宽度；产品系列所有的产品项目的数目称为产品组合的深度；产品系列之间的联系程度称为关联性。

物流企业产品组合示例如图7-1所示。

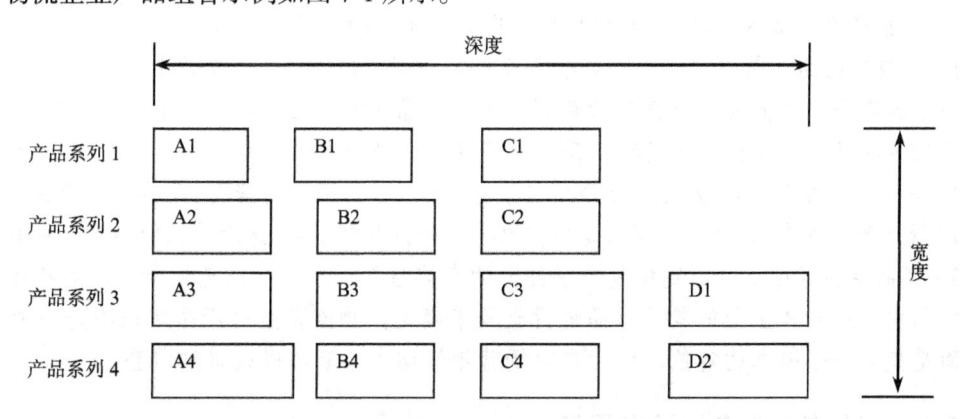

图7-1 物流企业产品组合示例

从图7-1中可以看出，产品组合为4个系列产品，系列1、2各有3个产品项目，系列

3、4各有4个产品项目,共有产品项目14个,即产品组合宽度为4个,产品组合深度为14个,平均深度为3.5个(14/4)。例如,中远集团的产品线有以下几个:美洲航线——产品项目数为1;欧洲航线——产品项目数为2;大西洋航线——产品项目数为2;澳大利亚、新西兰航线——产品项目数为4;南非南美航线——产品项目数为1;波斯湾航线——产品项目数为2;东南亚航线——产品项目数为2;日本航线——产品项目数为12;韩国航线——产品项目数为8。这表明中远集团的产品组合宽度为9个,产品组合深度为34个,平均深度为3.8个。

3. 物流产品组合策略

物流产品组合策略完全来源于与物流产品组合相关的变量。

解应用题

已知物流企业的产品组合是由企业的产品线和不同产品线下的不同产品项目决定的,并呈正比例关系变化。求该物流企业的产品组合策略。

解:

(1)产品项目不变:增加产品线=扩大产品组合

产品线不变:增加产品项目=扩大产品组合

两者都变:增加产品线和增加产品项目=扩大产品组合

得出:扩大产品组合策略。

实际上,增加产品线和增加产品项目又可以分别求出多种解,如产品线的增加是与原来的相似还是完全不同。产品项目是在原来产品项目基础上的细分还是另行开发,是趋向高档还是专注低档,其解是多种多样的。

(2)缩减产品组合策略可以参照上述思路求解

1)扩大产品组合策略。扩大产品组合策略是指扩大产品组合的广度和深度,增加一条或几条产品线,拓展产品的经营范围。其具体方式有几种:① 在维持原有产品品质和价格的前提下,增加同一产品的规格、型号或款式。② 增加不同品质和不同价格的同一种产品。③ 增加与原产品相似的产品。④ 增加与原产品不相干的产品。

2)缩减产品组合策略。缩减产品组合策略是指减少产品线或产品项目,特别是取消那些获利小的产品,以便集中力量经营获利最大的产品线或产品项目。其具体方式有几种:减少产品线数量,实现专业化经营;保留原产品线,减少产品项目;停止经营某类产品。

3)高档产品策略。高档产品策略是指在原有的产品线内增加高档次、高价格的产品项目。

4)低档产品策略。低档产品策略是指在原有的产品线中增加低档次、低价格的产品项目。

5)产品定位策略。产品定位是市场细分的直接后果,市场定位是否准确,需要与竞争对手的同类产品或本企业的其他产品进行比较来确定。物流企业的产品定位不是一劳永逸的,而是先有一个基本的定位,然后在市场营销活动中不断加以改进和调整。

7.1.5 物流企业产品开发思路

顾客购买的不是物流服务本身,而是该物流服务所隐含的物流服务功能。顾客实际上并不需要各种各样、形形色色的物流服务项目,他们也不会在乎这些,他们所关注的只是

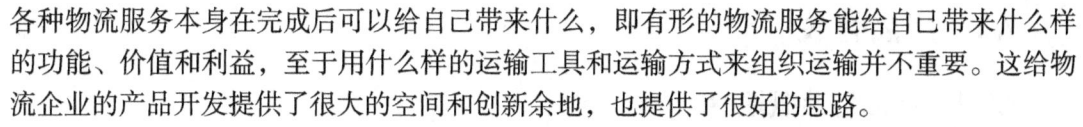

各种物流服务本身在完成后可以给自己带来什么，即有形的物流服务能给自己带来什么样的功能、价值和利益，至于用什么样的运输工具和运输方式来组织运输并不重要。这给物流企业的产品开发提供了很大的空间和创新余地，也提供了很好的思路。

$$价值=效用/费用\quad 即\ V=F/C$$

物流企业应该在保证顾客所需要的既定功能不降低的前提下，通过分析和比较，寻找更加有效的方法和途径来降低成本和支出，这样既可以把部分利益让给客户，还可以提高企业本身的利润。

用户需要的功能是可以满足其某种需要的必要功能，不能满足其需要的功能在其看来是不必要或多余的功能。功能主要包括：产品的性能——功能实现的程度；可靠性——功能实现的持续性；保养性——功能发生故障时修复的程度；安全性——实现功能时的安全程度；操作性——实现功能时人们使用或装置的难易程度。

7.1.6 物流增值服务项目或产品的开发

（1）以运输和仓储为基础的服务称为基本服务项目或产品。目前，TPL 企业中以基本服务获得的收益占总收益的 85%，而以增值服务项目获得的收益仅占 15%。

（2）使用 TPL 服务的企业多数为外资企业，如中海公司的客户有 IBM、美能达、诺基亚、三洋、东芝、三星、华为、联想等。

（3）物流产品的开发停留在一个简单的层面和层次上，没有分支和延伸，使多数客户不甚满意。

（4）增值服务包括货物拼拆箱、重新贴标签、重新包装、产品退货管理、服务中的零配件物流、产品测试和维修、产品代理、市场开拓、网点规划和建设、业务结算、分销、市调、信息收集、信息系统共享、物流审计、物流培训和 SCM 咨询等。例如，上海有一家物流企业专门为立邦漆服务，只有几个基色的油漆送到配送中心后，企业按照门店的需求进行即时配制调色，然后配送到需求点，这一过程就是增值服务。

（5）部分 TPL 公司低层次运作，既无规范又无标准，也没有承诺，信息系统几乎为零，更无必要的、及时的信息反馈，难以提供系统化的物流解决方案。

（6）TPL 公司的核心竞争力就是为用户提供别人无法复制的增值服务。

（7）通过产品的创新和超前开发，刺激消费和需求。

物流营销技巧

延伸服务——撑起物流产品开发的一片蓝天

比利时的安特卫普港区的物流企业不仅靠提供运输和仓储服务创收，还将物流服务向两头延伸。例如，汽车物流公司除了运输和仓储外，还承担货代、质检、初级组装、添加润滑剂和表面修复等服务项目。HNN 公司在码头建立了马自达公司汽车质检中心，专门负责马自达汽车的质检、安装配件，按照厂方指令为汽车安装空调、尾灯、内饰等，以满足特定客户的个性化要求。煤炭物流公司除了运输和仓储外，还提供洗煤、筛选、混合和碾碎等多项服务。

7.2 产品包装

7.2.1 产品包装概述

1. 包装的概念

包装是指物流过程中为了保护产品、方便储运、促进销售，按照一定技术方法，采用容器、材料及辅助物等将物品包封并予以适当包装和标志的工作的总称。简言之，包装是包装物及包装操作的总称。

2. 包装的作用

包装的作用是保护物品，使物品的形状、性能、品质在物流过程中不受损坏，便于处置，并促进销售。在社会再生产过程中，包装处于生产过程的末尾和物流过程的开头，既是生产的终点，又是物流的始点。

在现代物流观念形成以前，包装被看成生产的终点，因而一直是生产领域的活动。包装的设计往往主要从生产终结的要求出发，因而常常不能满足流通的要求。物流的研究认为，包装与物流的关系，比它与生产的关系要密切得多，其作为物流始点的意义也比它作为生产终点的意义要大得多。因此，包装应进入物流系统之中，这是现代物流的一个新观念。

3. 包装的特性与功能

包装有 3 大特性，即保护性、单位集中性及便利性。包装有 4 大功能，即保护商品、方便物流、促进销售和方便消费。

4. 包装种类

包装种类包括：单个包装（小包装）——一般属于商业包装；内包装——对单个包装起保护作用；外包装——对商品起保护作用，并考虑输送搬运方便。

包装一般可分为：① 商业包装。这是以促进销售为主要目的的包装。这种包装的特点是外形美观，有必要的装潢，包装单位适于顾客的购买量及商店陈设的要求。在商品流动过程中，商品越接近顾客，越要求包装有促进销售的效果。② 运输包装。这是指以强化输送、保护产品为目的的包装。运输包装的重要特点是，在满足物流要求的基础上使包装费用越低越好。因此，物流企业必须在包装费用和物流过程中的损失两者之间寻找最优效果。

此外，包装按保护技术可分为防潮包装、防锈包装、防虫包装、防腐包装、防震包装、危险品包装等。

5. 包装材料

（1）纸及纸制品：牛皮纸、玻璃纸、植物羊皮纸、沥青纸、板纸、瓦楞纸板。

（2）塑料及塑料制品：聚乙烯、聚丙烯、聚苯乙烯、聚氯乙烯、钙塑材料。

（3）金属：镀锡薄板、涂料铁、铝合金。

（4）其他：玻璃、陶瓷、木材及木制品、复合材料。

7.2.2 物流服务产品的包装策略

1．类比包装策略

物流企业将需要提供服务的各类物品在包装上采用相近的颜色和相同的图案，使之具有一致的视觉刺激效果，这就是类比包装策略。

2．聚类包装策略

物流企业针对顾客的购买特点和进货数量、品种等，把几种相关服务的物品配套包装在同一包装物内，使顾客成组地得到所需要的物品，这就叫作聚类包装策略。

3．等级包装策略

等级包装策略是指物流企业针对不同档次和不同质量的物品分别使用不同的包装，并在材料、装潢风格上力求与产品档次一致的策略。

4．容量差别包装策略

物流企业根据顾客的使用习惯，按照物品的重量或数量，分别设计大小不同的包装，这种包装策略就是容量差别包装策略。它体现了以顾客为中心的营销理念。

5．统一包装策略

统一包装策略是指物流企业对自己经营的产品采用统一包装模式，即统一的风格、材料、颜色、图案、造型的策略。值得注意的是，它也包括对于设施、设备、工具和装备、人力等的包装。

6．分档包装策略

分档包装策略是指物流企业对统一产品采用不同档次的包装的策略，如根据不同用户采用不同速度、规格、质量、档次、安全性的运输工具。

7．附赠品包装策略

物流企业定期或不定期地向顾客赠送各种小礼品，这种包装策略就叫附赠品包装策略。

8．改变包装策略

改变包装策略是指物流企业根据顾客需求，重新设计和规划自己的包装，更改包装策略的做法。

7.3 新产品开发策略

7.3.1 新产品开发的步骤

新产品开发的全过程，一般主要有以下 8 个步骤：构思、筛选、产品概念的形成、制定营销策略、商业分析、产品研制、市场试销和正式上市。

7.3.2 新产品开发策略

1．研制新产品，抢占市场制高点策略

这是指企业利用新技术、新工艺、新材料和新原理优先开发出新产品，先声夺人，获取高额利润的策略。其前提是企业必须具备雄厚的经济实力和科研队伍，如中远集团在中日航线上开发"绿色快航"项目和派优秀业务代表进驻客户企业开展"绿色服务"项目。

2．迟人半步的仿制策略

等市场上出现新产品时，着手收集消费者的意见和建议，从而获取有价值的开发和进一步改善产品的信息和资料，争取在短期内开发出更能满足消费者需求的新产品。这就是迟人半步的仿制策略。这种策略省时省力，如北京的宅急送继 EMS 后在长江三角洲地区开发了 2D10 和 2D17 两款产品。

3．改进原产品的差异化策略

对原有产品进行功能上的增减、包装上的改进、结构上的调整、产品组合、捆绑、修补等而使产品更能适应市场的需求，这就是改进原产品的差异化策略。

4．独立开发策略

这是指物流企业依靠自己的力量开发主导产品或服务项目的策略。例如，海尔、中远公司大部分产品线和产品项目都是依靠自己的力量相对独立地开发出来的。

5．借船出海策略

（1）与优势的物流资本合资，把别人的产品或服务项目变成自己的服务项目，扩大自己的产品线。

（2）购买物流企业现成的资源，实现物流产品的快速开发和扩张。

6．委托加工策略

（1）委托加工，即物流企业利用别人的物流资源进行产品的扩展。

（2）贴牌生产，即物流企业利用自己的品牌优势，将自己没有能力从事或自己不愿意从事的物流项目采用"定向定牌"的方式，交由经过严格筛选和考核的、愿意及有能力承担的物流企业承担。

7．信手拈来策略

这是指物流企业面向全球承接各种相关的物流多级代理业务或独家代理业务，以丰富自己的产品线的策略。中储大连公司运用的就是这种策略。

8．以物易物策略

这是指物流企业通过代管别人的物流资产，以自己具有绝对优势的物流管理的智力经验来换取客户整个的物流产品线的策略。

7.4 产品品牌策略

7.4.1 产品品牌的含义与内容

1．产品品牌的含义

产品品牌是指一个产品或一项服务的牌子。它用以识别一个或一群不同的供应商的产品或服务，是区别于其他竞争者的重要标志。品牌主要包括品牌名称、品牌标志和商标。

品牌名称是品牌中可以用语言称呼的部分，如可口可乐等。

品牌标志是指品牌中易于识别但不能用语言称呼的部分，如辅助品牌的记号、符号、图像、图案或色彩等。

商标是经过注册登记并受到法律保护的品牌或一个品牌的一部分。

2．品牌的内容

一个品牌可以传递6个方面的含义：

（1）属性。一个品牌首先传递给消费者的是关于该品牌产品或服务的特定属性，如上海通用汽车公司生产的别克轿车所表现的是高贵、优良制造、工艺精湛、耐用、高声誉等属性。

（2）利益。品牌中所蕴含的属性可以转化为功能和利益，而后者正是消费者所期待的。

（3）价值。品牌蕴藏着供应商的某些价值观。

（4）个性。品牌代表一定的个性，从而使该品牌区别于其他品牌或主要的竞争者。

（5）使用者。品牌还可以体现它所代表的是哪一类消费者或特定的目标市场的消费者。

（6）文化。品牌凝铸了一个企业的企业文化。

3．商标的作用

（1）商标是具有显著性的标志。它既区别于具有叙述性、公知公用性的标志，又区别于他人商品或服务的标志，从而便于消费者识别。

（2）商标具有独占性。使用商标的目的是为了区别于他人的商品来源或服务项目，便于消费者识别。所以，注册商标所有人对其商标具有专用权和独占权，未经注册商标所有人许可，他人不得擅自使用，否则即构成侵权，违反我国商标法的规定。

（3）商标具有价值。商标代表商标所有人生产或经营的质量。商标所有人通过商标的创意、设计、申请注册、广告宣传及使用，使商标具有了价值，也增加了商品的附加值。商标的价值可以通过评估进行确定。商标可以有偿转让；经商标所有权人同意，商标也可以许可他人使用。

（4）商标具有竞争性，是参与市场竞争的工具。生产经营者的竞争就是商品或服务质量与信誉的竞争，其表现形式就是商标知名度的竞争。商标知名度越高，其商品或服务的竞争力就越强。

7.4.2 物流企业的品牌策略

（1）同一品牌策略，是指企业生产的一切产品均使用同一种品牌进入市场的策略。

（2）个别品牌策略，是指企业按照产品的品种、用途和质量，分别采用不同的品牌的策略。

（3）品牌扩张策略，是指企业利用已经成功的品牌推出新产品或改良产品的策略。

（4）更换品牌策略，是指企业更换原有的品牌而采用新品牌的策略。

（5）中间商品品牌策略，是指在市场销售者的品牌下进行市场营销的策略，即中间商将制造商的产品购买进来后，再使用自己的品牌将产品转卖出去的策略。

（6）借用品牌策略，是指企业生产的产品不使用自己的品牌，而是借用别人的知名品牌进行销售的策略。

（7）无品牌策略，是指在某些特殊情况下，企业不注册，也不使用品牌或商标营销，而只注明企业名称、生产地等信息的策略。

7.4.3 物流企业的品牌命名策略

1．以人物命名

物流产品以服务为主，所以物流企业应当特别重视将工作中涌现出来的先进人物连带其突出的工作方法和效率作为品牌的一部分加以注册保护，同时它也是很好的营销素材。例如，青岛港的"振超效率"和"孙波效率"就是其中的代表。

2．以企业理念命名

这是指把物流企业的服务理念浓缩在企业的品牌中，如青岛交运集团所注册的服务品牌"交的是朋友，运的是真情"。

3．以寓意命名

例如，五联集团的品牌命名中，"五联"的含义是"五湖四海联为一体"，象征着物流将世界范围内的货物联系在一起。

4．以数字命名

这是指用数字进行品牌命名，如"56"物流公司。

5．以动物命名

这是指以动物名称或标志进行品牌命名，如将袋鼠、黑猫等动物作为企业标志的一部分加以注册保护。

6．以业务性质命名

例如，中储、中邮、中海、中包等物流企业就是以业务性质命名的。从企业的品牌命名中可以反映出企业的经营范围和重点。

7．以翻译名命名

例如，将英文"Fast"翻译过来，将企业的品牌命名为"发 S 腾"，其中"S"代表企业的理念"5S"。

8．以英文命名

这是指以英文进行品牌命名，如 EMS 邮政特快专递。

7.5 物流企业产品生命周期与市场营销策略

7.5.1 制订生命周期计划

如果随时间来考察物流需求变化，则可以通过产品生命周期加以说明。产品生命周期用于说明一个物流产品在市场生存期间物流商所经历的各种竞争条件。图 7-2 说明了产品生命周期的 4 个阶段，即引入、成长、饱和成熟及完全衰退。物流商的营销组合应该相应地进行修正，这样才能适应产品生命周期各阶段的顾客需求，特别是重点考虑整个生命周期内物流需求变化的性质，并努力寻找物流企业为适应该变化而应采取的物流解决方案。

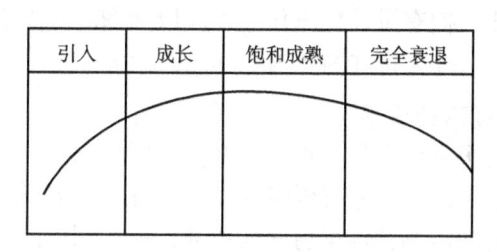

图 7-2　产品生命周期

7.5.2 物流企业产品生命周期不同阶段的市场营销策略

1. 引入期的市场营销策略

（1）新产品引入阶段，需要有高度的产品可得性和物流灵活性。既然引入新产品的最初目标是要在市场获得立足之地，那么能否使顾客随时可以获得产品就显得至关重要。这时，物流企业的营销策略应该是绝不放过任何一个愿意尝试的顾客。制订新产品的物流支持计划时，企业还必须考虑厂商应具有迅速而准确地提供产品补给的能力。事实上，由于在运输方面缺乏可靠的历史资料，企业所拥有的充其量不过是些预测资料，所以各种方案都意味着产品补给计划将建立在未雨绸缪的基础之上。

（2）一旦顾客初步认可了新产品，则必须马上给予补货；如果存货短缺或递送不稳定，则会抵消市场营销战略所取得的成果。在新产品引入阶段，通常需要大量的广告宣传和促销活动，让潜在的顾客了解产品的各种属性，说服他们做出最初的购买行为。比如，某家零售连锁店也许会同意在试销的基础上储备某种新产品，但只是在提供促销折扣或给予销售补贴的条件下才愿意这么做。

（3）如果该产品获得顾客认可，则需要物流给予小批量、多频次的装运，并在需要时迅速地补充存货。在这一关键期间，如果存货短缺或递送不及时，就有可能抵消营销战略所取得的成果。如果产品并未获得顾客的认可（这是新产品引入期常有的事），则物流活动就要在综合营销中发挥重要的作用。这是因为新产品的市场地位没有保障，厂商及顾客为了规避和结束可能产生滞销的商品的销售，就会使装运规模趋于小批量且使订货频率处于不稳定状态。由此可见，在新产品引入阶段，物流活动所花的费用一般来说是较高的。换言之，如物流企业是针对这一特定对象的，则企业会处于高端物流成本和极为动态的市场环境中。

2. 成长期的市场营销策略

（1）在生命周期的成长阶段，产品取得了一定程度的市场认可，并且销售量也多少变得明朗化了；物流活动的重点，已从不惜任何代价提供所需服务转为更趋平衡的服务与成本绩效；物流企业对顾客服务所做的各种承诺已被计划用来实现各种赢利目标。此时，物流企业的关键是要尽可能实现收支平衡的作业量，然后扩大其市场覆盖面。既然物流服务正在获得越来越多的顾客的认可，那么运输服务就有可能在这种成长阶段实现较高的获利水平。在该阶段，制造企业产品的市场渗透正在不断地扩大，销售条款和条件也做出了相应调整，主要反映在数量折扣和促销奖励等方面，以期最大限度地刺激效益。

（2）在成长阶段，市场营销面临的挑战是要按需求增长的速度进行销售。面对处于成长期作业对象的物流企业,拥有设计物流作业以获取利润的最大机会。在该阶段,营销活动主要是具体的物流服务,并无特殊的要求。

3. 饱和成熟期的市场营销策略

(1)竞争对手的市场跟进使竞争变得更加激烈,要求物流活动提供独特的增值服务,并向关键顾客提供特殊服务,这样才有可能保住已经占领的市场。

(2)在饱和期,传统的市场营销渠道面临挑战,一些制成品可以绕过批发或零售商直接到达顾客手中,这就要求对物流系统的设计进行必要的调整。

(3)一般要求设立配送仓库,以满足来自不同客户的不同要求。

(4)成熟期阶段的竞争状态增加了物流活动的复杂性,提高了作业的灵活性。

4. 完全衰退期的市场营销策略

(1)一方面,物流企业应该致力于相应市场、特定产品的递送服务;另一方面,企业降低生产风险和铺货风险比减少物流成本显得更加重要。

(2)逆向退货物流显得更加突出。

物流产品的生命周期理论及与之相适应的市场营销策略可以通过表7-3加以说明。

表7-3 物流产品的生命周期与市场营销策略

周期 营销策略	投入期	成长期	成熟期	衰退期
促销策略	告知和解析新产品的特点	突出宣传与对手在核心产品和利益上的不同	品牌传播	与对手建立和谐关系
营销渠道策略	自建网络和办事处,直销	寻求代理,提供支持	维护与各级代理的良好关系	让最终客户更方便地获得
价格策略	价格高	价格参照对手	价格中等并让利代理商	价格低并极大地让利最终客户,留住客户
产品策略	基本核心产品,突出核心功能	改进完善产品,特别注重形式产品的配套	变化产品,并适当开发新产品及潜在产品	注重附加产品的开发
营销总体策略	市场扩张	市场渗透	维持占有率	用新产品替代原产品占领旧市场,满足老客户的需求
竞争程度	没有	很少	很高	较少
成本	很高	中等	中等/高	低
利润	少/中等	高	中等/高	低
管理风格	重视远景	重视策略	重视经营	重视成本

必备技能

营销思路决定营销战果：我一无所有，但我又无所不有

一家只有9位员工的公司，2004年营业收入达2亿元。然而，到过金辉物流公司的人，无论如何也不能想象金辉物流公司的业务版图。金辉物流公司的办公室坐落在××市江东区一个居民区的一幢商住两用楼里，虽然名称上带有"物流"二字，但是旗下却没有自己的船舶、仓储等物流工具和设施。

金辉物流公司于2002年8月在××市注册成立后，2003年的年运量已经达到450万吨，2004年的营业收入高达2亿元。"我们现在能调动的船舶超过300艘，月运输吨位超过100万吨。"总经理底气十足地说。

"我们靠的是整合信息流、资金流、社会运力资源。"总经理道出了金辉物流公司发展的秘诀。金辉物流公司正是这样一个完全新兴的、纯粹的第三方物流企业。

金辉物流公司利用××市北仑港的优势，整合了水运市场货源流、国内货运船舶流、航运港口信息流、资金流，集合了强大的社会船舶运力资源，认为为货主、船东提供增值服务的第三方物流企业将具有非常大的市场空间。

金辉物流公司成立以后，认为可以将社会上的闲散运力整合起来，这样就变散户为批发商，可以获得一定的谈判地位。

"目前，社会上的运输船舶很多，但是基本上比较分散。"总经理说。而分散的船舶，无疑就缺少和货主、装卸、仓储、港口这些企业进行谈判的能力。2002年，金辉物流公司在北仑港铁矿砂转水量达300万吨，占北仑港总转水量的15%。"这样一来，无论在价格上还是在周转时间上，我们都可以得到大大提高。"总经理说。

金辉物流公司采取长年期租、合作经营、航次租用等多种形式与船舶公司合作。目前，金辉物流公司已经拥有1 000～6万吨级不同的、长年调派的船舶150多艘，月运输能力100万吨以上，最多可以有300～500艘船舶可以根据情况进行调派。

"当时，我们根据航运市场的情况，对于社会船舶进行过仔细寻找、筛选和考察。"总经理说。金辉物流公司集合了大量社会运力以后，在各方面的业务整合过程中取得了一个强势的谈判地位，这也就降低了自己的成本。

"携程网的操作模式给我启发很大——如果一个人去预订宾馆，可能打95折都很难，但是如果把散客组成一个团队，就可能打6折。"总经理说。事实也很快印证了集合运力的力量。在山东省日照港，金辉物流公司集中了10万吨的运力进行铁矿石转运。很明显，单一的一个船公司无论如何也不可能集中10万吨的转运力量。

思考题

1．请查阅国内外10家物流企业发展的案例，从中总结出各自较为典型物流营销方面的思路，并思考怎样在模仿中创新。

2．思考如下营销问题

（1）寻找客户的工作程序和思路。

（2）让客户感动的工作方法和思路。
（3）稳住客户的工作手段和思路。
（4）有效获取竞争对手信息的工作技术和思路。
（5）快速获取当地物流供应企业数量并了解它们的基本经营信息资料的工作思路。
（6）快速获取当地物流需求企业数量并了解它们的基本经营信息资料的工作思路。

实训 7　"正午特派""朝九特派"产品宣传彩页设计

实训任务单

学习领域	物流市场营销实务
学习情境	物流市场营销的产品策略
学习任务	按照产品五层次概念为 DHL 公司的"正午特派""朝九特派"两款产品设计宣传彩页
任务描述	1. DHL 公司两款产品简介 （1）正午特派。这种运输服务是为那些货物必须在中午之前递送到的客户提供的。正午特派服务可以主动向客户发送签收通知，并且有超时退款承诺。其特点及优点如下： ● 中午 12 点之前送达 ● 可以向主要城市的商业中心提供服务 ● 为所有的此项优先任务提供特殊的操作流程 ● 灵活、简单的预约取件程序 ● 标准的运输文件 ● 尽可能晚的截件时间 ● 门到门的快递服务 ● 超时退款保证 （2）朝九特派。这种快递服务是专门为那些必须在早晨将货物运输到主要商业地点的客户提供的。朝九特派服务可以主动向客户提供签收通知，并且有退款保证，目前只在指定城市提供。其特点及优点如下 ● 上午 9 点之前送达 ● 通过电子邮件、传真或者短信跟踪的方式向客户发出签收或者交货延迟通知 ● 可以向主要城市的商业中心提供服务 ● 为所有的优先级快件提供特殊的操作流程 ● 灵活、简单的预约取件程序 ● 标准的运输文件 ● 尽可能晚的截件时间 ● 门到门的快递服务 ● 超时退款保证 ● 全程的快件跟踪服务 2. 任务要求 （1）要求两个产品层次清楚、突出，设计合理、精致，颇具吸引力

续表

任务描述	（2）体现出产品的五层次概念 （3）组织一次全班分享汇报会，进行评比，有条件的班级可以聘请零售企业的企划主管当评委						
任务目标	能够运用市场营销产品策略知识为企业完成一个工作实例						
任务要求	任务情境	任务对象	任务手段	任务资源	任务组织		任务成果（物化成果形式）
	1. 策划室 2. 学习型小组	产品宣传彩页	1. 模仿技术 2. 头脑风暴法 3. 广告设计	1. 互联网 2. 设计室 3. 白卡纸、彩笔、CAD软件 4. 白板	1. 学生分组，一般每7~9人一组 2. 任务的完成应该符合具体工作过程中人的思维的完整性，即包含和体现信息、计划、决策、实施、检查和评估6个步骤 3. 该过程由教师指导学生完成		1. 宣传彩页 2. 解读报告 3. 汇报用的PPT
分配人签字 || 受领人签字						

附录 7A

DHL 公司的产品开发

1. 产品大项

产品大项主要包括短信跟踪、一级空运、重货空运、特等空运、经济空运、化工特殊品、咨询、海关结算服务、危险品、短信即时送、直接快运目录、便捷发件系统、电子跟踪、快递文件、快递服务、货运管理、整箱运输、国际销售服务、进口产品快速运输、信息服务（快递）、保险（快递）、集成式IT方案、交互系统、珍宝箱和小珍宝箱、拼箱装载运输、医疗设备销售正午特派、散货及大件货物运输、海运、包装（快递）、付款/开发票服务（快速运输）、修理品返回存货、反向物流、公路与铁路货运、当日快递、海空联运、专门服务、朝九特派。

2. 产品细项

（1）正午特派。这种运输服务是为那些货物必须在中午之前递送到的客户提供的。正午特派服务可以主动向客户发送签收通知，并且有超时退款承诺。

（2）朝九特派。这种快递服务是专门为那些必须在早晨将货物运输到主要的商业地点的客户提供的。朝九特派服务可以主动向客户提供签收通知，并且有退款保证，目前只在指定城市提供。

上述两类产品都具有以下特点：早上9点之前递送；主动地通过电子邮件、传真或者短信跟踪的方式向客户发出签收或者交货延迟通知；可以向主要城市的商业中心提供服务；为所有的优先级快件提供特殊的操作流程；灵活、简单的预约取件程序；标准的运输文件；尽可能晚的截件时间；门到门的快递服务；超时退款保证；全程的快件跟踪服务。

第8章

物流市场营销的价格策略

学习目标

通过本章的学习，了解影响物流产品定价的因素，熟悉物流产品定价的一般程序，掌握物流产品的定价方法与技巧，灵活运用定价策略为物流企业进行定价。

工作任务

巴黎证券交易所附近有一家小餐馆，每道菜每天的价格根据点菜人的数量决定，点的客人多就高价，反之则低价。顾客有两种选择：一是在开始点菜时就确定一个平均价格，以免结账时当了冤大头；二是存有一定的侥幸心理，等就餐完毕后再结账。正是由于这种独特的定价方式，这家餐馆顾客盈门，生意兴隆。

思考题

1. 物流企业如何采用与该餐馆相类似的价格策略？
2. 物流企业如何采取与该餐馆完全相反的定价策略？
3. 该案例对物流企业有什么启发？

提示

思考题1

（1）物流企业的淡季与旺季定价策略。通常在物流旺季提高服务价格和收费，因为此时物流服务能力相对紧张；相反，在淡季主动降低价格和收费标准，让利于客户，刺激他们的服务需求，因为此时物流设施、服务能力相对过剩。

（2）物流企业的冷线和热线定价策略。通常，在物流服务项目中，并不是所有的产品都是畅销品，总有一部分是热销品，有的则是滞销品。针对这种明显的冷热之分，对于热销的服务项目，有的是个别运输航线，企业采取高价和高收费的定价策略；而对于其他冷线则主动让利于客户，采取低价策略。

思考题2

物流企业对于个别客户特别是在一定时期内的大客户和重要客户采取折扣、返点的价格折让策略，吸引他们长期使用自己的服务项目。

> **思考题 3**
> 物流企业在定价过程中应该采取灵活的价格政策，很好地研究客户的心理，采取更具有针对性的价格，提高物流服务项目和产品价格的"灵活性"。这是利用价格手段进行营销的重要策略。

8.1 物流市场营销定价的基本原理

8.1.1 营销定价的概念

对于产品价格，以经济学和市场营销学的观点看，其含义是不同的。

1. 从经济学的观点看产品价格

价格是商品价值的货币表现形式。价格总是与利润的实现紧密联系在一起的，即价格=总成本+利润。

2. 从市场营销学的观点看产品价格

经济学着重研究产品的理论价格，它通常把各种具体的市场现象进行抽象；市场营销学研究的价格则是在产品理论价格的基础上，结合不断变化的市场情况，从企业角度着重研究产品进入市场、占领市场、开拓市场的一种具体应变价格。企业定价是为了促进销售，获取利润，因而要求企业定价时既要考虑成本的补偿，又要考虑消费者对价格的承受能力，从而使定价具有买卖双方决策的特征。正因为如此，定价不仅是一门科学，还是一门艺术，企业应研究定价的技巧和策略，发挥市场价格的杠杆作用。

8.1.2 影响营销定价的因素

1. 物流企业的营销目标

（1）获取最大利润。此时，物流企业应注意回答如下问题：
- 是物流企业自己获得最大利润，还是整个供应链上的所有企业均获得最大利润？
- 是最终获得最大利润，还是从产品一进入市场就要获得最大利润？
- 是长期获得还是稳定获得最大利润？

（2）获取合理的投资报酬。

1）当物流企业用自有资金进行物流设施投资和进行物流服务项目的开发时，其最低投资报酬应该大于该笔投资作为大额存款放到银行所获得的最低利息水平。

2）当物流企业用借贷获得的资金进行物流投资时，其投资报酬起码应该与获得该笔资金所付出的代价即利息持平。

（3）稳定价格。物流行业的某一领导者，为了树立自己的形象或为了在该领域中获取长期、稳定的利益和报酬，通常会采用稳定价格的策略。

（4）维持现有的市场占有率。因外来竞争，企业在营销中的目的是稳固防守，保持现在的市场占有率不会进一步下降。

（5）提升自己的市场占有率。当新产品进入市场时，物流企业为了获得足够大的市场占有率而采取的定价策略。

（6）应付和防止竞争。物流企业为了应对竞争一般会采取高于、低于或与对手持平的价格策略。

2. 产品成本因素

（1）固定成本。固定成本是指不随物流业务量的增长而变化的成本，一般包括物流设施、设备或工具的租赁费、自己投资购买固定资产的折旧费、企业管理人员的工资和福利待遇、企业办公费用等。

（2）变动成本。变动成本是指随物流业务量的增长而变化的成本，一般包括物流运营过程中的燃料费、搬运费、一线服务和操作人员的工资、材料费、水电费等。

（3）联合成本。联合成本是指物流运输企业在制定价格时所必须考虑的单程空载时的耗费。产品成本是企业经济核算盈亏临界点。定价大于成本，企业就能获得盈利；反之则亏本。

产品成本有个别成本和社会成本之分。个别成本是指单个企业生产某一产品时所耗费的实际费用；社会成本是指产业内部不同企业生产同种产品所耗费的平均成本，即社会必要劳动时间。企业在对营销产品定价时，只能以社会平均成本作为其主要依据。在此前提下，考虑由于企业资源情况与管理水平不同而形成的企业个别成本与社会成本之间的差异程度，给企业产品确定适当的价格。

（4）市场状况。企业产品定价，除了产品成本这个基础因素之外，还要充分考虑影响产品价格的另一个重要而最难把握的因素——市场状况。它决定着产品价格的最高临界点，价格再高也不能高到无人买的程度。市场状况主要包括市场商品供求状况、商品需求特性、市场竞争等。

完全竞争的市场状况下，企业定价在一定程度上受竞争者的左右而缺乏自主权。对于竞争激烈的产品，企业应把定价策略作为与竞争者进行竞争的一个特别重要的因素来考虑。一般来说，如果产品在竞争中处于优势，可以适当采取高价策略；反之，则应采取低价策略。同时，企业还要用动态的观点随时关注竞争对手的价格调整措施，并及时做出反应。

3. 消费者的心理因素

消费者的价格心理影响消费者的购买行为和消费行为，所以企业定价必须考虑消费者心理。

（1）预期心理。消费者预期心理是反映消费者对未来一段时间内市场商品供求及价格变化趋势的一种预测。当预测商品有涨价趋势时，消费者可能争相购买；相反，则可能持币待购。所谓的"买涨不买落"也是消费者预期心理的作用。

（2）认知价值和其他消费心理。认知价值是指消费者心理上对商品价值的一种估计和认同。它以消费者的商品知识、后天学习和积累的购物经验及对市场行情的了解为基础，同时取决于消费者个人的兴趣和爱好。消费者在购买商品时常常会把商品的价格与内心形成的认知价值相比较，将对一种商品的认知价值同另一种商品的认知价值相比较，当确认价格合理、物有所值时才会做出购买决策，产生购买行为。

企业定价除了受以上所讲的几项因素影响之外，还受货币价值和货币流通量、国际市场竞争和国际价格变动等因素的影响。企业在制定价格政策时，必须综合地、充分地研究影响价格的多种因素，以制定出最合理的商品价格。这些因素包括：① 消费者的购买频率。

对于购买频率高的产品，可以经常调整其价格；对于购买频率低的产品，则尽量保持价格稳定。② 产品标准化（差异）程度。标准化、差异性小的产品，价格不可经常变化；个性化、差异性大的产品，可以因市场变化而经常调整价格。③ 产品生命周期阶段。新上市阶段可以定较高的价格，到了衰退阶段只能降低价格。④ 产品的易腐性、易毁性。不易保存的产品价格不能维持不变。⑤ 产品供应和需求的季节性。季节性强的产品价格变动空间较大。⑥ 产品的流行性和威望性。流行产品的价格调整余地较大。⑦ 经济景气状况。经济高增长期，人们对价格变化的敏感性较低；经济衰退期，人们对价格比较敏感。

4．需求的价格弹性因素

（1）需求的价格弹性

1）需求的价格弹性的含义。需求的价格弹性（Price Elasticity of Demand）通常简称需求弹性，是指一种物品需求量对其价格变动反应程度的衡量，用需求量变动的百分比除以价格变动的百分比来计算。其计算公式为：

$$|E_d| = 需求量变动的百分比 / 价格变动的百分比$$
$$= (\Delta Q/Q) / (\Delta P/P)$$
$$= [(Q_2-Q_1)/Q_1] / [(P_2-P_1)/P_1]$$

式中　E_d——需求的价格弹性，即弹性系数；
　　　ΔQ——需求量的变动；
　　　Q——需求量；
　　　ΔP——价格的变动量；
　　　P——价格。

2）决定和影响需求弹性大小的因素。不同物品的需求弹性存在差异，特别是在消费品的需求弹性方面。是什么原因造成不同物品需求弹性的区别的呢？主要因素有：

- 消费物品项目在消费者的预算中所占的比例。如果该项目支出在家庭预算中所占比例小，消费者对价格变化的反应就小，其需求弹性就小；如果所占比例大，消费者对价格变化的反应就大，其需求弹性就大。例如，在美国，香烟支出占家庭支出的比例很小，其需求弹性为 0.51。像报纸的购买，即使其价格增加一倍，需求量也不会有多大变化。

- 替代商品。一种商品替代品的数目越多，则其需求弹性越大。因为价格上升时，消费者会转而购买其他替代品；价格下降时，消费者会购买这种商品来取代其他替代品。据估算，美国消费者航空旅行的需求弹性为 2.4，主要是因为有汽车旅行、火车旅行等可替代品。如果只有一种商品能满足某种特殊欲望，那么其需求弹性就会很小，因为消费者可能不管价格如何都会坚持购买。例如，美国的医疗保险，其需求弹性为 0.31。

- 消费者对商品的需求程度。即该商品是生活必需品还是奢侈品。一般来说，必需品倾向于需求缺乏弹性，而奢侈品倾向于需求富有弹性。例如，当看病的价格上升时，尽管人们看病的次数会比平常少一些，但不会大幅度地改变他们看病的次数。与此相比，当汽车的价格上升时，汽车的需求量则会大幅度减少。当然，一种物品是必需品还是奢侈品并不取决于物品本身固有的性质，它在一定程度上取决于购买者的偏好。对于一个把车看得比生命还重要的车迷而言，汽车可能是缺乏弹性的必需品，而看病是富有弹性的奢侈品。
- 时间的长短。时间的长短分为商品使用时间的长短和真正的时间的长短两种情况。首先，我们从商品使用时间的长短看，一般来说，使用时间长的耐用消费品需求弹性大，而使用时间短的非耐用消费品需求弹性小。例如，在美国，电冰箱、汽车这类耐用消费品的需求弹性为 1.2~1.6，而报纸、杂志这种看完就无用的印刷品需求弹性仅是 0.1。我们再看一看同一种商品在不同的时间范围内需求弹性的变化。物品往往随着时间的变长而使需求更富有弹性。例如，当汽油的价格上升时，在最初的几个月中，汽油的需求量只会略有减少；但是，随着时间的推移，人们会购买更省油的汽车，或转向公共交通，或迁移到离工作地近的地方居住。这样下去，几年内，汽油的需求量可能会大幅度减少。
- 用途的广泛性。一种商品用途越是广泛，价格下降时，它的需求量越会大量增加；否则，需求量就会大量减少。因此，用途越广，需求弹性越大；反之，需求弹性越小。例如，在美国，电力的需求弹性是 1.2，这就与其用途广泛相关；而小麦的需求弹性仅为 0.08，这就与其用途少有关。

由于商品的需求弹性会因时期、消费者收入水平和地区而不同，所以我们在考虑商品的需求弹性到底有多大时，往往不能只考虑其中的一种因素，而要全面考虑多种因素的综合作用。例如，在国外，第二次世界大战以前的航空旅行是奢侈品，需求弹性非常大，所以航空公司通过小幅度降价就可以吸引许多乘客。

3) 需求弹性的类型。不同商品的需求价格弹性也是不同的。需求弹性根据其弹性系数绝对值的大小可分为 5 种类型。
- 需求完全无弹性，即 $E_d = 0$。这种情况下，无论价格如何变动，需求量都不会变动。例如，糖尿病人对胰岛素这种药品的需求就是如此，如图 8-1（e）所示。
- 需求完全弹性，即 $E_d = \infty$。这种情况下，当价格既定时，需求量是无限的。例如，银行以固定价格收购黄金，无论黄金多少都按这一价格收购，即银行对黄金的需求是无限的，如图 8-1（d）所示。
- 单一需求弹性，即 $E_d = 1$。这种情况下，需求量变动的比率与价格变动的比率相等。这时的需求曲线是一条正双曲线，如图 8-1（c）所示。

以上 3 种情况都是需求弹性的特例，现实生活中是很少见的。现实中常见的是以下两种：
- 需求缺乏弹性，即 $0 < E_d < 1$。这种情况下，需求量变动的比率小于价格变动的比率。生活必需品（如粮食、蔬菜等）就属于这种情况，如图 8-1（b）所示。
- 需求富有弹性，即 $1 < E_d$。这种情况如图 8-1（a）所示。

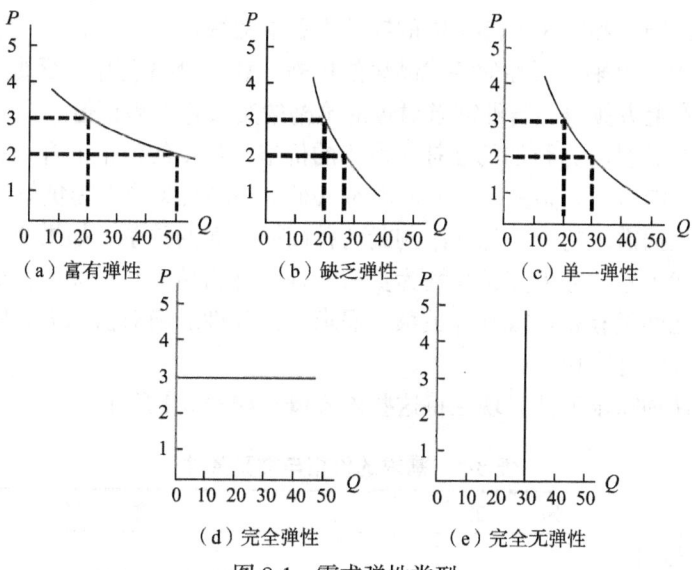

图 8-1 需求弹性类型

(a) 富有弹性　(b) 缺乏弹性　(c) 单一弹性　(d) 完全弹性　(e) 完全无弹性

（2）需求的交叉弹性

任何一种物品的需求量都要取决于替代品和互补品的价格。某种物品需求量对其替代品和互补品价格变动的反应程度用需求的交叉弹性（E_c）来衡量。需求的交叉弹性（Cross Elasticity of Demand）是用一种物品需求量变动的百分比除以另一种物品（替代品或互补品）价格变动的百分比来计算的，即：

$$需求的交叉弹性 = \frac{一种物品需求量变动百分比}{另一种物品价格变动百分比}$$

以 Q_x 代表某种物品原来的需求量，ΔQ_x 代表该物品的变动量，P_y 代表另一种物品原来的价格水平，ΔP_y 代表这种物品价格的变动量，则有：

$$E_c = \frac{\Delta Q_x / Q_x \times 100}{\Delta P_y / P_y \times 100}$$

某种物品对其替代品价格的需求的交叉弹性为正值，对其互补品价格的需求的交叉弹性为负值，可用图 8-2（a）和图 8-2（b）来表示。

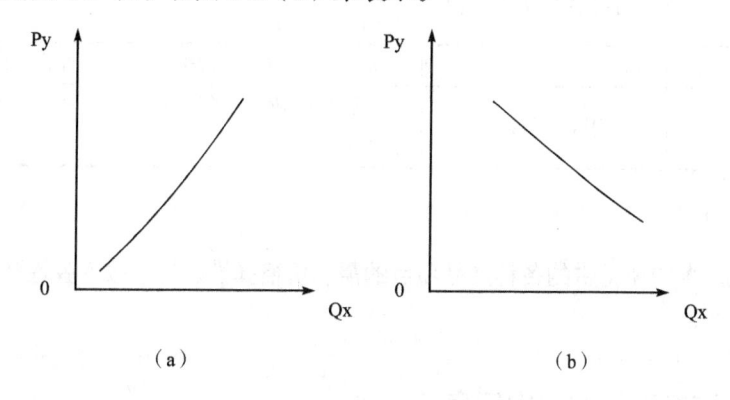

图 8-2 需求交叉弹性

例如，图 8-2（a）和图 8-2（b）中的横轴为石油的数量。

图 8-2（a）中，纵轴为石油的替代品煤的价格，煤的价格上升，石油的需求量增加，所以需求曲线向右上方倾斜，石油需求对煤的价格的交叉弹性为正值。

图 8-2（b）中，纵轴为石油的互补品汽车的价格，汽车的价格上升，石油的需求量减少，所以需求曲线向右下方倾斜，石油需求对汽车价格的交叉弹性为负值。

同样，可以根据需求的交叉弹性来判断两种商品之间的关系。如果交叉弹性为正值，则两种物品为替代关系；如果交叉弹性为负值，则两种物品为互补关系；如果交叉弹性为零，则两种物品之间没有替代或互补关系。需求交叉弹性的绝对值越大，则两种物品之间的替代或互补关系就越密切。

上面介绍了两种需求弹性，现在将这些内容概括如表 8-1 所示。

表 8-1　需求的价格与交叉弹性

分　　类	弹　　性	含　　义
需求价格弹性（E_d）		
完全弹性或无限弹性	无限大	微小的价格上升（或下降）会引起需求量无限减少（或增加）
富有弹性	小于无限大于 1	需求量减少（或增加）的百分比大于价格上升（或下降）的百分比
单一弹性	1	需求量减少（或增加）的百分比等于价格上升（或下降）的百分比
缺乏弹性	大于 0 小于 1	需求量减少（或增加）的百分比小于价格上升（或下降）的百分比
完全缺乏弹性或完全无弹性	0	在所有价格水平，需求量都相同
需求交叉弹性（E_c）		
完全替代	无限大	一种物品价格微小上升（或下降）引起另一种物品无限大量的增加（或减少）
替代	小于无限大的正值	一种物品价格上升（或下降），另一种物品的需求量增加（或减少）
无关	0	无论其他物品的价格如何，一种物品的需求量不变
互补	小于 0（负值）	一种物品价格下降（或上升），另一种物品需求量增加（或减少）

> **问题卡片**
> 请对物流服务中所提供的各种产品项目的需求价格弹性、需求收入弹性和需求交叉弹性情况进行分析。

8.1.3　物流商运价的决定因素

决定运输价格的关键是每种运输服务的成本特征。公正、合理的运输价格遵循价格反

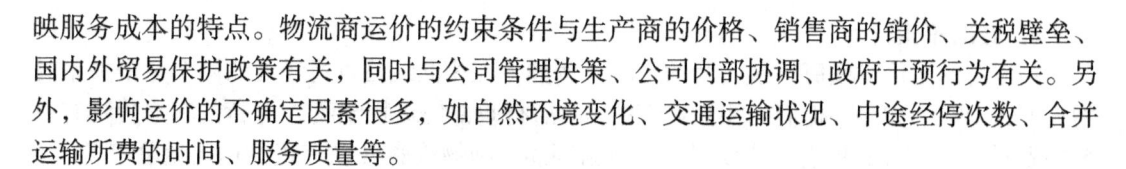

映服务成本的特点。物流商运价的约束条件与生产商的价格、销售商的销价、关税壁垒、国内外贸易保护政策有关,同时与公司管理决策、公司内部协调、政府干预行为有关。另外,影响运价的不确定因素很多,如自然环境变化、交通运输状况、中途经停次数、合并运输所费的时间、服务质量等。

1. 关税壁垒(国内、国外)

关税壁垒对物流商运价的负面效应是永恒存在的。在商品过剩情况下:

(1)当关税为零时,物流商运价由市场规则确定,物流商可能获得规模效益。

(2)当关税在一定范围内逐步增加时,物流商运价呈下降趋势。

(3)当关税远远超过商品生产商所能承受的价值时,应该没有贸易量,物流商的运价也就失去了意义;

(4)当关税在一定范围内减少及在某一特殊政策值时,物流商可能获得垄断运价。在商品短缺及确定配额运量的情况下,市场将呈现高关税、高运价、高销价趋势,物流商可能对市场形成垄断。

2. 贸易保护政策(国内、国外)

贸易保护政策对物流商的运价存在正负面效应,但从根本上讲负面效应大于正面效应。贸易保护政策使物流商获得垄断价格,同时由于阻碍了物流商的运营,使得物流商失去规模效益。

3. 公司管理战略决策

公司管理战略决策对物流商运价存在正负两面的影响。公司按照市场需求变化和经济政策变化采取积极措施提前调整运价,对于公司控制市场能力有极大的推动作用,具有绝对正面的影响。当由于公司高层管理者思想保守、不思进取等原因造成管理战略的决策错误,不能采取价格变化策略时,公司必然逐步失去市场份额,此时将产生消极的负面效应。

4. 公司内耗

公司内耗对物流商运价的影响始终是负面的。它将影响公司管理创新,使组织不能正常运作,成为公司发展的内在阻力,制约公司的发展速度。

5. 生产商的价格和销售商的销价

生产商的价格、销售商的销价与物流商的运价成正比例函数关系。生产商的产量增加,运价反而降低;生产商的价格越高,运价越高。同样,销售商销售价格越高,运价越高。

6. 物流时间和空间

物流商的运价与物流时间和空间相互作用,且存在效用最大化关系。在同一物流渠道下,物流时间越短,运价越高。在相同物流时间下,物流运距越长,运价越高。但是,不同地域的物流量是按最小单位成本路线,而不是按最小边际成本路线确定的。

7. 运量

物流商的运价受运量的影响。物流商的运价随运量的增加呈下降趋势。在获得垄断价格时,运价最高,总体效益随运量增加而增加。

8．政府干预行为

物流商的运价受政府干预行为的影响。例如，在相同线路进行经营的两个竞争关系的物流商 A 和 B，如果在他们的物流渠道中，政府行政部门对物流商 A 经营的客户货物有一定的限制，物流商 B 就有机会获得高额垄断利润，则物流商 A 就有可能退出竞争市场。

9．其他因素

物流商的运价受自然环境条件变化、交通运输状况、交通运输工具的变化、客户服务质量的影响，并呈离散状态。

例如，发生洪水将公路部分阻塞，如果货主要求运输并愿意承担提价，运价可能会暴涨；在湄公河的淡水期，航运的货船吨位受到限制，如果货量较大，运价就可能提高；对于同样的运输路线，在时间要素影响不重要的情况下，使用公路汽运与铁路运输的运价是不同的，服务方式也不同。客户服务质量对运价的影响主要体现在装卸货物的次数、货物破损率、货物灭失情况、索赔处理的质量、服务态度等方面。

10．商品生命周期和汇率

物流商的运价受商品生命周期和汇率的影响。例如，龙眼干在 3~6 月销售的是上一年的库存，价格应随保鲜质量的下降而降低，但是由于没有鲜货供应，市场价格有时反而上扬；每年 6~7 月，新鲜的龙眼干刚刚上市，销售价格是最高昂的，运价也比较平稳。泰国金融危机期间，泰国生产商希望将龙眼干尽快在中国销售，获得外汇收入，运价也有所增加。尽管昆明市距离泰国比较近，到达昆明市的运价比到达义乌市的运价低，而且销售价格也不低，但是由于昆明市没有义乌市市场吸收和分流量大，也不具备龙眼干市场的迅速流通能力，客户仍然选择义乌市为最主要的运输销售地。

8.2 物流市场营销定价方法

8.2.1 物流企业定价程序

所谓物流企业定价程序，就是根据物流企业的营销目标，确定适当的定价目标，综合考虑各种定价因素，选择适当的定价方法，具体确定企业产品价格的过程。一般来说，企业定价程序要遵循 6 个步骤。

（1）选择定价目标。物流企业的定价目标选择要从企业的营销目标出发，对物流市场服务产品的供求状况、竞争状况、定价策略和市场营销的其他因素进行综合考虑后加以确定。

（2）估算物流成本。物流运营也存在成本，也存在各种耗费。物流企业服务产品的成本费用，是制定物流服务产品价格的最低限。

（3）测定需求的价格弹性、需求的交叉弹性和需求的收入弹性。物流服务产品的需求受到该服务产品的价格、其他相关产品或服务的价格及物流不同客户的收益水平等因素的影响，找出该种影响程度与趋势就可以制定相应的市场营销策略。

（4）了解国家有关物价的政策法规。企业了解和执行国家有关物价的政策法规，不仅可以明确定价的指导思想，利用其为企业服务，还可以避免不必要的损失。

（5）分析竞争者的价格。分析竞争者的价格并选择定价方法和定价策略。

（6）选定最后营销价格。最后营销价格是面向客户的价格。

8.2.2 物流企业定价方法

1．利润最大化定价法

利润最大化定价法的关键点是既要把物流服务产品的价格定得高于物流运行成本以获得最大收益，又要将物流产品的价格定得足够低以维持较强的持续需求。

但是，应该注意的是物流产品的价格定得再高也不应该超出客户的经济和心理承受能力，否则可能促使他们寻找新的替代品或转向其他物流供应商。同时，物流产品价格定得再低也不应该导致客户反向推算：把价格、质量和身份地位联系在一起，认为"一分钱、一分货"，从而低估物流服务产品的质量和价值。

2．客观定价法

客观定价是物流企业以自我为中心、以物流服务产品的客观现实为基础的定价方法。一般情况是按物流产品分割和分解计量的方法计价。例如，物流中心的计费标准是 3.0 元/托盘 1 天，不满 1 个托盘的按照 1 个托盘计费，如果每日库存量为 10 个托盘，则每天的存储费用是 10×3.0 元=30 元。物流设备出租可以按照小时或天计算、物流仓储设施出租可以按照单位面积/天计费等。

3．主观定价法

主观定价法是以客户为中心的定价方法。它是依据客户对不同的物流服务产品的主观接受程度、主观认识和理解程度、心理价位的衡量尺度即客户的心理期望价格进行物流定价的。它是物流市场营销应该推崇的定价方法。

物流市场调研的一个重要目的就是探测客户对物流产品的心理价位，所以我们在问卷中可以经常见到这样的问题设计：

你对我们的运输定价的评价是

□很高　□高　□较高　□一般　□适中　□较低　□低　□很低

你认为我们的运输定价的合理范围是每吨公里

□大于 0.40 元　　□0.35~0.40 元

□0.30~0.35 元　　□小于 0.30 元

4．成本导向定价法

成本导向定价法是以企业产品成本作为基础的定价方法。这种方法的优点是"量出而入"，降本求利，计算简单。其主要方法有 4 种。

（1）完全成本定价法。完全成本定价法，就是成本加成定价法，即首先确定单位变动成本，再加上平均分摊的固定成本，组成单位完全成本，在此基础上加上一定比例的利润，作为单位产品价格。计算时，应先统计出总的产销量，然后在每个单位产品成本的基础上加上应纳税金和预期利润率。售价与成本的差额占成本的比例即加成。

1）顺加法。其计算公式为：

$$P=C(1+t)(1+r)$$

式中　P——物流产品或服务项目的单项收费或单价；

C——单位产品成本；

t——企业的纳税率；

r——企业期望的利润率。

2）倒扣法。其计算公式为：

$$P=C(1+t)/(1-r)$$

（2）目标利润定价法。目标利润定价法也叫投资收益定价法，即根据企业的总成本和计划的总销售量，加上按投资收益率确定的目标利润额作为定价基础的一种方法。这种方法的优点是，有利于加强企业管理的计划性，可较好地实现投资回收计划。但这种方法要求较高，企业必须有较强的计划能力，必须测算好销售价格与期望销售量之间的关系，避免出现确定了价格而销售量达不到预期目标的被动情况。其计算公式为：

$$P=C(1+r)/Q$$

式中　C——企业的总成本；

Q——企业预计的物流业务量。

（3）盈亏临界点定价法。盈亏临界点定价法即企业按照生产某种产品的总成本和销售收入维持平衡的原则来制定产品的保本价格的一种方法。这种方法在市场不景气的情况下采用比较适用。其计算公式为：

$$P=(F+C_V)/Q$$

式中　P——单位产品的保本价格；

F——企业一定时期的总固定成本；

C_V——企业一定时期的总变动成本；

Q——企业预期的物流业务量。

（4）边际贡献定价法。所谓边际贡献，即预计的销售收入减去变动成本后的收益。边际贡献定价法就是只计变动成本，不计固定成本，而以预期的边际贡献来适当补偿固定成本的定价方法。

当边际贡献等于固定成本时，即可实现保本；当边际贡献大于固定成本时，即可实现赢利。这种定价方法较灵活，适用于市场商品供过于求、卖方竞争激烈的市场环境。在市场售价过高而滞销或丧失市场的情况下，不如暂不计算固定成本，尽力维持生产，在改善经营的基础上，争取边际贡献接近固定成本，这样对企业和社会的贡献会更大些。其计算公式为：

$$P=(C_V+m)/Q$$

式中，m 为边际贡献。$m=S-C_V$，S 是企业预计的物流企业销售收入。当 $m=F$ 时，企业保本；当 $m>F$ 时，企业赢利。

5. 非标准产品或服务的合同定价法

（1）固定价格合同定价法。物流企业为了鼓励客户长期使用自己的物流产品或服务项目，经过双方协商，用一个较长时期的固定价格和固定合同的方式将这种关系确定下来，在合同期内因为能源等因素引起的价格上涨给物流企业带来的成本上涨均由物流企业自己消化吸收。按照此方法定价，需要双方对未来市场有比较客观的判断和预测。这种情况下：

价格=合同规定的一个固定不变的金额

（2）成本加成合同定价法。物流服务的买方同意按照卖方实际的物流运营成本加上一定比例的利润率（按照物流成本的一定比例，即百分数来计算，因此成本基数越大，企业可获得的规模效益就越大）订立合同，这种方法就是成本加成合同定价法。它会使物流服务提供商有意识地抬高成本而使自己获得更多利润。这种情况下：

$$价格=实际物流运营成本+实际物流运营成本\times成本利润率$$

（3）成本加固定费用合同定价法。合同规定：

$$价格=实际成本+固定费用额$$

这种合同下，成本实报实销，所以固定费用要写明具体金额，这样物流服务提供商就没有办法抬高服务成本，但这也不能有效促使卖方采取有效措施降低运营成本。

（4）奖励合同定价法。物流运营过程中，如果实际运营成本超过预算成本，则可以实报实销；但是，如果物流提供方采取有力措施使物流实际成本低于双方的预算成本，则所节余的部分要按照一定的比例奖励给物流服务提供方。按照这种方法对产品或服务进行定价的方法就是奖励合同定价法。

6. 需求导向定价法

需求导向定价法是以物流市场需求为定价基础，根据物流客户对物流服务产品价值的认识程度和需求的旺盛程度来决定物流服务收费水平的定价方式。

（1）区分需求定价法。区分需求定价法是根据销售对象、销售地点、销售时间等条件变化所产生的需求差异而不是根据成本的差异作为定价的基本依据，针对每种差异决定在基础价格上是加价还是减价的一种方法。例如，同一物流服务产品对不同需求量规模的不同客户，其价格不同；即使同一物流产品对同一物流客户在不同的季节、产品所处市场寿命周期的不同阶段，其价格也可以不同。不同式样的物流产品并不根据成本差异而按需求规定不同售价；不同销售地点，价格不同；不同销售时间，价格不同。

（2）拍卖定价法。拍卖定价法一般用于物流企业多余的航线、过时的物流设施等采用的独特定价形式。因为这些物流产品的成本与价值都难以确定。

7. 竞争者导向定价法

竞争者导向定价法主要是根据竞争者的定价水平作为物流企业定价的重要依据的一种定价方法。该种定价方法充分体现了物流产品的价格应该主要由市场竞争来决定的准则。这种方法通常有以下几种方式。

（1）随行就市定价。这是根据本行业的平均定价水平作为企业定价的主要依据的定价方法。它适合物流企业难以预测客户和竞争对手的反应而使自己的定价难以决断的情况该种方法可以起到投石问路的作用。

（2）高于竞争对手的定价。高于竞争对手的定价是指企业制定的价格比对手高。它取决于企业实力强、形象好、物流服务质量高。它是物流企业通过价格手段区分客户和进行物流市场细分的重要工具，也是企业争夺高端市场的重要营销策略。

（3）低于竞争对手的定价。低于竞争对手的定价是指物流企业将自己的物流收费水平定得比主要竞争对手低。采用此种定价策略，一方面，因为企业的个别物流成本低于同行业的社会平均物流成本，所以才有较大的降价余地；另一方面，由于企业实力雄厚，纯粹是为了竞争和争夺市场占有率。一般而言,该种定价方法必然会招致竞争对手的猛烈反扑。

（4）投标定价。所谓投标定价，是指由投标竞争的方式确定产品价格的方法。其具体操作程序是，在产品或劳务的交易中，由招标人发出招标公告，投标人竞争投标，密封递价，招标人择优选定价格。这种方法通过预期竞争者的价格而不是自己的成本或市场需求定价，通常用于物流企业招区域代理商等。

8.3 物流市场营销定价基本策略

8.3.1 新产品定价策略

1. 新产品定价策略

新产品定价策略，经常采用 3 种方式。

（1）撇脂定价策略。当物流新产品进入市场时，对于需求价格弹性小、竞争对手少的产品，物流企业可以将其价格定得稍高一些，然后根据市场供求情况，逐步降低价格，犹如从牛奶中撇取奶油一样，由精华到一般，故称此定价策略为撇脂定价策略。

采用这种定价策略的优点：① 可使企业在短期内收回成本，并获得较大利润。② 为物流企业利用价格进行市场细分留有足够的空间和余地，企业对于购买力强的顾客和地区的价格可以定得高一点，而对于购买力低的地区可以低一点。③ 为弥补因预测失误而导致的定价缺陷留有足够的修正空间。④ 可以抑制因过快的需求增长而导致企业服务质量的下降的情况发生。因为在新产品上市之初，企业一般都缺乏资金，不可能有大量的生产能力和设施闲置以等待市场的成熟。通过高价，一方面，能使企业获得较高的利润回报，为扩大生产、开辟航线、提供更多的物流供应能力做充分的准备；另一方面，还会在新产品上市时加强质量控制，在顾客中形成好的口碑。

采用这种定价策略的缺点：价格高于价值会损害顾客的利益，引起他们的不满；高价还蕴含了高额利润，必然招致更多的外来资本的参与和竞争。

（2）渗透定价策略。物流新产品上市时，企业以偏低的价格出售，只求保本或微利，用低价吸引顾客，提高市场占有率，使产品逐步渗透，从而扩大销路和销量，占领市场，以后再将价格提高到一定的高度。这就是渗透定价策略。这种定价策略有利于企业提高市场占有率，同时低价又表明较低的利润回报，给其他资本以威胁。它适合需求弹性大、潜在市场广的物流产品，但前提条件是企业要有足够的生产能力和储备。该策略仅适用于对需求价格弹性大的物流服务项目。

（3）温和定价策略。物流新产品上市后，按照企业的正常成本、国家税金和一般利润，定出中等价格，使企业既能获得一般利润，又能吸引购买，同时赢得顾客的好感。这种定价策略介于"撇脂定价"和"渗透定价"之间，故称"温和定价"策略。

2. 统一定价策略

统一定价是指企业不分市场差异，同一产品均持统一价格的定价策略。这种策略既可用于提货制条件下的产品定价，也可用于送货制条件下的产品定价。

3. 折扣定价策略

折扣定价策略就是降低产品价格，给购买者一定的价格折扣或馈赠部分产品，以争取用户，扩大销售。其形式主要有以下几种：

（1）现金折扣策略。现金折扣策略是指对于用现金购买或用现金提前支付物流费用的顾客，按原定价给予一定的折扣，鼓励顾客按期或提前偿付贷款，以加速商品和资金周转，提高企业利润率。例如，"2/10，全价 30"表示客户如果在 10 日内进行现金付款，则可以享受 2%的折扣；如果不能则不享受折扣，那也必须在 30 日内付清全款。

（2）数量折扣策略。这是指物流企业根据顾客所请求的物流服务项目的种类、数量等给予不同的折扣。请求的服务项目和数量越多，折扣越大。该种策略既可以按照一次请求计算，又可以按照一定时期累计计算。

（3）季节性折扣策略。这是指物流企业在运营淡季向顾客提供更高的折扣水平。

（4）代理折扣策略。这是物流企业给货运代理、船务代理、包装和加工代理商的折扣策略。根据中间商在商品流通中的不同地位和作用，给予不同的折扣。

（5）推广期折扣策略。这是指在新产品上市的推广期内，在产品还不被人认识的情况下，物流企业为了招致更多的代理商和顾客的加入而采用的较高折扣的方式。

（6）回程和方向折扣策略。物流运输一般在回程时货源容易不足而导致空载，物流企业为此会采用较高折扣的方式来吸引顾客多使用返程运力。物流企业的有些航线属于冷线（如中国到非洲等），为了保证货源，企业会采用方向折扣策略，在特定方向上做出更大让利。

4. 以满意为基础的定价策略

（1）价格与服务承诺和保证相捆绑的定价策略，就是在物流服务起始制定一个价格水平，一旦服务结束而顾客不满意，则采用部分、全额或高额赔偿或追加罚款的方式。在我国目前物流诚信环境还不健全的情况下，这种策略是营销的有力工具，但是它也应该以物流企业强大的物流服务设施、良好的物流组织为前提，因此它是一把"双刃剑"。

（2）价格与顾客的最大期望相捆绑的定价策略，就是物流企业在定价时首先要知道顾客关于该项物流服务的最大关注点、最大期望、最计较和最在意的点在哪里，然后针对性地制定价格。例如，如果顾客最关注运输的速度，那么就把定价与运输速度结合起来，按照不同的送达时间收取不同的运输费用。

（3）不变价格定价策略。这是指物流企业与顾客达成一个较长期的物流服务协议，协议规定一个相对不变的价格或价格区间，主要是为了稳定双方关系，建立长期业务联系。采用此策略的前提条件是，不变的价格必须具有较强的竞争力，并蕴含一定的变动弹性；双方企业均有足够的能力来消化因各种因素导致的成本上涨的影响；双方的关系有稳定的基础。

5. 关系定价策略

（1）长期合同策略。这是指物流企业为了吸引顾客与自己建立长期业务关系、签订长期业务合作合同而制定的具有竞争力的价格。

（2）多购优惠策略。这是指物流企业为了促销，对顾客承诺一次请求两个或两个以上的物流服务项目时所给予的优惠政策。例如，顾客只请求铁路整车运输时：

$$运费=铁路计费重量×适用的运价率$$

而如果顾客一次请求两种物流服务项目，则：

$$运费=[（铁路计费重量×适用的运价率）+（公路计费重量×适用的运价率）]×85\%$$

6. 差别定价策略

这是指物流企业依据顾客不同、季节不同、方向不同、产品服务项目不同、行业不同、货品不同、物流条件不同等制定不同价格的策略。

7. 高价位维持策略

当物流企业确定顾客已经将服务收费与质量水平联系在一起的时候，可采取这种定价策略。这实际是一种"价值战"。

8. 牺牲定价策略

物流企业为了吸引顾客第一次请求、签订第一单服务合同，通常会给一个较低的价格或者干脆给一个成本价。该方法对吸引顾客有好处，但是在接下来的定价中要想提高收费水平可能会有较大难度。

9. 心理定价策略

心理学家的研究表明：当价格低于5元时，其尾数应该是9，即2.9元、3.9元、4.9元等；当价格大于5元而小于100元时，其尾数应该为95，即9.5元、19.5元、59.5元等；当价格大于100元时，其尾数应该为98、99，即599元、698元等。心理定价策略，就是根据顾客的不同心理，采取不同定价技巧的策略。常见的心理定价策略有以下5种。

（1）尾数定价策略。尾数定价策略又称非整数定价策略，即企业给商品定一个接近整数、以零头尾数结尾的价格。例如，某商品的价格为0.97元，接近1元，就是利用了顾客的求廉心理和要求定价准确的心理。保留了尾数，一方面可给顾客以不到整数的心理信息；另一方面可使顾客从心里感到定价认真、准确、合理，从而对价格产生一种信任感。

（2）方便定价策略。方便定价策略也称整数定价策略，是指企业给商品定价时取一个整数。这是利用了人们"一分钱一分货"的心理和快捷、方便的心理进行定价的。它特别适用于高级消费品、优质品和交易次数频繁的商品，如袋装食品、快餐店的饭菜等。

（3）如意定价策略。如意定价策略是指企业按照顾客希望吉祥如意这一心理和要求来确定价格的一种策略。例如，中国港澳地区有相当数量的消费者对尾数为"8"的价格比较感兴趣，认为"8"有吉祥如意之意，或"8"的谐音与"发"字相同，故企业会将价格尾数定为"8"。我国有不少地区的居民喜欢价格数字为偶数，这也是想从价格数字上获得美好的联想。

（4）声望定价策略。声望定价策略是指依照人们的虚荣心理来确定商品价格的一种策略。名牌或高级消费品价格虽高一些，但一些顾客为显示其富有也乐于购买。为地位显贵的消费者提供的商品，价格也可定得高一点，这样能够满足其心理价值的需求。

（5）招徕定价策略。一般顾客都有以低于一般市价的价格买到同质商品的心理要求。企业抓住顾客这一心理，可特意将商品价格定得略低于同行生产者和经营者的价格，以招徕顾客，这种策略称为招徕策略。

8.3.2 消费者剩余

经济学认为，人们以市场价格购买一定数量的商品，不仅可以得到与市场价格相当的满足，而且可以得到额外的福利。这部分超过消费者在购买商品时所支付的市场价格的福利，就是消费者剩余。消费者在某种商品的购买中获得的剩余，根源于其愿意支付的价格

（意愿价格）与实际支付价格（市场价格）的差额。

1．意愿价格

对于购买一定数量的商品，意愿价格是由各单位商品的边际效用决定的。根据边际效用递减规律，各单位商品的边际效用是不相同的，最后购买单位的边际效用最低。相应地，各单位商品的意愿价格也不一样，而且最后购买单位的意愿价格最低。

2．市场价格

与意愿价格不同，市场价格则是由消费者最后购买的商品单位的边际效用决定的。无论消费者购买多大数量的某种商品，任何一个商品单位都按最后单位的边际效用支付市场价格，即按最小的边际效用支付市场价格。实际上，市场价格就是最后购买单位的意愿价格，即最低的意愿价格。

综上所述，除最后购买的商品单位的意愿价格等于市场价格之外，其他购买单位的意愿价格都高于市场价格，即两者之间存在一个价格差额。这个差额就构成了消费者剩余。

例如，假设货币的边际效用为2，光盘的购买量为2张，光盘的边际效用如表8-2所示。

购买2张光盘，则

实际支付：2×2=4（元）

愿意支付：3+2=5（元）

消费者剩余：5-4=1元或2个效用单位（货币的边际效用为2）

表8-2 边际效用

光盘购买量（张）	边际效用（效用单位）	意愿价格（元）	市场价格（元）
1	6	3	2
2	4	2	2
3	2	1	2
4	0	0	2

在表8-2中，每张光盘的意愿价格都是根据其边际效用与货币的边际效用的比计算出来的，而市场价格则是由最低的意愿价格确定的。很明显，消费者购买2张光盘，实际只支付了4元，而意愿价格是5元，存在1元的货币差额，这1元是消费者愿意支付而并没有实际支付的，这就构成了消费者剩余。另外，货币的边际效用为2，1元相当于2个效用单位。因此，消费者剩余也就是2个效用单位的满足。

在其他条件不变时，消费者剩余主要取决于商品购买量。随着购买量的增加，边际效用递减，消费者实际支付的价格下降，消费者剩余就要增大。

消费者剩余是一种心理现象，消费者在购买过程中并未真正得到实在的利益，只不过他们在心理上认为得到了。商家有时将此作为一种促销手段，即先将价格（故意）定得很高，然后打折，报出一个比原价低很多的价格。

8.3.3 顾客成本

顾客成本是指顾客为获得某种效用的满足而必须支付的成本或代价。顾客成本具体包括：

- 货币成本：以货币表示的产品价格。
- 时间成本：顾客为获得某种产品所付出的时间。
- 体力成本：顾客为获得某种产品所付出的劳动。
- 精神成本：顾客为购买、消费或使用某种产品在精神上的付出。这里的付出主要是指精神紧张、精神压力、精神负担等属于负效应方面的支出，而不是精神愉悦等正效应。
- 顾客让渡价值：用顾客效用减去顾客成本后的差。前者大于后者的数量越多，则顾客越满意；反之则越不满意。

必备技能

如何经营不同的人际关系——让别人引荐

步骤1：加强顾客对你的信任

从顾客处获得引荐的第一个步骤是要加强顾客对你的信任。当丽贝卡去见柯克帕以从他那儿获得引荐时，她所做的第一件事情就是问他对上一桩交易的看法，目的就是要加强他对自己能力的信任和对他所购买产品的信任。建立信任是很重要的，因为顾客总是从你的产品和服务对他们产生的利害关系上判断是否值得为你引荐。因此，你必须消除这些引荐的顾虑，而要强调这样做所能得到的好处。

步骤2：请求帮助

丽贝卡建立了柯克帕对她的能力的信任后，就进入了获得引荐的第二步。这一步其实就是说出一个推销员对顾客曾经说过的7个字：我需要你的帮助。向顾客敞开心扉，说出你需要他们的帮助，会让他们产生同情心。在明确了自己的需要后，丽贝卡向柯克帕解释，她在寻找一些人，能够为他们提供服务。"为他人服务"的这个提法很有吸引力。

步骤3：描述你的理想顾客

在同柯克帕的交谈中，丽贝卡非常详细、准确地描述了自己所要寻找的准顾客是什么样子。描述清楚准顾客的理想特征，会让对方的帮助变得更容易。

步骤4：协助顾客辨识潜在准顾客

有时，当你已清清楚楚地告知了新的准顾客标准时，对方还是很难帮你找到合适的候选人。在丽贝卡的例子中，柯克帕一开始提出的是另一个人，但丽贝卡认为他不是一个合适的准顾客。她知道，如果得到的准顾客不合适，那么最终他们也不会成为顾客。所以，丽贝卡重新努力，详细而深入地向柯克帕讲述她的标准，并告诉他可以考虑在共同投资项目上合作的人。这样，柯克帕就提到了她所需要的名字——约翰尼。

步骤5：准顾客资格认定

一旦得到了准顾客的名字，并获得尽可能多的信息后，你就可以开始对每一个准顾客做资格认定了。丽贝卡认识到约翰尼的潜力后，就问了柯克帕一连串的问题，觉得约翰尼是一个一流的准顾客。对潜在顾客越了解，会面时就越容易营造共同的联盟。

步骤6：请求引荐

一旦有了一些名字，并审定了他们的资格，接下来的一步就是要得到你的顾客的帮助，帮助你与准顾客接触。在这个阶段，你可能会遇到这样一些麻烦：顾客只愿意替你打个电话，或者干脆只给你一个名字，让你自己去打电话，但就是不愿意引荐。一般顾客都会同意打个电话，但这还远远不够。丽贝卡就拒绝了柯克帕提出的打电话的建议，她需要的是引荐，而且也做出了请求。有时，在做出这样的请求前，必须首先加强与顾客的关系。丽贝卡已经建立了柯克帕对她的信任，因此也就不怕因为坚持要求引荐而使他反感。

步骤7：感谢顾客

在得到柯克帕允诺帮助她与约翰尼见面后，丽贝卡认定要在离开他的办公室前感谢他。这是一个非常重要的步骤，必须牢记在心。一句"谢谢"，可以长久地维系与顾客的关系，也能回应他们的好意。

实训8 解读赵本山小品《卖拐》

实训任务单

学习领域	物流市场营销实务						
学习情境	物流市场营销的价格策略						
学习任务	观看《卖拐》小品，解读面对面销售的技巧						
任务描述	教师下载《卖拐》小品视频，上课播放，播放一遍以后提出系列问题，再进行第二次播放，然后讨论小品中涉及的全部的面对面销售技巧，并形成讨论纪要。在此基础上，学生分组收集相关信息，编写《面对面销售技巧手册》，在全班集中分享后形成一个具有推广价值的标准化的合订本						
任务目标	能够掌握面对面销售的各种技巧，并能够运用						
任务要求	任务情境	任务对象	任务手段	任务资源	任务组织	任务成果（物化成果形式）	
^^	小组讨论活动室	视频、手册	整合技术	1. 互联网 2. 多媒体 3. 小品视频	1. 学生分组，一般每7~9人一组 2. 任务的完成应该符合具体工作过程中人的思维的完整性，即包含和体现信息、计划、决策、实施、检查和评估6个步骤 3. 该过程由教师指导学生完成	1.《面对面销售技巧手册》 2. 汇报用的PPT 3.《面对面销售技巧》合订本	
分配人签字			受领人签字				

第 9 章

物流市场营销的渠道策略

> **学习目标**
>
> 通过本章的学习，进一步了解物流企业分销渠道的基本模式及渠道变化的趋势，了解影响物流企业渠道选择的一般因素，掌握物流企业不同的渠道策略和模式选择。

工作任务

物流超市：物流营销新渠道

物流超市，指的是寻找物流服务商就像逛超市一样。

在物流超市里，各种各样的物流服务服务商都有，如公路运输、铁路运输、空运、海运、快递、冷藏运输、大件运输、危险品运输等。

在物流超市里，还可以了解物流行情、货运价格和货运报价等。物流超市里还有现场调度为货主提供咨询。

货比三家，这个是物流超市的基本原则。超市里众多的物流服务商中，高中低档次的都有，能够满足货主不断增加的个性化和多元化需求。

? 思考题

物流超市如何修建、建成什么样子、由谁修建，才能真正起到物流营销主渠道的作用？

▲ 9.1 物流市场营销分销渠道概述

9.1.1 物流分销渠道的含义

分销渠道又称销售渠道，它是指物流企业的产品或服务项目从物流商向消费者或用户转移过程中取得产品所有权或协助转移产品所有权的所有组织或个人。

物流分销渠道实际是将物品从接收地向目的地所进行的有效转移。物流企业的分销渠道主要包括运输企业、货主、仓库、货运场站及各种中间商和代理商等。其起点是物流企业，终点是货主，中间环节包括为完成物流活动而进行货源组织的各种中间商。中间商包括作为一级独立经营组织的车站、码头、机场等场站组织，航运代理、货运代理、航空代理、船务代理及受物流公司委托的揽货点等代理商，以及铁路、公路、水路航空运输公司等联运公司。需要说明的是，物品在从起点向终点转移的过程中所经过的具有独立经营资格或属于独立经营组织的各个节点基本上可以称为物流分销渠道的一个层次。

物流分销渠道模式如图9-1所示。

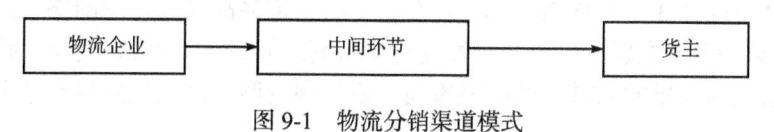

物流企业 → 中间环节 → 货主

图9-1 物流分销渠道模式

9.1.2 物流营销渠道的功能

物流营销渠道的功能包括：市场研究；服务项目推广；潜在客户探究和接触；显在客户配合、服务和支持；财务融通；风险转嫁；实体配送；合作、合资对象。

9.1.3 物流分销渠道模式

1. 零层分销渠道

零层分销渠道又叫直接市场营销渠道，是指物流或服务产品从物流商向客户转移的过程中不经过任何中间商转手的市场营销渠道。其主要方式有物流企业的业务员上门推销、产品目录邮寄销售、电视直销、网上直销和物流商自建办事处等。例如，船公司撇开船代公司，自己设立密集网点或派自己的业务人员上门到企业揽货订舱，就属于零层分销渠道模式。零层分销渠道如图9-2所示。

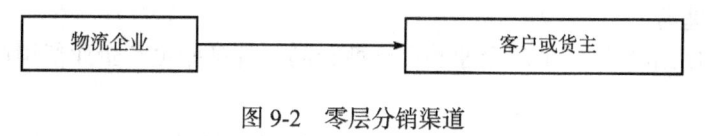

物流企业 → 客户或货主

图9-2 零层分销渠道

2. 一层渠道

一层渠道是指只包括一种类型的中间商的市场营销渠道。物流市场上通常是指一级货代，产品市场上则可能是代理商或经纪人，而零售市场上可能是零售商。一层渠道如图9-3所示。

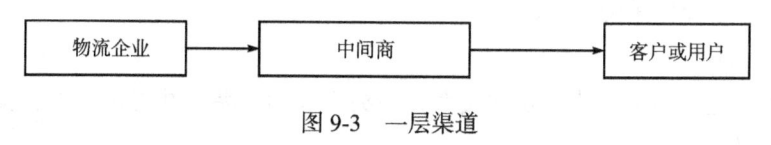

物流企业 → 中间商 → 客户或用户

图9-3 一层渠道

3. 二层渠道

二层渠道是指包括两类中间商的市场营销渠道。物流市场上，物流产品或服务项目需要经过一级、二级、三级货代公司，实现物流服务项目的转移、推广和运营；消费品市场上，通常是指批发商和零售商；产业市场上，通常是指代理商和批发商。二层渠道如图9-4所示。

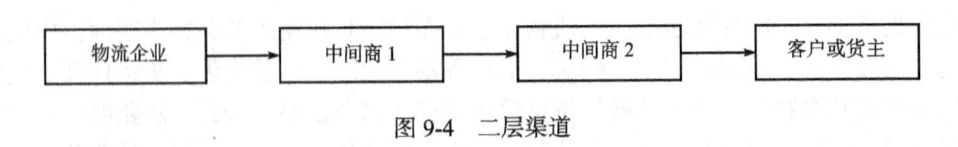

```
物流企业 → 中间商1 → 中间商2 → 客户或货主
```

图 9-4　二层渠道

4．三层渠道

三层渠道是指包括 3 种类型的中间商的市场营销渠道。这在物流市场上可能表现为物流配送的产品要经过 3 个不同级别的物流配送中心将产品配送到物流的终端网络；在消费品市场，通常有一专业批发商处于大批发商与零售商之间，即专业批发商向大批发商进货，再卖给无法直接从大批发商进货的小零售商，或是制造商通过代理商将产品批发给批发商和零售商。

5．更高层次的市场分销渠道

渠道层次越多，可能越难控制。

9.1.4　商人中间商

商人中间商又称经销商，包括批发商和零售商。例如，国外船公司将自己的某一航线委托给国内某一知名企业全权经营经销，这家知名企业就是商人中间商。

9.1.5　代理中间商

1．企业代理商

企业代理商是指受生产企业的委托，签订销货协议，在一定区域内负责代理销售生产企业产品的中间商。

2．销售代理商

销售代理商是指和许多生产企业签订长期合同，替这些生产企业代销产品的中间商。

3．寄售商

生产企业根据协议向中间商交付产品，销售后所得货款扣除佣金及有关的销售费用后，再支付给生产企业，这类中间商就叫寄售商。

4．经纪商

经纪商是指既不拥有产品所有权，又不控制产品实物价格及销售条件，只是在买卖双方交易洽谈中起中介作用的中间商。

5．采购代理商

采购代理商是指与买主建立长期关系，为买主采购商品，并提供收货、验货、储存、送货等服务的机构。

9.2　物流市场营销分销渠道选择

9.2.1　影响物流分销渠道选择的因素

影响物流分销渠道选择的因素很多，如表 9-1 所示。

表9-1 影响物流分销渠道的因素

影响因素	因素细分	零渠道或短渠道	长渠道
物流市场因素	货主数量	少	多
	服务区域分布	小	大
物流市场因素	服务耗时	少	多
	季节性	淡季	旺季
	货主习惯与期望	小数量的杂货	大批量的整箱货
物流标的因素	普通品或特种品	特种品	普通品
	货品单位价值	高	低
	货品标准化程度	低	高
	货品物流的技术复杂性	复杂	简单
物流商因素	企业规模与声誉	大和高	小和低
	财务能力	强	弱
	对渠道控制的愿望	强	弱
	营销管理能力	强	弱
	对终端客户的控制愿望	高	低
中间商因素	是否容易招到合适的中间商	否	是
	渠道设置的代价或成本	高	低

9.2.2 物流分销渠道选择

1. 物流分销渠道的分类

（1）直接渠道与间接渠道。按照物流产品在其转移过程中是否有独立的中间商参与，可以将物流分销渠道划分为直接渠道和间接渠道。前者没有中间商参与，后者有中间商参与。

（2）长渠道与短渠道。一般来说，一层渠道称为短渠道，而一层以上的渠道称为长渠道。

（3）宽渠道与窄渠道。按照渠道中每个层次上同类中间商数目的多少，可以将物流分销渠道分为窄渠道和宽渠道。窄渠道是指物流企业在同一层次上只选择一家中间商代理自己的产品或服务项目；宽渠道是指物流企业在同一分销层次上同时选择两家或两家以上的中间商分销自己的产品或服务。

2. 物流分销渠道选择策略

（1）直接销售与间接销售的选择。假如物流企业供应能力大、产品或服务项目销售面广、客户分散，企业没有能力将产品送到每一个顾客手中，这时只能选择间接销售渠道。

对物流企业而言，涉及企业的核心物流业务或技术复杂的物流服务（如物流网络规划或物流信息系统建设，以及特种品或者危险品等的物流问题）时，就可以采用直接渠道或少环节渠道模式。

（2）分销渠道长度的选择。分销渠道越短，物流商承担的销售任务就越多，信息传递就越快，销售就越及时，就越能有效地控制渠道。分销渠道越长，中间商就越要承担大部分销售渠道职能，信息传递就越慢，流通时间就越长，物流商对渠道的控制能力就越弱。决定分销渠道的长短时，物流商应综合分析自己产品或服务的特点、服务的技术含量、中间商的特点及竞争者的特点等。

（3）分销渠道宽度的选择。分销渠道宽度有3种可供选择的策略。

1）广泛分销策略。广泛分销策略是指物流商广泛地利用大量的中间商经销自己的物流产品或服务项目，如快递业通过在一个地区设立多家代理商的方式或利用现成的其他零售网点等作为揽货点开展广泛分销。其优点是物流商可以充分利用不同代理点的资源和能力开展拉网式营销，可以揽到更多货源。但是，采用这种策略时，物流商要与众多中间商发生业务关系，而中间商往往同时经销其他众多物流商的同类产品，使物流商难以控制分销渠道。

2）选择性分销策略。选择性分销策略是指物流商从愿意合作的中间商中选择一些条件较好的中间商去代理或经销本企业的产品。这种策略的特点是物流商在一定市场上或一定区域内只选用少数几个有支付能力、有销售经验、有产品知识及推销知识、信誉较好的中间商推销本企业的产品。它适用于技术复杂、需要的附加服务或额外服务多或客户对服务要求高的物流产品或服务项目。这种策略的优点是减少了物流商与中间商的接触，每个中间商在较大的市场区域内可获得较大的销售量，不仅有利于培植物流企业与中间商的关系、提高渠道的运转效率，而且有利于保护产品在用户中的声誉，有利于物流商对渠道进行适度的控制。

3）独家分销策略。独家分销策略指物流商在一定的市场区域内仅选用一家经验丰富、信誉优秀的中间商销售本企业的产品。这种情况下，双方一般都会签订合同，规定双方的销售权限、利润分配比例、销售费用和广告宣传费用的分担比例等；规定在特定的区域内不准许物流商再找其他中间商经销其产品，也不准许所选定的中间商再经销其他物流企业特别是其他同类物流企业提供的同类竞争性产品。

（4）三、四线城市物流分销渠道的设置。物流圈常用"蜀道"来比喻三、四线城市的物流，也就是地县级以下城市的配送、运输、仓储问题。其实，从货物运送距离和几个环节的费用比例看，三、四线城市物流量往往占很小的份额。"蜀道"物流要面对的距离都不短，其配送、运输、仓储都不具有单元化作业的规模性。由于最终收货客户的需求特点，各种规格货物通常的交付形式都是箱、盒甚至单品，很少使用托盘和叉车。这本身就造成了很大的不经济和低效率。

基于上述特性，在配送的源头——配送中心，还伴随着大量的拣货、分类、合并作业。对于不具规模的物流公司，这往往会增加成本负担，或严重影响作业效率。同时，由于道路交通的限制，三、四线城市的配送、运输一般都采用小车型，每车装载量小，单位公里的运送成本高。由于市场需求和历史环境因素的影响，三、四线城市的第三方物流商（包括独立的运输商、配送商和仓储商）发展层次也比较低，人员素质不高，基础设施落后，车辆状况参差不齐。

对于三、四线城市物流分销渠道成员的筛选，可以采用招标的方式。同时，可以派专业人员到渠道企业进行现场考察认证，一般认证的物流设施项目包括：

1）仓库设施及工具情况。仓库有无配备电话、传真、计算机等工具，以便联系；仓库是否满足本公司仓库管理规定中对环境、卫生、设施、库容、管理各方面的要求；仓库是否有雨棚等设施，以确保雨天作业不受影响；收货平台是否满足各种方式到货（汽车及集装箱）的需要；是否对仓库叉车、托盘等有维护保养政策，是否有完整的维修保养记录？仓库是否靠近码头、车站或高速公路，即是否处于交通便利的地方；是否有铁路专用线。

2）运输商设施及工具情况。公司或调度室有无配备电话、传真、计算机等工具，以便联系；车队面貌及车辆状况是否符合本公司要求；是否有完整有效的车辆维修管理手册（包括维修需求的审核、维修厂的选择等）；是否有车辆保养政策，并规定了保养项目及频率；是否有完整的车辆维修记录；是否能需提供车辆维护日计划、出车前的检查表及维修记录；是否配有初级车辆维护、维修人员；

9.3　物流市场营销分销渠道策略

9.3.1　物流分销渠道系统

1．直接渠道系统

传统的直接渠道是指上门推销。如今，直接渠道的内容十分广泛，包括广告、电话直销、电视直销、邮购直销、网络直销等。

2．垂直渠道系统

垂直渠道系统是指物流企业与中间商组成的统一系统，由具有相当实力的物流公司作为领导者。其主要形式有公司式、管理式和合同式。

（1）公司式垂直分销系统。它是由一家物流公司拥有和统一管理若干个分公司和中间商以控制整个分销渠道的渠道系统。

（2）管理式垂直分销系统。它是由一家规模大、实力强的物流企业出面组织并由它来管理和协调物流过程的各个环节、综合协调整个货源的组织和运输存储的渠道系统。

（3）合同式垂直分销系统。它是由不同层次的、独立的物流企业和中间商在物流过程中组成的，以合同、契约等形式为基础建立的联合经营形式。其目的在于获得比其独立行动时能得到的更多的经济和销售效果。例如，一家物流企业可以同时给予多家代理企业代理权。

3．水平分销系统

水平分销系统是由两个或两个以上的物流企业联合，利用各自的资金、技术、运力和线路等资源共同开发和利用物流市场机会的渠道系统。例如，汽车运输公司与铁路部门、航空公司合作的联合运输渠道形式，就是水平分销系统。

4．多渠道分销系统

多渠道分销系统是一个物流企业建立两条或更多的分销渠道，以达到一个或更多的顾客细分市场的做法。通过更多的渠道，物流企业可以增加市场覆盖面，降低渠道成本，实行顾客个性化销售，实现顾客业务联系的便利性。但是，多渠道也可能会导致渠道冲突，因此物流企业应该加以有效管理和控制。

9.3.2 物流渠道中间商

物流渠道中间商是专门为物流企业组织货源、承揽某一个或多个物流环节业务或为供需双方提供中介服务的机构。一般可以分为两类：① 自己拥有港口、码头、机场、铁路、集装箱货运站和货物托运站等设施，并以经营该类设施赢利的组织。② 货运代理人，是指游离于发货人、收货人和承运人之间的中间人，如订舱揽货代理、货物装卸代理、货物报关代理、理货代理、储藏代理、集装箱代理、转运代理等。

9.3.3 物流分销渠道变化趋势

- 渠道体制：由金字塔式向扁平化方向发展。
- 渠道运作：由总经销商为中心向以终端市场建设为中心发展。
- 渠道建设：由交易型关系向伙伴型关系转变。
- 市场重心：由大城市向地、县市场下沉，而且向顾客下沉。
- 渠道激励：由让中间商赚钱转变为让中间商掌握赚钱的方法。

9.3.4 物流分销渠道设计策略

1．确定分销渠道的模式

分销渠道模式主要是指选择中间商，确定分销渠道的长短、宽窄及具体渠道成员等。所有这些都要配合企业的战略目标和营销组合策略的实施。

2．中间商的选择

中间商的选择应该考虑如下因素：① 中间商的市场范围。中间商的经营范围应该与物流企业服务内容和服务相一致或具有互补性。② 中间商的资金实力、财务和信用状况。③ 中间商的营销能力、业务管理水平和专业程度等。④ 中间商对物流产品和市场的熟悉与驾驭程度。⑤ 中间商的促销政策和技术、中间商的地域优势及预期合作程度等。

3．确定中间商的数量

确定中间商的数量有3种策略可供选择。

（1）密集分销策略。这是一种宽渠道分销策略，是指物流企业在同一渠道环节层次上，尽可能通过中间商来完成物流服务活动的策略。该策略可以实现与市场潜在顾客的广泛接触，广告效果也好，容易组织到更多的货源，但不易控制。

（2）选择性分销渠道策略。这是指物流企业在某一地区选择几个具有一定规模和丰富市场经验的中间商从事分销活动的策略。采用该策略有助于物流企业加强多渠道的控制，保持与中间商的良好合作关系，减少中间商之间的盲目竞争，提高渠道运转效率。

（3）独家分销商的策略。这是一种窄渠道分销策略，主要是指物流企业在一定的市场区域内仅选择一家经验丰富、信誉良好的中间商为本企业推销产品和组合货源的策略。双方通过合同方式规定各自权限、利润分配比例、销售费用和广告宣传费用的分摊等条款。

4．明确分销渠道成员的权利和责任

（1）明确价格政策。物流企业根据制定出的价目表和折扣明细表，对不同类型的中间商及任务完成情况，按照事前规定好的标准给予一定的价格折扣或优惠条件。例如，海运

企业一般根据代理商订舱数量给其一定比例的订舱佣金，如 2.5%、3.75%、4.25%、5%、7.5%等。

（2）明确销售条件。其中最重要的是付款条件。对于提前或按期付款的中间商，物流企业一般都给予一定的折扣。

（3）合理划分和确定中间商或同一地区不同中间商的业务特许经营范围。

（4）规定广告宣传、人员培训、信息沟通等权利和责任。

物流营销技巧

物流营销：先成全别人，再成全自己

一天，美国波音公司的董事长接到意大利某航空公司的电话。该航空公司有一架飞机在地中海失事，正需要一架新客机弥补该航线运营。按照惯例，从客户下订单到交货，一般需要2年的时间。董事长接到电话后立即组织有关部门开会，进行方案调整和论证，在不影响其他订单交货的前提下，只用了1个月就向客户交了货。几个月后，波音公司收到来自该航空公司9架大型客机价值5.8亿美元的订单，本来该订单准备与其他飞机制造商合作。波音公司没花费任何营销成本和代价，没参加任何招投标会，没费一点口舌，就得到了这样大的一份订单，充分体现了物流营销"先成全别人，再成全自己"的哲理。

必备技能

学会比较

比较可以发现机会、发现问题、开拓思路。可练习如下比较：

自己与别人的比较；今天和昨天的比较；这个月与上个月的比较；A公司与B公司的比较；本部门与其他部门的比较；两个不同产品或服务的比较；自己的广告与别人的广告的比较；自己的促销活动与对手的比较；自己的物流服务项目与别人的比较；自己的战略与别人的战略的比较；自己的思路与别人的比较；自己的工作与别人的比较；自己的业绩与别人的比较；家电营销模式与物流营销模式的比较；中国的物流营销与国外的比较；两个相同的产品或服务的比较；两个具有相似性的产品或服务的比较；两个完全不同产品或服务的比较；营销在两个不同地区间的比较；天天比较；每时每刻比较；持续不断地比较。比较完后，列表或用简图表示结果，用自己的不足与别人的优势对比，吸取对方的长处并加以模仿，最后进行超越。

比较是一个艰辛的过程，需要你投入持久的、长期的和不间断的时间和精力，还要努力思考和有恒心，这样你才能不断地修正自己，从别人那里获取营养，进步才会每天看得见。

实训 9 面对面销售前的功课准备

实训任务单

学习领域	物流市场营销实务
学习情境	物流市场营销的渠道策略
学习任务	运用面对面销售中的 6 个黄金问题,模拟中储公司的仓单质押产品业务员,进行销售前的功课准备,并规划拓展销售渠道的具体举措
任务描述	面对面销售中的 6 个黄金问题: (1)你是谁?(自我介绍,如代表企业、负责项目等) (2)你要跟我谈什么?(目的) (3)你谈的事情对我有什么益处?(把自己产品或服务的价值和利益点全部了解透彻,最好用数字进行量化;关注你要面谈的客户所关注的价值和利益点,再看看二者之间有没有结合点。) (4)如何证明你讲的是事实?(事实与依据:服务产品的说明书、承诺书、成功的案例、以往的合同协议、客户的评价与感谢信。平时要注意收集、整理和开发,把同事的成功案例收集起来也可以。) (5)我为什么要向你买?(我现在就有供应商,他们很好,我们合作时间很长,也很融洽;除此之外,还有那么多供应商,他们也不错,我为什么要向你买呢?这就需要你将自己的产品与客户目前的供应商、其他供应商的产品相比,突出其优势所在;让客户看到别的供应商的劣势所在和现有客户的不满所在。考虑二者身上有没有突破口,有没有可以让你切入的机会。) (6)我为什么要现在买?(现在买的好处——优惠活动、奖励、折扣点、增值服务等;现在不买的坏处——利益损失、成本增加、竞争力下降等。) 后 4 个黄金问题统称销售前的"功课准备"。做功课的过程既是熟悉自己企业产品的过程,也是打消自己顾虑、说服自己的过程。只有说服了自己,才有可能去说服别人,这是建立自信心的过程 根据以上内容,上网搜索学习中储公司的仓单质押产品,编制开发: (1)中储公司的仓单质押产品面对面销售备忘录 (2)业务员个人拓展销售渠道规划书(如何利用市场营销渠道知识发展更多的渠道网络为自己推销仓单质押产品)
任务目标	能够运用市场营销组合知识和市场调查知识完成一个工作实例

任务要求	任务情境	任务对象	任务手段	任务资源	任务组织	任务成果(物化成果形式)
	1. 策划室 2. 学习型小组	1. 仓单质押产品 2. 中储公司 3. 模拟该产品的用户	1. 模仿技术 2. 头脑风暴法 3. 二手资料调查技术	1. 互联网 2. 策划室 3. 白板 4. 中储数据库	1. 学生分组,一般每 7~9 人一组 2. 任务的完成应该符合具体工作过程中人的思维的完整性,即包含和体现信息、计划、决策、	1. 中储公司的仓单质押产品面对面销售备忘录 2. 拓展销售渠道规划书

154

续表

任务要求					实施、检查和评估6个步骤 3. 该过程由教师指导学生完成	3. 汇报用的PPT
分配人签字			受领人签字			

第 10 章

物流市场营销的促销策略

学 习 目 标

通过本章的学习，了解促销的意义和目标、促销组合策略的选择与促销预算，了解4种不同的促销策略及其运用的不同条件和环境。

工作任务

当各大快递公司都在爆仓时，顺丰快递却没有

***运单运行时刻表

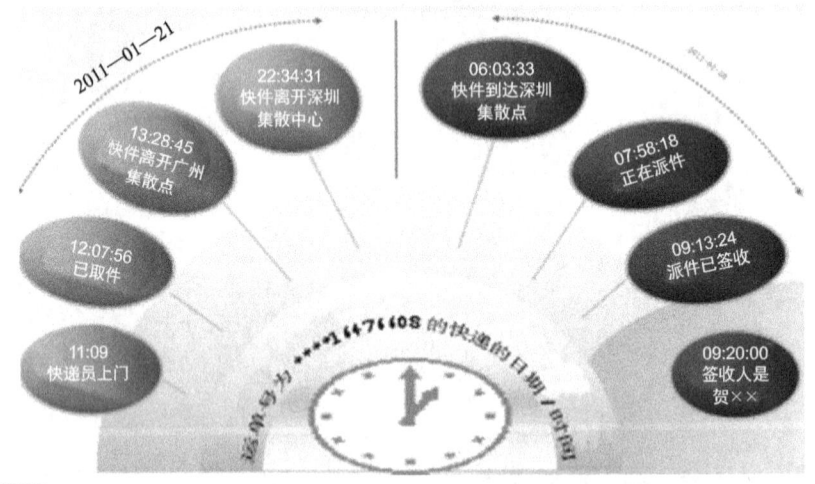

2011—01—21
22:34:31 快件离开深圳集散中心
13:28:45 快件离开广州集散点
12:07:56 已取件
11:09 快递员上门
06:03:33 快件到达深圳集散点
07:58:18 正在派件
09:13:24 派件已签收
09:20:00 签收人是 贺××

思考题

1. 基于上述事实，利用微信圈、QQ 朋友圈、微博、短信等自媒体平台，进行连续系列推广宣传。

2. 针对不同媒体编辑不同宣传素材，包括软文、广告、消息、视频、微电影等形式。

10.1 促销概述

10.1.1 促销的含义

促销即促进销售，是指通过人员和非人员的方式把企业的产品及服务信息传递给顾客，激发顾客的购买欲望，影响和促进顾客购买行为的全部活动的总称。促销活动的实质是沟通。

10.1.2 促销方式

1．人员推广

人员推广是指企业派人员或委托推销员，亲自向目标顾客进行商品或服务介绍、推广宣传和销售的方式。

2．广告宣传

广告宣传是指企业通过一定的媒介物，公开而广泛地向社会介绍企业的营销形式和产品品种、规格、质量、性能、特点、使用方法等信息的一种宣传促销形式。

3．公共关系

公共关系是指企业通过各种公共活动使社会各界了解本企业，以取得它们的信赖和好感，从而为企业创造一种良好的舆论环境和社会环境的宣传促销方式。

4．营业推广

营业推广是指企业在比较大的目标市场中，为刺激早期需求而采取的能够迅速产生鼓励作用、促进商品销售的一种措施。它可以分为 3 类：① 属于直接对消费者的，如展销、现场表演、赊销、消费信贷、现场服务、有奖销售、赠送纪念品等。② 属于促成交易的，如举办物流展览会、供货会、订货会、物资交流会、购货折扣、延期付款、补贴利息、移库代销等。③ 属于鼓励推销员的，如推销奖金、红利和接力推销等。

10.1.3 促销组合策略

为实现自己的促销目标，物流企业不可能只应用一种策略，而会选择多种促销手段和工具，在不同的策略组合中实现营销目标。

1．目标因素下的促销组合策略

假如物流企业的阶段目标以提升自己的美誉度为主，则应该选择公共关系和广告宣传的方式。

2．策略因素下的促销组合企业

物流企业的促销通常可以采取"推"和"拉"两种策略，如图 10-1 所示。

如果企业采取"推"的策略，则应以人员推广的方式和物流中间商营业推广的方式为主；如果企业采取"拉"的策略，则应以广告和公共关系的方式为主。

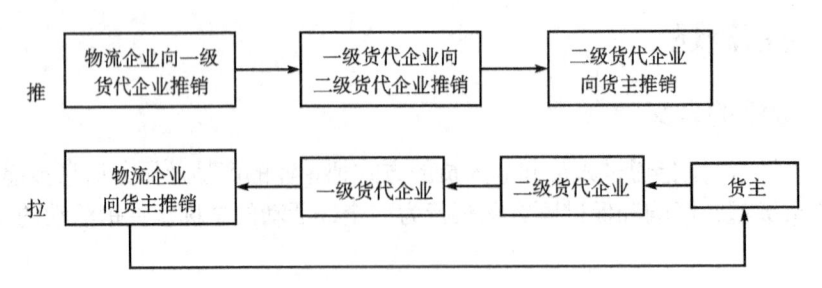

图 10-1　推、拉过程

3．产品因素下的促销组合策略

（1）不同的物流服务产品形式应该选择不同的营销组合策略。例如，面向大众的信件和包裹快递产品因为其受众多、分布面广、地域分散，适合使用广告，特别是电视和报纸广告的促销形式，所以我们经常会在电视广告媒体上看到 UPS、EMS、FedEx 等速递企业做的广告。当直接物流产品或服务项目面向为数不多的市场和具有一定局限性的某种行业的特定企业用户时，则宜采用人员推广的促销方式。

（2）物流产品的寿命周期决定了不同的促销策略组合（见表 10-1）。

表 10-1　促销组合与物流产品的市场寿命周期

阶　　段	促销目标和重点	促销组合
投入期	唤起认知	介绍性广告、人员推广、报纸大篇幅广告
成长期	提高知名度和强调差异性	形象广告、差异及特色广告、人员推广
成熟期	增加服务项目的美誉度	品牌广告、公益广告、营业推广
衰退期	维持客户信任和知名度	营业推广、人员推广、提醒广告
整个周期阶段	消除客户不满	公共关系

4．市场因素下的促销组合策略

市场因素主要是指物流服务产品的市场规模大小、客户密度、地域分布及客户类型，客户属于个人或家庭用户还是企业用户，以及客户的心理行为和购买动机等。

5．企业资源因素下的促销组合策略

一般而言，当企业资金实力雄厚、产品面向大众、顾客分散且数量多时，就可以多考虑使用媒体广告，特别是电视广告。

6．渠道因素下的促销组合策略

如果物流企业服务项目推广主要是以中间代理商的方式为主，则应该多采取公共关系和广告的方式开展促销；如果物流企业主要以直销方式推广自己的产品，则应该多采取公共关系、人员推广和营业推广的方式开展促销。

7．竞争因素下的促销组合策略

依据竞争对手的情况选择促销策略。

> **实 例**
>
> **FedEx 公司的促销策略**
>
> FedEx 公司于 2003 年 4 月承担并完成了两只大熊猫由中国运往美国田纳西州孟菲斯动物园的运输任务,从而树立起了自己的"熊猫大使"的形象。
>
> 同年 6 月,FedEx 公司又协助香港红十字会运送抗击"非典"物资,协助中国政府抗击"非典"。FedEx 公司"以情促销"策略打动了中国人,树立起了良好的企业形象。
>
> **问题**
>
> FedEx 公司运用了哪些促销策略?收到了什么效果?

10.2 人员推销

10.2.1 人员推销的特点

人员推销较之其他促销方式具有以下优势和特点。

1. 灵活性

采用人员推销形式,推销员能与顾客保持直接的联系,可以根据各类顾客特殊的需要、动机和行为,设计具体的推销策略,并随时加以调整;可以及时发现和开拓顾客的潜在需求,对于产品的性能、质量、使用和保管方法,不仅能向顾客直接介绍,还可以进行示范表演,消除消费者对产品不够理解而产生的各种疑虑,诱发购买欲望,促成购买。

2. 选择性

推销员在每次推销之前,可以选择有较大购买潜力的顾客,有针对性地进行推销,并可事先对未来顾客做一番调查研究,确定具体推销方案、推销目标和推销策略,以提升推销效果,提高推销的成功率。

3. 完整性

人员推销过程从市场调查开始,经过选择目标顾客、当面洽谈、说服顾客购买、提供服务等环节,最后促成交易,并反馈顾客对产品及企业的信息。这也就是企业产品销售的完整过程。人员推销的完整性是其他促销方式所不能具备的。因此,人员推销在收集、传递、反馈市场信息、指导市场营销、开拓新的市场领域等方面具有特殊的地位和作用。

4. 情感性

推销员在推销产品的过程中与顾客直接接触,可以"一回生二回熟",彼此在买卖关系的基础上交流情感、增进了解、产生信任、建立深厚的友谊。而感情的培养与建立,必然会使顾客产生惠顾动机,从而确立稳定的购销关系,促进商品销售。

10.2.2 人员推销的功能

1. 寻找顾客

人员推销的目的不仅是提供产品,满足消费者重复购买的要求,更重要的是在市场中寻找机会，挖掘和发现潜在需求，创造新需求，寻找新顾客，开拓新市场。

2．传递信息

推销员在推销过程中能够及时将企业提供的产品和服务信息传递给顾客，引起顾客的购买欲望，做出相应的购买决策。

3．推销产品

推销员通过与消费者直接接触，运用销售技巧，有效地分析顾客的需求及所期望的最大利益，可以根据不同情况向他们提供各种奖励、折扣、优惠和服务等，从物质和精神上满足对方需求，诱导其购买自己所推销的产品。

4．收集信息

企业所需要的营销信息，很大一部分来源于顾客。推销员活跃于企业与顾客之间，是企业收集信息的重要渠道之一。推销员在推销产品的过程中应进行调查研究，与顾客保持经常性联系，收集市场情报资料，及时向有关部门反馈信息，为改进营销措施、进行营销决策提供依据。

5．提供服务

推销员应在推销中积极主动地为顾客提供售前、售中、售后服务，及时解决顾客在购买和使用产品过程中出现的问题，保证顾客的利益。这些也是企业推销零配件和其他配套产品的良好机会，有利于提高市场占有率。

10.2.3 人员推销的组织形式

在整体促销中，人员推销组织形式要根据企业规模和营销商品的范围、结构、人员素质，按照精简、统一、效率、效益的原则，慎重选择，合理组织。一般来说，可供选择的组织形式有以下几种。

1．区域结构式

这是指每个推销员（组）负责一定区域的推销业务的组织形式。这是一种最简单的推销组织形式。这种推销组织形式的优点：① 推销员的责任明确，便于考核，有利于鼓励推销员努力工作。② 推销员活动范围小，相对地节约了销售费用。③ 推销员活动区域稳定，有利于与当地各界大众建立联系，增进友谊，加强合作。④ 推销员熟悉当地市场整体情况，能够正确分析和估计市场销售潜量，有利于开拓市场。区域推销组织形式最适合类似性较大的产品和市场。

2．服务项目结构式

这是指每个推销员（组）负责某种或某类产品的推销业务的组织形式。这种组织形式的优点：① 推销员熟悉该种产品的供销情况，有利于预测该种产品的销售趋势，及时组织货源。② 推销员能够运用其专业知识为顾客服务，有利于扩大顾客群。③ 商品推销组织形式对推销员的知识结构提出了更高的要求，有利于促进推销员不断学习，更新知识，提高素质。

服务项目结构式适合产品技术性强、生产工艺复杂、营销技术要求高、产品品种多而买主又不大相同的企业。反之，则不宜采用这种推销组织形式。

3. 客户结构式

这是指根据顾客的行业不同、规模不同、分销渠道不同、用户不同而分别配备推销员的组织形式。这种组织形式的优点：① 推销员与顾客直接打交道，有利于推销员深入了解特定顾客需求，提高工作效率。② 推销员与特定顾客在产品买卖中经常交往，有利于彼此间建立感情和稳固的购销关系。

4. 复合结构式

这是指将以上 3 种组织形式有机结合，按"区域—服务"、"区域—顾客"或"服务—顾客"甚至"区域—服务—顾客"分配推销员的组织形式。这种组织形式的优点：① 能够灵活调度推销员，全方位地发挥和运用推销员的知识才能，有利于调动推销员的积极性。② 推销员能从企业整体营销效益出发开展营销活动，有利于扩大销售。③ 推销员能进入一个地区或某一单位，解决诸多商品推销问题，有利于节省推销费用。

复合推销组织形式适合顾客类别复杂而分散的企业。但在采取复合推销组织形式的情况下，一个推销员往往要对几个产品经理或几个部门经理负责，容易导致多头领导、职责不清，特别是在不同部门人员的协调配合工作做得不好时会直接影响推销效果。

10.2.4 人员推销的过程

1. 寻找并识别目标顾客

推销员在推销之前，首先必须弄清以下问题：顾客在哪里？自己要向哪种类型的顾客推销产品？如果推销对象的问题没有搞清楚，哪怕再周密详尽的推销计划也有可能失败。所以，准确寻找和识别顾客应当是推销员的基本功。

2. 前期调查

对于已确定的目标顾客，推销员应当首先收集他们的有关资料，包括需求状况、顾客的经济来源和经济实力、拥有购买决策权的对象、购买方式等，以便制订推销方案。

3. 试探式接触

推销员要根据所掌握的目标顾客的资料，从目标顾客感兴趣的问题入手打开话题，并根据顾客的反应，逐步引入推销产品的话题。

4. 介绍和示范

在对目标顾客已有充分了解的基础上，推销员可以直接向目标顾客进行产品介绍，甚至主动地进行一些产品的使用示范，以增强目标顾客对产品的信心。

5. 应付异议

推销过程中，推销员经常会遇到顾客的异议。顾客的异议是成交的障碍，但它也表明了顾客已经对推销员的讲解给予了关注、产生了兴趣，因此只要克服了异议，就能够达成交易。应付异议的有效办法是把握产生异议的原因，对症下药。

6. 达成交易

成交是推销的目标。当各种异议被排除之后，推销员要密切注视顾客发出的成交信号，当顾客的言语动作、表情等表露出购买意向时，就要抓住这一成交的良好机会及时达成交易。

7. 后续工作

交易的达成并不意味着推销工作的结束，而应将其看作新的推销工作的开始，因此后续工作必须及时跟上，如备货、送货、配套服务及售后服务等。这些后续工作的妥善处理，有利于企业同目标顾客建立长期稳固的购销关系，而且可以吸引新的顾客。

10.2.5 人员推销的策略和技巧

1. 人员推销的策略

推销工作的策略是灵活多样的。这里介绍3种常用的策略。

（1）"刺激—反应"策略。这是推销员在不了解顾客需要的情况下经常采用的一种策略。它是指推销员事先准备好几套要说的话进行演讲（刺激），看看顾客的反应，再讲再看顾客的反应，如此运用一系列的刺激方法，以期引起顾客的购买行为的策略。

（2）"启发—配方"策略。这也是推销员在事先不了解顾客需要的情况下常用的一种推销策略。它是指推销员从访问顾客开始，通过带有启发性的讲话，引起顾客的兴趣，进而推动成交的策略。

（3）"需要—满足"策略。这是一种创造性的推销策略。这种策略的特点是，推销员在推销时要引起顾客对某种商品的需要，并促使顾客想满足这些需要。推销员在说明如何能满足这些需要时，要让顾客感到推销员成了他们的参谋，从而较顺利地推动成交。

2. 人员推销的技巧

（1）自我介绍的技巧。"推销商品之前要先推销自己"，就是在与顾客初次见面时，推销员要通过自我介绍尽量消除顾客的紧张感和恐惧感，建立与顾客之间的亲密感和信任感。因此，推销员应特别注重与顾客的第一次见面。推销自己的方式除了从仪表、举止上迎合顾客的情感之外，自我介绍也必须切中顾客的口味。自我介绍时要注意以下几点：① 态度诚恳、热情。② 保持亲切的微笑。③ 步履轻盈、快捷，正面走近顾客。④ 与顾客握手，问候时语调热情洋溢、精神饱满、音量适中。⑤ 掌握分寸，态度谦虚，先从自己的姓名、单位、身份开始，并恭敬地递上自己的名片，若顾客有兴趣或有耐心，再进一步介绍企业或产品。这样有利于顾客迅速、准确地知晓自己的情况，加深对自己的印象，从而加快交往的过程。

（2）交谈的技巧。推销员与顾客交谈必须抓住对方的心，引起对方的共鸣交谈时应做到：① 顾及对方的自尊心，不能说让对方厌恶或忌讳的话。② 注意关注和兼顾对方的利益。③ 注意交流互相感兴趣的信息和经验。④ 给顾客谈话的机会。⑤ 直视顾客的眼睛，真诚、尊敬地聆听顾客的谈话。⑥ 注意附和、赞美顾客的谈话。总之，与顾客谈话，应以引起顾客注意为目的，以顾客为中心，以尊敬、重视顾客为准则，这样才能消除顾客心中的紧张与恐惧，为下一步商谈奠定良好的基础。

（3）应对顾客拒绝的技巧。被拒绝对推销员来说是家常便饭。勇敢面对顾客的拒绝并不是一种厚颜纠缠，而是推销员依据实际情况树立起来的必胜信心的表现。推销产品时如果遭到拒绝，推销员必须心平气和地面对。无论顾客以什么方式拒绝，都不能有丝毫的失望神态，而应采取积极的态度，分析原因，寻找应对顾客拒绝的技巧。应对顾客拒绝的技巧主要有以下几种。

1)附和法。推销员在遭到顾客因对产品的某一方面不满的拒绝时要表示理解顾客的看法,抓住某一方面的关键词,给予其他意义上的阐释,消除其顾虑。

2)转折法。顾客阐述了自己的看法后提出拒绝,尽管其理由多么不充分,推销员都不应采取否定回答,而应该理解顾客的看法,然后通过转折词语,提出自己的看法。

3)回避法。对顾客的拒绝避而不谈,悬而不论,用笑声或一些轻快的语句把话题引开,这样不仅可以缓和顾客拒绝而造成的紧张和尴尬,而且可以显示出推销员的大度和宽容。

4)发问法。顾客提出拒绝自有其道理,为探问其原因,通过发问的方式转移推销员与顾客之间的注意力,寻找机会由原来的守方变成主动发问的攻方,这样就为顾客的倾诉提供了机会。同样,推销员也能因此了解并把握顾客反馈回来的信息,如果及时对症下药,消除顾客的顾虑,那么推销成功就为时不远了。

5)否定法。作为推销员,对待顾客的诉说和要求,一般不要做出否定的回答;但是,在适当的情况下,做出否定回答也是必要的,这样既可维护公司的形象,又可维护自身的荣誉。但是,在做否定回答时,推销员应注意语气和分寸不能太过强硬,需要增添一些适当的幽默加以调剂,否则就会得罪顾客。

6)举例法。顾客的拒绝有时是由于对产品不信任所致,这时推销员就需要用此法,即列举类似顾客的例子,加以说明。如果有以前的顾客对该产品称赞的实物证明,就可以有力地阻止顾客的拒绝。

7)转换法。顾客的拒绝往往源于其主观印象,因此推销员应抓住时机,出示有关产品的资料说明、获奖情况或产品实物等,这样就能从主观的拒绝转换成实物的诱导,让顾客看得见、摸得着,甚至亲自操作试用,既可引起顾客的兴趣和欲望,又可有效地抵制顾客的拒绝。

(4)排除顾客异议的技巧。有效地排除顾客异议,除了需要推销员采取不躲避顾客异议、不轻视顾客异议的态度,有倾听顾客异议的气度,不与顾客争执、不为自己辩白、尊重顾客的立场之外,还要主动询问顾客的异议,分析顾客异议产生的原因,商量解决顾客异议的方案和对策。与此同时,推销员必须运用有利于排除顾客异议的技巧巧妙地排除顾客异议。排除顾客异议具体可采取以下方法:

1)反驳处理法。即推销员根据事实和道理直接否定顾客的异议的方法。一般来说,排除顾客异议时,推销员应尽量避免与顾客发生直接冲突,尽量避免针锋相对的反驳,但在一定的条件下,推销员也可以采用反驳处理法。

2)"但是"处理法。即推销员根据事实和道理间接否定顾客的异议的方法。在实际推销面谈过程中,顾客往往会提出许多无效异议,直接妨碍成交,此时推销员应该根据有关的事实和理由来否定顾客各种无效的异议。

3)利用处理法。即推销员利用顾客异议的某种特点来处理顾客异议,肯定其正确的一面,否定其错误的一面,利用其积极因素,克服其消极因素,排除成交障碍,有效地促成交易。

4)补偿处理法。即推销员利用异议以外的优点来补偿或抵消顾客的异议的方法。这可以使顾客达到一定程度的心理平衡,有利于排除障碍,促成交易。

5)询问处理法。即推销员利用异议来反问顾客的方法。推销员在处理各种顾客异议时,应该认真分析顾客异议，找出异议的原因。但在实际工作中，推销员又往往不清楚顾客异议产生的根源，此时可以通过询问来了解和掌握顾客异议的原因及性质，并有针对性地加以处理。

6）不理睬处理法。即推销员有意不理睬顾客的异议的方法。

（5）成交的技巧。实际推销工作中，顾客往往不愿主动地提出成交，即使心里想成交，可为了杀价或争取实现自己所提出的交易条件，顾客也不愿首先表示成交。好在成交的意向总会以各种方式表露出来，如顾客对待推销员的态度逐渐好转、顾客主动提出更换面谈场所、顾客主动介绍其他相关人员、顾客的疑问和异议一个接一个出现等都可能是成交意向的表示。推销员要不失时机地运用成交技巧，促成交易。其技巧方法有：

1）请求成交法。即推销员直接要求顾客购买商品。这种技巧要求推销员利用各种成交机会，积极提示，主动向顾客提出成交要求，努力促成交易。

2）假定成交法。即推销员假定顾客已接受推销建议而要求顾客实现成交。假定成交法是一种基本的成交技术。在整个推销面谈过程中，推销员随时都可以假定顾客已经接受推销建议。假定成交法的力量来自推销员的自信心，而推销员的自信心又可以增强顾客的信心，彼此互相影响，促成交易。

3）选择成交法。即指推销员为顾客提供几种购买决策方案，并且要求顾客立即购买。

4）小点成交法。即推销员利用次要问题来间接促成交易。此法避重就轻，提示顾客不太敏感的成交问题，先小点成交，后大点成交。

5）从众成交法。即推销员利用顾客的从众心理促使其立即购买商品。消费心理学认为，人的购买行为既是一种个别行为，又是一种从众行为。顾客在购买商品时不仅会考虑自己的需要和问题，也会考虑符合社会的需要和规范。从众成交法正是利用了顾客的从众心理，创造了一定的购买情境和购买气氛，说服这一部分顾客去影响另一部分顾客，利用成交来促成交易。

6）机会成交法。即推销员向顾客提示有利的机会而促使成交。购买机会也是一种财富，具有一定的经济价值。失去购买机会本身就是一种损失，有时还得支付一定的机会成本。机会成本原理是机会成交法的理论基础，推销员可以利用这个基本原理，针对顾客害怕错过购买机会的心理动机，向顾客提示成交机会，限制顾客的购买选择权和成交条件，施加一定的机会成交压力，最后达成交易。

7）保证成交法。即推销员向顾客提供成交的保证条件来促成交易。推销心理学认为，顾客在成交时存在着害怕错误成交而拒绝成交的心理。针对顾客的这种心理，推销员可向顾客提供一定的成交保证，消除顾客的成交心理障碍，以增加顾客成交的信心而促成交易。

8）异议成交法。即推销员利用处理顾客异议的时机直接向顾客提出成交要求。顾客异议既是成交的直接障碍，又是成交的明显信号。一般来说，只要推销员能够成功地处理顾客的异议，就可以有效地促成交易，促使顾客立即购买推销品。

10.2.6 推销员的素质与培训

1. 推销员的素质

推销员的素质是指推销员在商品销售过程中，其品质、作风、知识结构、性格等内在因素有机结合所表现出来的各种能力。一个合格的推销员，应具备以下素质：

（1）思想政治素质。推销员应具有强烈的事业心和责任感，具有集体利益高于个人利益的思想境界，具有公道、正派的思想作风和合作共事的精神。

（2）知识修养。推销员经常与各种各样的顾客打交道，所以需要具备较广的知识面。知识面宽广与否，一定程度上影响着推销员的推销能力。所以，推销员应有旺盛的求知欲，善于学习并掌握多方面的知识，这样运用起来才会游刃有余。一般来讲，一个优秀的推销员应该懂得政治法律知识，懂得经济学、市场营销学和推销业务知识，懂得社会学、心理学等多种知识。

（3）实际工作能力。合格的推销员应具有业务推销能力、处理人际关系的能力、为顾客服务的能力及较强的应变能力。

（4）个性素质。推销工作的特殊性要求推销员具有特殊的性格。合格的推销员应该具有感情外露、热情奔放、活动能力强、当机立断的外向型性格特征，沉默寡言、内向型性格的人不宜做推销工作。

2. 推销员的培训

人员推销的效果如何，关键在于推销员的素质状况。精良的推销队伍来自教育培训。企业不仅要对遴选确定后的推销员进行认真培训，而且要对原有的推销员进行定期集训，以适应市场形势发展的需要。

培训推销员，首先要制订良好的培训计划。制订培训计划应考虑下列问题：培训计划的目标、培训的内容、由谁来主持培训、培训的时间、培训的地点、培训的方法、培训的效果评价。培训计划的制订要具有针对性，即根据继续培训、主管人员培训、新进人员培训等不同类型的培训，确定不同的培训内容和培训方法。

推销员培训的内容主要包括：① 企业知识，包括企业的历史、战略目标、组织机构、财务状况、主要商品的销售情况和政策、市场竞争对企业的影响等。② 产品知识，包括本企业营销商品的范围、结构，以及自己所负责推销的商品的性能、用途、使用和保管方法等。③ 市场知识，包括本企业目标顾客的分布、需求特点、购买力水平、购买动机、购买行为、消费习惯，以及市场状况、本企业的市场地位、竞争者商品的市场地位和营销措施。④ 推销技巧，包括推销原则和推销策略，以及推销员的工作程序和责任、良好的个性、处理公众关系和人际关系的能力。

推销员的培训方法有集体培训和个别培训两种。集体培训的方法有专题讲座、模拟分组讨论、岗位练兵等。个别培训的方法有在职函授、业余进修、请有经验的推销员"传、帮、带"、采用工作手册或其他书面资料进行教育等。

10.3 广告

10.3.1 广告媒体及其选择

美国一年的广告收入高达 600 亿美元，占总销售额的 3%。在日本，报纸的 1/3 篇幅是广告，广播和电视节目的 1/10 时间也是广告。广告是无处不在的营销工具。

1. 依照不同媒体划分的广告种类

广告媒体是指传递广告的工具。在我国，依照不同媒体划分的广告主要有以下几种：

（1）视听广告。通过电台、电视、电影、幻灯、广播等媒体传递的广告，称为视听广告。

（2）印刷广告。通过报纸、杂志、印刷品等媒体传递的广告，称为印刷广告。

（3）户外广告。街头、建筑物、车站、码头、体育场（馆）、展览馆、旅游点等公共场所，按规定允许设置或张贴的路牌、霓虹灯、张贴等广告形式，称为户外广告。

（4）交通广告。在车、船、飞机内设置或张贴的广告，称为交通广告。

（5）售点广告。在商店、商品橱窗内设置的广告，称为售点广告。

（6）邮寄广告或直邮广告。通过邮政直接投递企业介绍、产品说明书等函件，称为邮寄广告。

2. 新兴的广告形式——POP 广告

POP 广告（Point of Purchase Advertising），即销售点广告或售点广告，是在销售点或购物场所内所做的多种形式的广告总称。凡是在商店建筑物内外制作的、能起到促进销售的广告物或其他提供有关商品情报、服务、指示、引导的标志，都可以称为 POP 广告。POP 广告的类型：

（1）店外 POP 广告。店外 POP 广告包括店面形象广告和橱窗展示广告。

（2）店内 POP 广告。店内 POP 广告是销售现场最接近消费者的广告，它起着无声推销员的作用。它主要包括：① 壁面广告，以海报、装饰旗、垂幕吊旗等为主的 POP 广告。② 货架广告。③ 地面广告，如陈列架、展示台等。④ 悬吊式广告。如彩条、吊牌等。⑤ 标志牌广告，分为指示性标志和销售区域标志两种。⑥ 柜台式广告。⑦ 附在商品上的广告，包括价目卡和展示卡两种。⑧ 动态广告，主要是利用马达和热力上升的广告物。⑨ 光源广告。⑩ 包装广告。

3. 广告媒体的选择依据

不同的广告媒体，其特点和作用各有不同。选择广告媒体时，应根据以下因素进行全面权衡，充分考虑各种媒体的优缺点，力求扬长避短。

（1）企业及产品的特性。企业可以按照产品的不同特性，选择相应的广告媒体。例如，需要展示的、有色泽或式样要求的产品，应选择电视、电影或印刷品做媒体，以增加美感和吸引力；对只需要通过听觉就能了解的产品，应选择广播做媒介；对技术性较强的产品，宜选择报纸和杂志做媒体，必要时也可直接用样品展示。

（2）消费者的媒体习惯。广告可通过不同媒体传播到不同的市场，但恰好传播到目标市场而又不造成浪费的广告媒体，才算是最有效的媒体。企业必须研究目标市场的消费者经常接触什么广告媒体，然后有针对性地选择媒体。例如，妇女报刊的读者主要是妇女，因而妇女用品的广告宜登在妇女杂志上。

（3）媒体的传播范围。不同媒体的传播范围有大有小，能接收的人数有多有少。市场的地理范围关系到媒体的选择。因此，行销全国的产品，应选择全国性的报刊和中央电视台、中央广播电台做广告；局部地区销售的产品，企业可根据所销产品的目标市场，选择地方性的报刊、电视台、广播电台、广告牌及样品台等媒体做广告宣传。

（4）媒体的影响力。报纸杂志的发行量，广播、电视的听众、观众数量，媒体的频道及声音，这些都是媒体影响力的标志。媒体的影响力应到达目标市场的每一角落，但超出目标市场则会造成浪费。季节性强的产品，应考虑媒体的时效性，到期不能刊登或发行的媒体就不宜选择，否则会失去机会。

（5）媒体的成本。广告宣传应考虑费用与效果的关系，即既要使广告达到理想的效果，又要考虑企业的承受能力，故应尽量争取以较低的成本达到最大的宣传效果。

4．广告媒体的选择策略

广告媒体的选择策略，应综合考虑以上因素来制定。一般来说，广告媒体的选择策略有以下5种。

（1）无差别市场广告策略。无差别市场广告策略通常运用在同质市场，指在一定时期内运用各种广告媒体向同一个大目标市场推出相同内容主题的广告，以广为宜，迅速占领市场。这种策略的效果较好，但成本较高、效率不高。

（2）差别市场广告策略。差别市场广告策略是指在一定时期内，针对细分的目标市场，选择部分媒体或媒体组合进行广告宣传。之所以要选择，一是为了投石问路，待市场扩大后再采用其他媒体；二是为了节约成本，提高所选媒体的效率。

（3）集中市场广告策略。集中市场广告策略就是把广告力量专注于一个或几个细分的目标市场。采用此策略一般要企业自身力量考虑，选择适当的目标市场，避免力量分散而缺少力度。

（4）动态策略。动态策略的特点是无一确定的媒体选择，完全根据需要和信息反馈情况来确定下一步媒体选择方案。动态策略归纳起来可以有两种：一是先宽后窄，即先采用较多媒体，待征得广告信息反馈、研究反馈来源后，以反馈较多的媒体为下一步媒体选择目标；二是先窄后宽，即以少数媒体开头，观察反应，若反应不强烈，则有两个对策，其一是另择媒体再试，其二是启用更多的媒体同时开展广告攻势。

（5）媒体组合策略。各种媒体功能、特性各异，将其合理搭配并行广告宣传是很有益的。曾被采用过的比较好的搭配包括：① 报纸与广播搭配，可使不同文化程度的消费者都能接受广告信息。② 电视与广播搭配，可使城市和乡村的消费者都能接受广告信息。③ 报纸或电视与售点广告搭配，有利于提醒消费者购买已有印象或已有购买欲望的商品。④ 报纸与电视搭配，应该以报纸广告为先锋，对产品进行详细解释后再运用电视广告进攻市场，这样可以使产品销售逐步发展或做强力推销。⑤ 报纸与杂志搭配，可用报纸广告做强力推销，用杂志广告来稳定市场；或者，用报纸广告进行地区性宣传，用杂志广告做全国性大范围宣传。⑥ 报纸或电视与邮寄广告配合时，应以邮寄广告为先锋，做试探性宣传，然后用报纸广告或电视广告做强力推销，这样可以取得大面积的成效。⑦ 利用邮寄广告和售点广告或海报的配合，可对某一特定地区进行广告宣传。

10.3.2 广告宣传的内容与设计

广告宣传的内容至少应包括以下4个方面：

（1）产品名称。对产品名称的介绍应力求简单、易记。

（2）产品的性能与用途。可利用文字、图片或照片等，介绍产品的质量、性能与用途等。

（3）产品的使用说明。对于某些使用难度比较大且复杂的产品，广告中要附加使用说明，如实行"三包"的地点。

（4）企业名称地址和联系办法。

10.3.3 广告宣传策略

广告宣传策略是指企业根据市场分析、消费者分析和产品分析等，在企业营销战略和广告目标的指导下，对广告活动的开展方式、媒体选择和宣传劝说重点的总体原则做出的决策。企业的广告策略，应与企业的整个市场营销活动密切配合。不同的企业、不同的产品、不同的营销目标应选用不同的广告策略。

1. 标题的创新策略

标题是广告的名称。一个好的广告必须有引人注意的标题。一个别致、新颖、独特、醒目的广告标题，有助于唤起消费者的兴趣，引起消费者的注意，突破广告单调的结构，起到画龙点睛的作用。因此，企业应在广告标题上不断创新，推出多种多样的广告标题策略。这些标题包括：记事式标题，即只是如实将广告的要点或与广告有关的事实凝练地点明；新闻式标题，即利用新闻的特点，向读者提供新闻的事实，给人以新鲜感；问题式标题，即站在消费者的立场上提出问题，引起消费者的共鸣或思考，并求得答案，从而给消费者留下较深的印象；祈使式标题，即用礼貌的态度和劝告的言辞鼓励消费者进行购买；赞扬式标题，即用赞美的词句，夸耀产品的过人之处（夸耀必须适度）；催促式标题，即说明此货不多，时机难逢，过时不候，催促消费者尽早采取购买行动；比较式标题，即把自己所介绍的商品或服务与其他同类产品和服务进行对比，借以烘云托月，衬托出商品的优点；比喻式标题，即用大家所熟知的事物做比喻，使消费者产生形象化的联想，加深消费者对产品的印象；悬念式标题，即用布置悬念的方式，满足消费者的好奇心，进一步在广告中抖开包袱；图解式标题，即用图案或图表代替个别文字，使消费者一览无余并易于理解。

2. 广告正文的创新策略

广告正文是广告的主要部分和精髓。广告正文是对标题的证实。广告正文的创新，要求广告者具备充分的信心，拿出最关键、最具说服力的证据和事实，阐明产品的优点，诱导消费者购买。

广告正文的表达方式很多，通常可供选择的有：布告体正文，即用严肃、庄重的文字，将某一事情的事由、条件、手续、过程都十分明白地表达出来；格式体正文，即用相对固定的格式（表格）和项目撰写；简介体正文，即正文语言文字非常简练，配以相应图片来表达广告内容；新闻体正文，即利用新闻的表达方式，发掘商品与新闻之间的联系；论说体正文，即采用辩论的姿态，用充分的论据和雄辩的逻辑说服消费者购买商品；问答体正文，即通过两个或两个以上问答的方式表现广告的内容；证书体正文，即搬出权威方面的鉴定、评奖或用名人、可靠人士、消费者的赞扬作为正文主体；幽默体正文，即用幽默的笔法和俏皮的语言，在轻松愉快、活泼逗趣之中完成商品宣传的任务；描写体正文，即用优美的文字，具体描写产品的特点和使用情况，使消费者在了解所宣传的商品的过程中得到一种艺术享受；小说体正文，即用故事形式，以曲折的故事情节，通过矛盾及其解决，达到宣传的目的；戏剧体正文，即通过对话、表演形式进行广告宣传；诗歌体正文，即用诗词或歌唱的形式作为广告正文。企业究竟选择什么样的广告正文，这要依据企业性质、营销目标、产品和媒体特点来决定，不能随心所欲、任意选择。

3. 广告画面的创新策略

一个好的广告，往往要有一个好的广告画面。广告画面创新的关键是通过画面给人带来美感，鼓励消费者加入购买队伍。优美的广告画面，不仅具有强烈的经营意图和思想，而且具有色彩配合、画面分割、视觉等艺术特色。企业只有根据广告的主题、正文进行广告画面创新，才能达到预期的广告促销效果。

广告画面创新策略很多，通常可供选择的有：写实式画面，即用图画或图片真实地再现产品的局部、外观和使用时的情形；对比式画面，即通过画面，把革新前后的产品加以对照比较，使消费者产生不同的感触；夸张式画面，即把广告中所宣传的产品在某一特定部分加以夸大，以较为新奇的手法给人以强烈印象；寓意式画面，即广告画面不直接表现广告主题，而是同所介绍产品的某种含义紧密相连，用象征性手段加深对这种含义的印象；比喻式画面，即用大家所熟知和明白的形象，比喻说明广告中产品的形象或特长；卡通式画面，即通过广告画面中滑稽、有趣的人物，以及充满人情味的小动物等，进行说明和表演；黑影式画面，即采用黑白相间的色调，表现人物的形态和动作；悬念式画面，即用非同寻常的画面和构思，带给观众惊奇和悬念，使人一心想看究竟；连续式画面，即用连环画的形式，以企业或产品为主体，用故事情节加以串联，构成引人入胜的连环画面；装饰式画面，即通过色彩配合、画面分割烘托、调节整个广告的气氛，使整个广告更具美感。例如，联邦快递广告：联邦快递，使命必达；DHL广告：一路成就所托。

10.3.4 广告效果测定

企业实施广告促销决策之后会产生一定的广告效果。这种效果主要表现在两个方面：一是广告的销售效果；二是广告的诉求认知效果。

1. 广告销售效果测定

（1）销售额衡量法。这种方法就是实际调查广告活动前后的销售情况，以活动前与活动后的销售额之差作为衡量广告效果的指数。这种方法比较简便易行，但是如何除去广告效果以外的致使销售额增加的其他因素却相当困难。为了弥补此法的缺陷，进行实际销售效果测定时往往参照广告费比率和广告效率比率进行综合测定。

（2）小组比较法。小组比较法是将相同性质的被检测者分为三组，其中两组各看两种不同的广告，一组未看广告，然后比较看过广告的两组效果之差，并和未看过广告的一组加以比较。通常将检测的数字结果用频数分配技术来计算广告效果指数。

2. 广告诉求认知效果测定

广告诉求认知效果测定的目的在于分析广告活动是否达到预期的信息效果。测定广告诉求认知效果主要有如下指标。

（1）接触率。这是指在广告媒体的受众中有多大比例的人已接触到该广告。假设某杂志共有读者50万人，其中只有30万人看到了封三、封底的产品广告，则其接触率为60%。

（2）注目率。这是指在看过该广告的人当中，有多大比例的人能够辨认出先前已看过的这一广告。

（3）阅读率。这是指通过报纸、杂志阅读广告的人数和报刊发行量的比率。阅读率越高，对广告的认识率就越高，广告效果就越好。

（4）好感率。这是指在看过广告的人当中，有多大比例的人对企业及其商品产生了好感。

（5）知名率。这是指在被调查的对象中，有多大比例的人了解企业及其产品。知名率的考察往往是通过广告发布前后的对比来进行的。若发布广告后企业的知名度大为提高，则说明企业的广告效果十分理想。

（6）综合评分。这是指由目标消费者的一组固定样本或广告专家评价广告，并填写评分卷。评分卷中依广告的注意强度、阅读强度、认知强度、情绪强度等内容分别给出一定分数，将所有分数进行汇总便可得到综合评分。通常综合评分以百分制计，分数越高，表明广告的诉求认知效果越好。

10.3.5 其他广告营销工具

（1）口碑——来自顾客口中的免费广告。企业应该注意顾客口碑宣传的 1∶8 的关系，就是 1 个人认为你的产品或服务好，他就可以将好的信息直接传播给身边的 8 个人或企业组织，反之也成立。口碑营销是一把双刃剑，运用得好，就会使企业及产品声名远扬，而运用得不好，或者企业产品或服务不到位，也会使企业臭名远扬，给企业带来巨大的损失。

（2）新闻——企业软广告。

（3）事件——营销造势的有效工具。事件是营销借力造势的有效途径。事件营销是营销者在事件真实和不损害公众利益的前提下，有计划地策划、组织、举行和利用具有新闻价值的活动，通过制造有"热点新闻效应"的事件吸引媒体和社会公众的兴趣和注意，以达到提高企业的社会知名度、塑造企业良好形象、最终促进产品和服务销售的目的。从这个定义中可以看出，事件营销的着眼点在于制造或者放大某一具有新闻效应的事件以期让传媒竞相报道，进而吸引公众的注意。事件营销具有"花小钱办大事"的作用。

北京申奥活动中，农夫山泉打出"卖一瓶矿泉水就捐献一分钱来支持北京申奥"的口号，这极大地抓住了大众希望为中国成功举办一次奥运会尽一份绵薄之力的心理。

10.3.6 广告的原则

1. 广告贵在坚持

大量投放是广告被人记住的基础。如果不坚持，隔几天换一个，大家还是记不住。

2. 叫卖式广告依然有效

大多数的中国老百姓在消费方面还不很成熟，所以我们说中国的市场在某种意义上说还是"大忽悠"市场，你一忽悠、一叫卖，大家就认识你了。近来批评"金嗓子"八年一个声音的人不少，但是企业为什么不换广告，根本原因还在于广告对市场有效，最起码企业自己认为这样。

3. 没有记忆点的广告不是好广告

广告首先要让人记住，但如何让人记住，你就得提供一个让人记住的东西。观众不可能记住广告的全部，只会记住最突出的一点，这就是广告中的记忆点。即使可口可乐这样的知名品牌也在频繁地做广告，试想一下，广告一停会是什么结果。不能提供让人记住的记忆点，这是广告最大的失败。

4."煽情"的广告有市场

"大眼睛"是很"煽情"的一个画面，直达观众内心深处，震撼人心。"妈妈，洗脚"篇和"妈妈，我能帮你干活了"篇是"共鸣论"的实践，应该说赢得了部分天下父母的共鸣。而相比较之下，有的牙膏的"我有新妈妈了"篇却是失败之笔。

5. 给广告注入幽默元素

幽默向来是广告表现最主要的方式之一。步步高公司的幽默广告为大家引了一条好路。但是，我们还是不常看到幽默广告的出现，片子出来之后又是平淡如水。幽默广告在国外历来是备受重视的，以至于数年前就有人在告诫大家不要让广告成为娱乐大众的工具，然而我们还没有学会如何幽默。

6. 广告需要在坚持中创新

喜新厌旧是人之本性，虽然"数十年如一日"的坚持让大家记住了你，但是大家不一定会喜欢你，以专业术语来讲就是你只得到了品牌知名度却缺少美誉度。这样的品牌是缺少生命力的。"金嗓子"广告打了8年，是不是还能继续一成不变地再打8年呢？

7. 品牌的核心价值要在广告中得到体现和延续

为什么"活力28"的广告虽然被人记住但却没有了价值？因为其广告记忆点没有体现品牌价值。同样的经营不善，为什么孔府家酒的品牌依然坚固——虽然企业不值钱了，但品牌价值依然很高？因为同样的广告传播，孔府家酒在这个过程中传播了价值。这是广告中对品牌价值体现与延伸的差距。相较之下，国内其他酒类品牌虽然有的经营很好，但在品牌方面却比孔府家酒差。

品牌核心价值要在广告中得到体现与延续，必须遵循品牌策略先行的原则。体现品牌核心价值需要的是策略先行，而杰出的表现则需要微妙的捕捉与大胆的创意。重视品牌策略、重视创意应该放到第一位。一个好的广告创意体现品牌核心价值的同时也必然包含一个好的记忆点，前者为品牌的延续发展预留空间，后者却成为品牌迅速深入人心的利器。一个好的创意让100万元的广告起到500万元的效果，能给企业带来可观的效益。

8. 把握好广告的诉求点

比如，牛奶要是诉求新鲜的话，是直接说新鲜，还是说新鲜能带来更多营养，或者说新鲜带来的营养能使身体更健康？利益的诉求到底要到哪个层面才合适？浅了的话，消费者感觉不到或感觉与我无关；深了的话，大家又看不懂。"脑白金"给了大家一些启发：直白的"收礼只收脑白金"是最直接的表现，大家都能看懂，但似乎浅了一点，于是需要再解释为什么收礼只收脑白金，因为有面子、上档次、送健康、更流行等。但是不是还需要进一步解释送脑白金有什么更深的意义呢？让爸妈更高兴、领导更赏识等，这就是广告创作中需要把握的诉求层次问题。

9. 广告的"3B"原则

广告的"3B"原则由广告大师大卫·奥格威从创意入手提出，3B 是指 Beaufy（美女）、Beast（动物）和 Baby（婴儿）。以此为表现手段的广告符合人类关注自身生命的天性，最容易赢得消费者的注意和喜欢。

10. 广告的记忆点要适合自己

广告必须要有记忆点。但记忆点从哪里来？不要过分地为创意而创意。一个画面、一句话、一个声音、一个情节，甚至情节中的一个动作，都可以成为出色的记忆点。我们需要根据不同行业、不同品牌的不同定位，找到最适合自己的记忆点。

小知识卡片

广告中的细节

调查显示，减价品新增销售的 41%是由于销售商在黑白报纸广告中增加了一些颜色所致；通常处于视野正中的物体较处于边缘的物体更容易引起人的注意；一般印在纸张右边的广告较印在纸张左边的广告更引人注目；左上角的信息比右下角的信息更多地被注意到；红色和黄色会产生更好的视觉刺激效果。

10.4 公共关系

10.4.1 公共关系促销的特点

1. 传递信息的全面性

企业开展公共关系活动，通过一定媒介把有关企业的信息有计划地传递给公众，是为了树立企业的良好形象，取得公众的信任与支持。因此，它所传递的信息是大量而全面的：既传递企业技术、设备、财务等方面的信息，又传递企业职工福利、企业前途及社会责任等方面的信息，甚至还传递企业素质、人才培养、股票价值等方面的信息。总之，公共关系能够把一个企业形象完整地呈现在公众面前。

2. 对公众影响的多元性

一个企业周围的公众是多元的，公众中不仅包括顾客（用户），而且包括供应厂商、社区、媒介、政府和企业内部职工等。在公众面前，企业必须做到两点：一是积极顺应公众的意见；二是努力影响公众的意见，从而在公众中树立企业的正面形象。

3. 成效的多面性

从心理学的角度看，人们的感情普遍存在一种由此及彼的扩展和迁移特性。由于人们对某人、某物在主要方面的感情很深，因此对与此相连的其他方面也会产生相应的情感。公共关系正是把握人们的这种心理，通过集中力量塑造企业形象，使公众热爱企业，从而促进产品销售，同时起到鼓励和吸引投资、吸引优秀人才等多方面的效果。

10.4.2 公共关系的对象

公共关系工作的对象是公众。所谓公众，是指与企业经营管理活动发生直接或间接联系的组织和个人，主要包括顾客、供应厂商、新闻媒介单位、社区、上级主管部门和企业内部员工等。企业通过开展与顾客的公共关系，能够不断吸引现有的和潜在的顾客；通过与报纸、杂志、电台、电视台等新闻机构的公共关系，一方面能够争取舆论对企业营销政策的支持，另一方面能够利用新闻媒介扩大企业的影响；通过与银行、物资、商业、劳动人事部门等协作单位的公共关系，能够保证企业经营活动的正常进行；通过与上级主管部门的公共关系，能够争取获得经济的和政策的倾斜；通过与企业内部职工的公共关系，能够创造和谐的人际关系环境，激发职工的积极性、主动性和创造性。物流企业的公关活动面很广，涉及发货人、收货人、中间商、订舱、报关、商检、运输、仓储、装卸搬运、政府机关、社会团体、环保、供应商、竞争对手、企业员工、社区、货主、船东、咨询机构等。

10.4.3 公共关系的原则

企业开展公共关系应遵循以下行为准则。

1．真实性原则

公共关系的真实性原则是指企业开展公共关系工作要以事实为基础，据实、客观、公正、全面地传递信息，沟通情况。因为企业公共关系旨在沟通企业与社会公众之间的联系，它的职能之一就是通过信息传播和交流树立良好的企业形象。因此，信息的真实、准确就成为企业公共关系工作获得成功的基本前提。

2．平等互利原则

平等互利原则是指企业与公众平等相处、共同发展、利益兼顾。企业公共关系是为企业既定目标和任务服务的，但这种服务要以一定的道德责任为前提，以利他的方式实现"利己"的目的。公共关系强调主体与客体的平等权利和义务，尊重双方的共同利益和各自的独立利益，信守企业与公众共同发展、平等互利的坚定信念。如果企业在相互交往中损人利己，为满足自身的眼前利益而损害公众利益，不顾信誉、不顾形象，那么就毫无公共关系可言。

3．整体一致原则

公共关系的整体一致原则是指企业从社会全局和企业全局的角度审视公共关系工作，评价其经济效益，明确自身的责任和义务，使自身的利益符合公众的长远利益和根本利益。一个企业要保证自己的长远利益，求得自己的稳定发展，就必须顾及社会整体利益。只有取得公众和其他社会组织的支持与合作，企业才能取得利润、获得发展，并在竞争中取胜。注重社会整体利益，也是公共关系职业道德的基本要求。这一原则对企业公共关系工作的指导，集中体现在对公众负责、对社会负责上。

4．全员公关原则

全员公关是指企业的公共关系工作不仅依靠公关专门机构和专职人员的努力，还要依靠企业各部门的密切配合和全体员工的共同关心与参与。这就必须强调全员公关原则，即要求企业全体成员都要树立公关意识，共同关注和参与公共关系工作，并做出贡献，推动企业公共关系目标的实现。树立企业形象是通过企业所有人员的集体行为表现出来的，是企业内个人形象的总和。每一位企业员工与外界交往时都是企业形象的一个载体，他的活动体现了企业的整体形象和风貌。

10.4.4 公共关系活动的方式

从实质上来说，公共关系就是运用各种传播手段，沟通企业与社会公众之间的信息联系，求得公众的了解、理解、支持与合作，以履行公共关系职能，实现通过公共关系塑造企业形象、促进商品销售的目标。其具体活动方式主要有以下几种：① 进行新闻宣传。② 开展公益活动。③ 收集、处理和反馈公众的意见。④ 与各机构建立全方位的联系。⑤ 组织专题公关活动。⑥ 建立健全内部公关制度。

10.4.5 企业公共关系的处理

1．处理好与顾客的关系

（1）了解顾客的需求。企业要通过一切行之有效的手段和方法，利用企业内外的一切资源，及时调查和了解顾客的需求，并不断地跟踪他们的变化趋势和动态，把对顾客的调查和了解当成企业最重要的工作去处理。

（2）向顾客提供他们所需要的产品或服务。

（3）向顾客提供完善的服务。

（4）尊重顾客的权利，保护顾客的利益。

（5）妥善处理与顾客之间的纠纷。

2．处理好与中间商的关系

（1）建立企业与中间商的互利关系。企业应该树立先让中间商赚钱才可能使自己获利的观念，因为中间商比企业本身更接近顾客和市场，他们是否尽自己的最大努力和热情真心为企业的顾客和客户服务，直接关系到企业的发展。其前提就是有合理的利益驱动。

（2）建立健全双方的信息交流制度。建立健全双方的信息交流制度，就是要保持良好的沟通关系，保证交流渠道的畅通，并及时对沟通的有关问题予以解决和有效处理。

（3）共同制定经营目标。企业与中间商要建立正确的供应链、价值链和利益链关系，整合各自的优势资源，把为市场服务和为消费者服务当成各自的工作中心，在此基础上保证各自应得的利益。

（4）为中间商提供便利和服务。

3．处理好与新闻界的关系

处理好与新闻界的关系，就是要做好以下几个方面的工作：真诚相待；主动联系，促进人际关系的发展；理解、尊重新闻界的职业特点。企业要积极主动地配合新闻界的工作，为他们着想，最起码不给他们添无谓的麻烦，还要虚心接受新闻界的批评。

4．处理好与社区的关系

（1）搞好环境保护工作。生态问题是全社会共同面临的重要课题。以环境保护为目标的绿色营销必将成为企业营销的重要主题。企业应该在社区中扮演绿色天使和环保卫士的角色。

（2）主动承担社会责任。企业应该把自己当成社区中的一分子，主动承担社区的部分工作，为社区解决各种困难。

（3）主动组织和积极参加社区的各种公益活动。

（4）加强与社区的交往，融洽与社区的关系。

5．处理好与各竞争对手的关系

企业与竞争对手是市场竞争中的对手，但不是敌人。企业应该看到的是，正因为竞争对手的存在，才使得自己产生了莫大的压力和动力，促使自己在市场竞争中始终保持清醒的头脑，不断改进自己的工作，同时也使自己获得更大的发展。

10.4.6 公共关系营销的主要工具

1．事件

社会上发生的一些重要的事件、活动、特殊的时间、节日、人物等一般均可以成为企业公关营销的工具。

2．公开出版物

企业可以利用企业的年度报告、小册子、文章、视听材料和商业信件、杂志等媒介接触消费者，影响自己的目标市场。

3．新闻

在企业缺乏有报道价值的新闻时，公关专业人员的任务就是发展或创造对企业有利的新闻。

4．公益服务活动

企业可以通过某些公益捐赠达到提高其公众信誉的目的。

5．形象识别媒体

企业应该很好地设计适合自己企业形象的识别系统，并利用一切媒介加以有效地传播，扩大企业及其产品与服务的影响力。

实 例

联邦快递公司祝中国羽毛球队2006"中国大师赛"使命必达

一方是称霸世界羽坛的最强队，一方是全球快递业的巨头，两个不同领域的世界领先者于2005年12月20日在北京实现了强强联合：全球最具规模的快递运输公司联邦快递（FedEx）公司将成为中国羽毛球队2006—2008年的主赞助商，这是中国羽毛球队有史以来获得的最大赞助支持。

本着共同打造强势品牌、实现双赢的目标，双方在合作之初就提出了"振羽高飞、使命必达"的理念。作为双方活动里程碑性质的起点，2006"中国大师赛"成了这样一个有纪念意义的赛事。从这个比赛起，中国羽毛球队的选手们将全部穿着胸前印有"联邦快递"字样的比赛服参加各类世界大赛。"中国大师赛"是世界羽坛第一个六星级大赛，也是世界羽坛唯一以"大师赛"冠名的比赛。2006年的赛事于3月8~12日在成都市举行,中国队派出队中的全部精英,包括林丹、张宁等赶往成都,参加这次"中国大师赛"。

为配合本届"中国大师赛"上助中国羽毛球队再创优异成绩,联邦快递公司在赛事期间隆重推出一系列品牌推广活动。例如,联邦快递公司优秀员工、中国区高层领导和部分贵宾现场参与到决赛中,与羽毛球有关的相关礼品在联邦快递公司奖赏中心闪亮登场等,与大家再次一起见证中国羽毛球队的辉煌战果。

10.4.7 公共关系过程

物流企业的公共关系过程可以用表10-2表示。

表10-2 物流企业公共关系过程

过程	项目	内容
调研	企业内外部信息	内部信息包括企业战略、使命、目标和文化等;外部信息包括社会事件、社会关注点和政治、经济、科技、文化、自然动态等
建立营销目标	知名度、信誉、激励中间商、降低促销成本	公关活动、公关活动、营业推广、公关活动
界定公关目标群体	一般大众、客户、供应商、政府还是竞争对手	他们是谁、在什么地方、什么时间需要、需要什么公关信息、为什么需要及如何实现
选择公关信息	新闻价值、影响力和传播性	新闻价值高、一触即发的焦点
选择公关工具与媒体	出版物、活动和新闻	
实施公关计划	计划、组织、控制和领导	关注细节、控制意外和偏差、准备预案
评价公关效果	曝光率、知名度、销售增长	媒体曝光次数及频率、公众参与人数和内容被记住人数、活动前后销售额变化

10.4.8 物流企业的公关活动

1. 与新闻界沟通

首先,建立与当地及所属行业主要媒体新闻界的联系。其次,经常向新闻界通报企业的动态,特别要及时传递企业有价值的信息事件。再次,经常邀请新闻界的朋友到物流企业光临指导。最后,争取让新闻界多发表和刊登针对自己企业正面宣传的软文广告。

2. 产品和服务宣传

产品和服务宣传包括为宣传企业的某种物流服务项目所进行的一切宣传活动,一般是配合物流企业新航线、新项目和新业务上市所进行的各种促销宣传活动。

3. 公司内宣传

公司内宣传包括利用企业简报、企业报刊、内部资料、通报、企业内网公告等方式进行宣传。

4．企业外宣传

企业外宣传是指企业假以外部媒体（包括传统媒体和自媒体）进行各种形式的宣传和推介的一种宣传形式，如××港通过与中央电视台联合举办激情消夏晚会，组织4万人参加，吸引了众多媒体报道，起到了良好的宣传效果。

5．游说

（1）物流企业向政府游说，积极宣传企业动态和处境，争取获得政府的政策支持。

（2）游说政府，加快有助于自己乃至整个物流行业的立法进程。

（3）积极参与各种物流标准的规划和建设。

（4）同行业一起组织物流协会或各种物流组织，并在其中起主导作用。

6．咨询

（1）物流企业应该经常针对社会普遍关注的热点问题开展公众咨询活动，加深公众的理解和支持。

（2）物流企业应该针对货主普遍关注的问题开展咨询活动，为他们排忧解难，如举办研讨会、咨询会等。

（3）物流企业应该更多地举办和参与各种有意义的、针对中间商的咨询活动，扩大自己的影响力，利用一切机会开展促销。

7．危机公关

物流企业要准备好针对各种复杂情况的应对预案。

10.5 营业推广

10.5.1 营业推广的含义

营业推广是刺激消费者迅速购买商品而采取的营业性促销措施，是配合一定的营业业务而采取的特殊推销形式。

10.5.2 营业推广的形式

1．适合消费者的营业推广形式

（1）产品陈列和现场表演。其做法是在商品销售点或经销点占据有利位置，进行橱窗陈列、货架陈列、流动陈列和现场表演等，展示商品的性能，消除顾客顾虑。

（2）赠送样品。向顾客赠送样品，通过让顾客试看、试用、试听等方式，了解效果、传递信息、引起兴趣和欲望，扩大销售。

（3）廉价包装。企业可以采用简单包装、把大包装换成小包装等直接或间接降低包装费用的方式吸引经济型顾客。

（4）有奖销售。这是指采用发奖券或号码中奖等方式吸引顾客购买。

（5）发放优惠券。企业向潜在顾客或现场购买者发放优惠购物券，顾客可以凭借此券到指定的地点以较低的价格购买商品。

（6）知识讲座。向消费者传播与企业产品或服务有关的专业知识，激起他们对企业产品或服务的良好认识和了解。

（7）售后保证。这主要是强调以优质售后服务为目标的消费者的促进和吸引活动，增强他们对企业产品或服务的好感，以解除其后顾之忧。

2. 适合中间商的营业推广形式

（1）产品交易会和展示会。企业可以定期或不定期地组织和举办各种形式的产品交易会和展示会，并以此来洽谈业务，增加交易。

（2）让利销售。企业可以通过交易折扣、返利或返点、广告津贴、采购费用津贴等方式，让利给中间商，调动其销售积极性。其中，交易折扣有现金折扣、数量折扣、季节折扣等形式。

（3）销售竞赛。为了激励中间商在一定时间内扩大销售，企业可以开展各类竞赛活动，并给予一定的精神和物质奖励。销售竞赛主要有销量竞赛、销售技术竞赛等形式。

（4）服务促销。企业可以通过给中间商提供更多的服务支持而调动其积极性，如开展业务会议、提供市场营销方案、发行内部刊物、培训销售人员、给予采购支持和退货保证等。

3. 适合推销员的营业推广形式

适合推销员的营业推广形式一般包括企业培训、提供推销手册、开展每日晨会交流经验、树立典型、开展推销模式推广、销售竞赛等。

实 例

耳听为虚，眼见为实——××地板开展小区营业推广活动策划

1. 目的

（1）利用现场实证，让小区消费者直观感受××地板的优越性能，吸引小区的潜在用户安装××地板。

（2）将广告做到消费者门口，强化品牌形象。

（3）坚持不懈地轮番进行，必能春风化雨，使××地板深入人心。

2. 活动助成物

（1）××地板几种花色地板4~5平方米。

（2）白色招牌一块。

（3）安装所需附件、包边角铁等。

（4）××地板宣传品。

3. 活动内容

（1）选择有规模的小区轮流进行。

（2）与小区居委会进行沟通，争取他们的支持。

（3）前一天晚上必须将地板安装完毕，竖起招牌。

（4）要绝对保证安装质量，并在四边以角铁固定地板加固牢度。

（5）第一天，将通过的人数和各类型的车辆记录在白色的牌子上。

（6）第二天，重复第一天的记录活动，晚上观察地板受损情况，及时调整。
（7）每个小区活动持续一周，现场每时每刻有专人负责，人数视需要而定。
（8）工作人员统一着装，肩负4项职责：维持现场秩序、记录、宣传、接洽潜在客户。
（9）活动完毕，干净利落地撤离，转入下一个小区循环进行，地板使用视实际情况进行调整。

10.6 网络营销与网站优化推广

10.6.1 网络营销与网络推广

1. 网络营销的含义

网络营销（On-line Marketing 或 E-Marketing）是以企业实际经营为背景，以网络营销实践应用为基础，从而达到一定营销目的的营销活动。其中可以利用多种手段，如 E-mail 营销、博客与微博营销、网络广告营销、视频营销、媒体营销等。总体来说，凡是以互联网或移动互联为主要平台开展的各种营销活动，都可称为整合网络营销。简单地说，网络营销就是以互联网为主要平台进行的，为达到一定营销目的的营销活动。网络推广是指利用互联网平台进行营销的一种方式，是当今互联网技术和互联网经济发展的必然选择和不可逆转的发展趋势。

2. 网络营销与网络推广方式

网络营销与网络推广方式如图 10-2 所示。

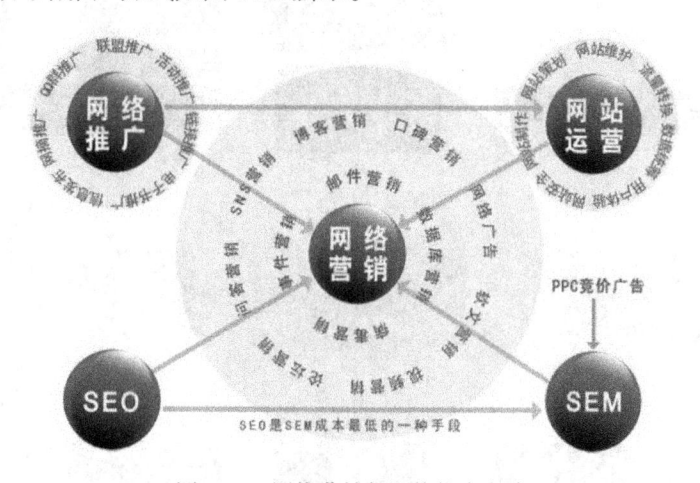

图 10-2 网络营销与网络推广方式

10.6.2 网站优化推广

1. 官网优化推广

官网优化推广（Search Engine Optimization，SEO）中文意译为"搜索引擎优化"，是指通过对网站内部调整优化及站外优化，使网站满足搜索引擎收录排名需求，在搜索引擎中提高关键词排名，从而把精准用户带到网站，获得免费流量，产生直接销售或品牌推广。

官网优化推广策略如图 10-3 所示。

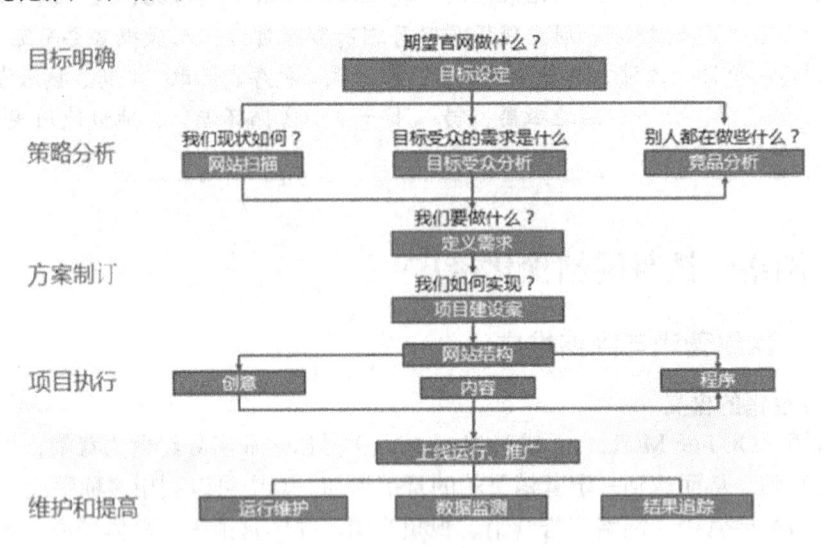

图 10-3 官网优化推广策略

2. 网站优化排名推广

网站优化排名推广策略如图 10-4 所示。

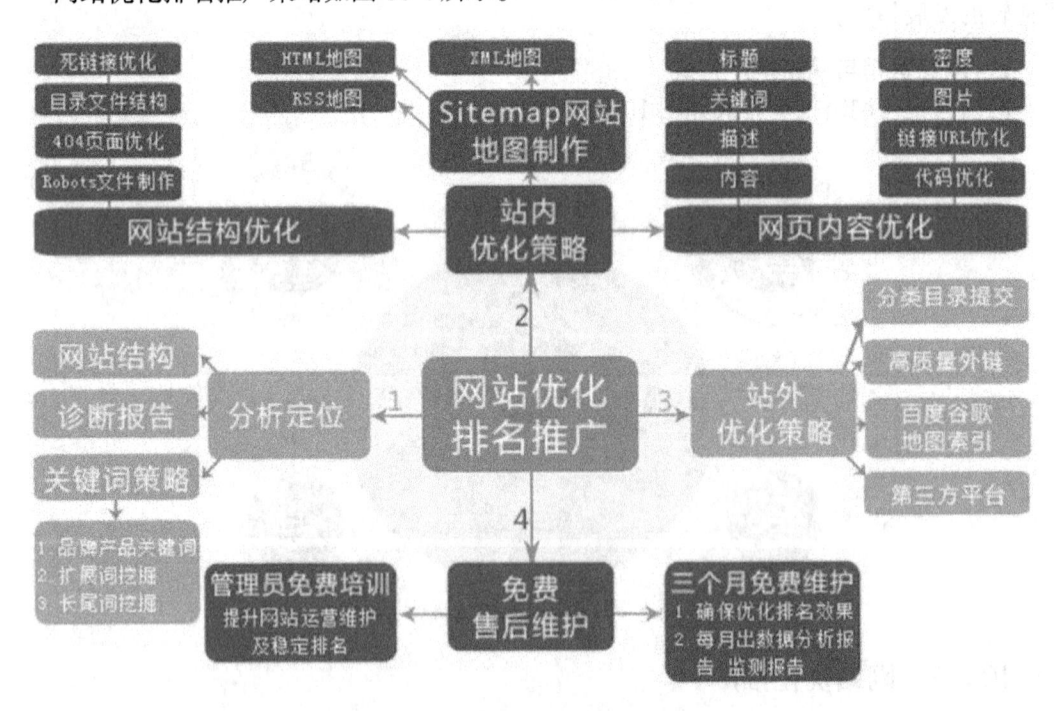

图 10-4 网站优化排名推广策略

物流营销技巧

物流产品开发与市场细分策略——"1 小 1 大"

1. 规模与效益

比利时的物流企业不追求物流货物品种的数量，只追求货物的绝对数量。例如，诺发公司只做美国万宝路香烟品牌包装纸物流与法国依云矿泉水物流，品种很单一，但是每个品种的绝对物流额相当大；诺发公司的码头面积达 1.18 平方公里，就只存放和中转汽车，可以同时停放 5 万辆汽车。其结果是规模与效益成正比。

2. 专业化与质量

如果物流货品品种过多、过杂，物流企业就很难根据不同货品的特点提供差异化的物流服务，即使可以也是粗线条的，很难做到精细、专业，顾客很可能会不满意。其结论是专业化与物流服务质量成正比。

必备技能

赞美技巧

1. 经典句子

- 你真不简单。
- 我很欣赏你。
- 我很佩服你。

游戏设计：

对至少 3 位朋友说上面的 3 句话。（请放在一定的场景或情景中，使之显得更合理。）

2. 肯定认同技巧

- 你说得很有道理。
- 我理解你的心情。
- 我了解你的意思。
- 感谢你的建议。
- 我认同你的观点。
- 你这个问题问得很好。
- 我知道你这样做是为我好。

游戏设计：

请一个人上台介绍自己的虚拟公司及所卖的产品，台下的人扮演最刁难的顾客提尽可能尖锐的问题。不管顾客怎样刁难，你都要记住上边的话。

示例：

假设你是"青岛蟑螂货代公司"的揽货员，你给公司的客户带来许多不满。面对他们的责难，你可以利用的只有微笑和上面的 7 句话，请上台表演。

实训10 解读某货代企业电话营销范本

实训任务单

学习领域	物流市场营销实务
学习情境	物流市场营销的促销策略
学习任务	根据给定的某货代企业电话营销业务人员营销范本，解读其中的有效销售信息，并进行修正、完善、提升，形成标准范本
任务描述	某货代企业电话营销范本： 喂，经理，您好！请问是××公司吗？ 然后面带笑容地说：不好意思，打扰您了。是这样的，我是青岛一家国际物流公司的业务员，今天冒昧打扰您就是想了解一下咱们公司有没有进出口的业务。 然后继续笑…… 对方说"没有"就直接礼貌性挂掉电话，紧接着进行下一个。 （如果有）哦，经理，想必您就负责这方面的业务吧？ （如果不是）噢！经理，那您看我联系咱公司的哪一位比较合适呢？您看我怎么称呼他比较好呢？！ 联系到负责人后，礼貌地说： 不好意思，王经理（或王哥或王姐），冒昧打扰您啦！今天联系到您就是想给您推荐一下我们公司的优势航线…… （若对方说是做FOB的，一定要再问一下拖车和报关这块业务是怎样做的。） （若对方说我们已经有合作的货代了）经理，那是肯定的，像我的客户都是和我一直合作的，那是因为只要市场上一旦有什么变化，我会第一时间通知我的客户。 经理，您看我今天联系上您呢，并不是想破坏咱们以前的合作关系，就是想能时不时地给您提供一下报价什么的，这样您也可以及时地了解一下市场行情，是吧。经理，您觉得呢？ （若感觉对方动摇，不拒绝的话）立即说：经理您看方便了解咱们公司的产品吗，到时也好定期给您报个价。 这时要问对方：王经理，咱公司一般都出口到哪些国家和地区啊？都是什么产品？有没有淡旺季之分？旺季一般一月能出口多少个柜子？一般是什么柜子？多重？多少个方？ 王经理，咱公司最近有没有计划？我也好给您提供个报价。 王经理，您看我方便记下您的网络联系方式吗？像MSN之类的，到时我给您提供一些市场信息也更方便一些。 实在不好意思啊，王经理，您看耽误了您这么长的时间，我以后一定会定期给您发一些准确的报价表！只要您有什么需要，我是非常愿意效劳的！！ 好了，王经理，那就不打扰您了，以后保持联系，麻烦您了！ 请根据以上范本完成以下任务： 1. 解读其中的有效销售信息，完成解读报告。 2. 对范本进行修正、加工和提升，形成标准化的电话营销范本。

续表

任务目标	能够掌握电话营销的各种技巧，并能够运用到实际业务中					
任务要求	任务情境	任务对象	任务手段	任务资源	任务组织	任务成果（物化成果形式）
^	电话营销	不谋面的货主	角色扮演	1. 电话座机 2. 多媒体	1. 学生分组，一般每6~8人一组 2. 任务的完成应该符合具体工作过程中人的思维的完整性，即包含和体现信息、计划、决策、实施、检查和评估6个步骤 3. 该过程由教师指导学生完成	1. 解读报告 2. 标准化的电话营销范本
分配人签字				受领人签字		

第 11 章

物流服务营销

学 习 目 标

通过本章的学习，了解物流服务营销的特殊性、服务营销策略在整个市场营销策略中的地位和具体应用、服务市场定位。

工作任务

物流服务中的数字事实

事实 1

针对流失的顾客群，一家大型交通运输企业对失去顾客的损失做了如下估算：

企业拥有 64 000 个顾客，因为劣质服务，企业将损失 5%的顾客，即 3 200 个（5%×64 000）顾客；每个顾客流失给企业造成的年均损失是 40 000 美元，因此企业损失为 12 800 万美元（3 200×40 000）的收益。企业的年平均边际利润是 10%，因此企业将不必要地损失 1 280 万美元的利润。物流企业由劣质服务导致销售损失的代价如图 11-1 所示。

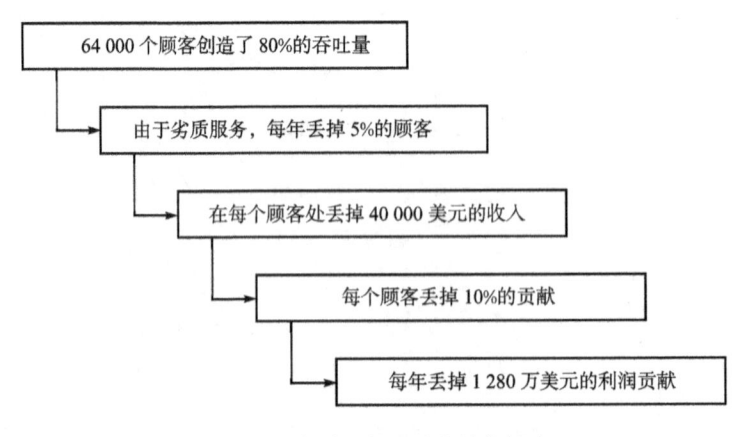

```
64 000 个顾客创造了 80%的吞吐量
        ↓
由于劣质服务，每年丢掉 5%的顾客
        ↓
在每个顾客处丢掉 40 000 美元的收入
        ↓
每个顾客丢掉 10%的贡献
        ↓
每年丢掉 1 280 万美元的利润贡献
```

图 11-1 劣质服务导致的销售损失

事实 2

一般有 25%的顾客对他们购买的商品不满，但只有 5%的人去投诉。这告诉我们，没有顾客投诉并不代表企业的服务是令人满意的或卓越的。服务质量是企业每时每刻必须牢记和不断提高的。实际上，顾客在服务过程中被提供了劣质服务而不去投诉对企业而言可能存在更大的危险，这不仅意味着该部分顾客不会再来购买，同时他们还会将自己的不满传递给自己的亲戚和朋友，使公司在不知不觉中失去顾客。如果顾客因不满来投诉，企业就会知道自己在哪个环节出了问题，并通过一定的补救措施将顾客留住。

对美国全国消费者的调查统计显示：

不投诉的顾客	9%（91%的不会再回来）
投诉过且没有得到解决的顾客	19%（81%的不会再回来）
投诉过且得到解决的顾客	54%（46%的不会再回来）
投诉被迅速解决的顾客	82%（18%的不会再回来）

事实3

每个不满的顾客会把他的经历告诉8～10个人；不满的顾客可以通过以下方式来解决，并使之满意：① 快速反应；② 尽一切可能解决；③ 提供某种方式的补偿；④ 快速解决。

事实4

投诉过的但问题得到解决的顾客，向同一供应商再次购买的可能性比其他的要高6倍。

AT＆T公司通过刊登整版的免费顾客服务电话号码鼓励客户投诉多米诺比萨饼，成功地促使20%的不满意的客户投诉，24小时内使80%的问题得以解决。如果24小时内不能将问题解决，顾客的保持率会降低至46%。

事实5

100个满意的顾客平均会带来25个左右的新顾客；每收到一次投诉，就意味着还有20个有同感的顾客；开发一个新顾客的成本相当于维护一个老顾客的5～10倍，甚至更多；80%的成功企业来自20%的顾客的忠诚支持；满意的顾客可以改善经营，不满的顾客则对经营不利。

事实6

企业80%的利润来源于20%的顾客的贡献。因此，企业应该抓住这些顾客，将他们当成企业的忠诚顾客、重点顾客，并积极、主动地向他们提供卓越服务，千方百计地维系他们对于自己企业产品或服务的忠诚度、信赖度、美誉度和知名度。

事实7

顾客流失原因调查显示，自然死亡占1%，迁移他处占3%，竞争者吸引占5%，商品价格占9%，产品质量占14%，服务占68%。

思考题

通过上面这些事实，你认为优质服务与物流营销的关系是什么？物流企业应该如何建立两者之间的协调关系？

11.1 服务营销概述

11.1.1 服务的概念与特征

1. 服务的概念

1960年，美国市场营销协会最先给服务下的定义为："用于出售或者同产品连在一起进行出售的活动、利益或满足感。"后经过修改后将服务定义为："可被区分界定，主要为不可感知却可使欲望得到满足的活动，而这种活动并不需要与其他产品或服务的出售联系在一起。生产服务时可能会或不会需要利用实物，而且即使需要借助某些实物协助生产服务，这些实物的所有权也将不涉及转移的问题。"

2. 服务的特征

（1）服务无形性。服务无形性是指服务在被购买之前是看不见、尝不到、摸不着、听不到或闻不出的。

（2）不可分离性。不可分离性是指服务与服务提供者不能分离，不管这些提供者是人还是机器。有形产品或消费品从生产、流通到最终消费的流动过程中，往往要经过一系列中间环节。生产过程与消费过程在时间上有间隔，在空间上相分离。服务则与之不同，它的生产过程与消费过程是同时、同地进行的，服务人员给顾客提供服务之时也正是顾客消费服务之时。而且，消费者往往直接参与服务或通过与服务人员合作积极参与服务过程，享受服务的使用价值。所以，服务提供者和顾客之间的相互作用是服务市场营销的一大特色。

（3）差异性。差异性是指服务的构成成分及质量水平经常变化，很难统一界定。区别于那些实行机械化和自动化生产的第一产业与第二产业，服务行业是以"人"为中心的产业。人类个性的存在，使得对于服务质量的检验很难采用统一的标准；即使制定了统一的服务质量标准，也会由于服务自身因素的影响，同一企业的服务人员可能提供不同的服务；即使同一企业的同一服务人员提供的服务，由于服务的时间、地点、条件和方式的不同，也可能会有不同的水准；同时，由于顾客直接参与服务的生产和消费过程，顾客本身的因素也直接影响服务的质量和效果。

（4）不可储存性。服务的无形性及服务的生产与消费的同时进行，使服务不可能像有形的消费品那样被储存起来，以备将来出售或消费。而且，消费者在大多数情况下也不能将服务携带回家安放。企业可以将提供服务的各种设备提前准备好，但生产出来的服务若不当时消费，就会造成损失（如车船的空位），而这种损失不像有形产品损失那样明显，它仅表现为机会的丧失和折旧的发生。因此，不可储存性特征要求服务企业必须解决由于缺乏库存所导致的产品供求不平衡问题，如通过制定分销战略选择分销渠道和分销商，以及设计生产过程和柔性处理被动的服务需求等。

（5）缺乏所有权。缺乏所有权是指服务的生产和消费过程中不涉及任何所有权的转移。既然服务是无形的又不可储存，服务便会在交易完成后消失，所以消费者并没有"实质性"地拥有服务。比如，客户将一单货物从一个地方运到另一个地方，支付运费后，他所得到的只是付款凭证和准运权，而没有得到什么实质性的物品。缺乏所有权这种特征会使消费者在购买服务时感受到较大的风险，于是如何克服这种不安全的心理、促进服务销售便成了营销管理人员所要面对的问题。例如，有的民营物流企业采用"会员制"的方法维持企业与客户的关系，他们成为企业的会员后就可享受某些特殊优惠，这使他们感到确实拥有了企业所提供的服务。

3．服务产品市场营销的特点

（1）服务产品是无形的。如果说有形产品是一个物体或一件东西，服务则表现为一种行为、绩效或努力，因而服务是无形的。顾客只能根据服务设施，或从他人之口，或从精神感受上感知和判断服务的质量和效果。

（2）顾客参与生产过程。由于顾客直接参与生产过程，顾客与服务提供者产生交互作用，服务企业如何管理顾客、调动顾客参与服务生产过程的积极性以使服务推广有效地进行就成为服务市场营销管理的一个重要内容。

（3）人是产品的一部分。服务的过程是顾客同服务提供者广泛接触的过程，服务绩效的好坏不仅取决于服务提供者的素质及行为，也与顾客的行为密切相关。

（4）质量控制成为问题。由于人是服务的一部分，服务的质量很难像有形产品那样用统一的质量标准来衡量，因而其缺点和不足也就不易发现和改进。

（5）产品无法储存。服务的无形性及生产与消费的同时同地进行，使得服务具有不可储存的特性。

（6）时间因素很重要。在服务市场上，既然服务生产和消费过程是由顾客同服务提供者面对面进行的，服务的推广就必须及时、快捷，以缩短顾客等候服务的时间。

（7）分销渠道特殊。服务企业不像生产企业那样可以通过物流渠道把产品从工厂运送到顾客手里，而是借助电子渠道（如广播）或是把生产、零售和消费者的地点连在一起来推广产品。

11.1.2　服务与市场营销组合策略

1．服务与传统市场营销组合策略

传统的市场营销组合因素有两个层次。第一个层次是主层次，即产品、价格、分销、地点和促销。第二个层次是次级层次，由主层次的各组合因素的构成要素组成。显然，从图 11-2 中我们可以看出，在传统的营销组合因素中，服务只是产品这个主因素下面层次中的一个构成要素，只是产品的一个组成部分，是产品 3 个层次中的附加产品组成要素之一。

2．服务与现代营销组合策略

随着科学技术的进步，传统的生产方式、管理方式及生产制造系统得到了很大的创新，电子计算机技术的普及和推广、机器人技术在生产中的广泛运用和质量控制技术水平的提高都使得生产过程处于平稳、均衡和受控的状态。结果，一方面，各家厂商生产出的产品在质量上几乎不存在什么差异，即处于"均质化"的状态；另一方面，生产系统的效率得到了极大提高，生产系统所耗费的成本在产品总成本中的比重处于不断下降的趋势，出现了低物耗、低能耗、高效益和高适应性的局面。这种情况下，各生产厂商之间的竞争就不仅仅是产品形体本身的竞争了，而且是产品形体所能提供的附加利益的竞争。于是，作为附加利益重要的和主要的构成要素——服务的范围、程度、质量便成为生产厂商之间进行激烈竞争的主要武器，硬件产品日益依赖软件服务的支持。另外，从消费者的角度来看，随着经济的发展和人们收入水平的提高，消费物质产品本身所获得的利益已不再是消费者所追求的主要目标，而在消费产品过程中所获得的精神享受跃居到重要的层次上。服务产品日益受到消费者的青睐，"服务制胜"成为这个时代的主要营销特征之一。企业之间的服务竞争取代了质量竞争和价格竞争，成为市场竞争取胜的主要手段。美国《哈佛商业评论》1991年发表的一项研究报告指出，再次光临的顾客可为公司带来25%~85%的利润，而在吸引他们再来的因素中，首先是服务质量的好坏，其次是产品本身，最后是价格。服务在现代市场营销组合中的地位如图11-3所示。

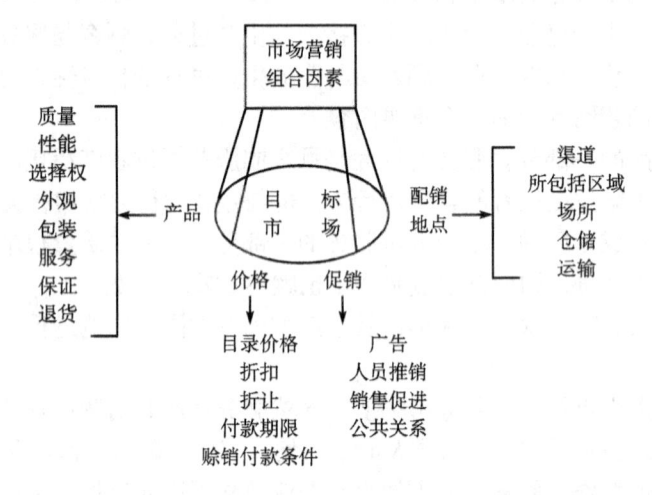

图11-2　服务在传统市场营销组合中的地位

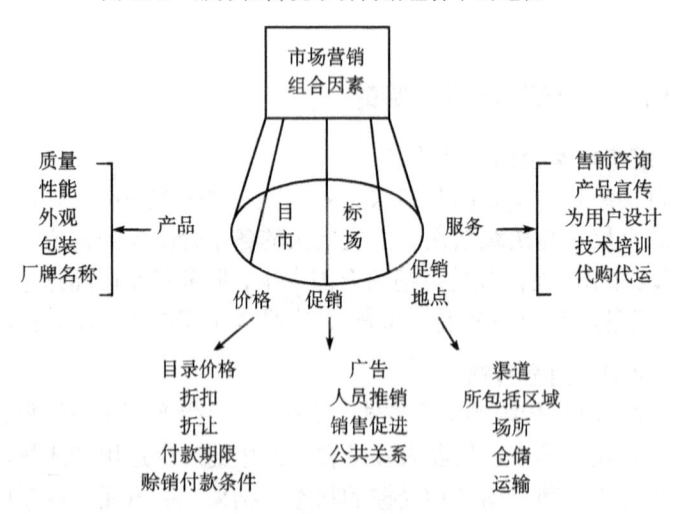

图11-3　服务在现代市场营销组合中的地位

3. 建立与消费者的新型关系

如果企业用低价销售方式向消费者提供有竞争力的产品，则会损害企业的长远发展，企业发展的空间也很有限。于是，许多厂商开始用增加服务项目来躲避价格竞争。

表11-1列举了可供物流企业选择的建立持久性客户关系的方案。

表 11-1 建立持久性客户关系方案

高	B 企业通过增加产品项目来增加客户利益和满足需求	D 企业通过增加产品特色和服务来建立长期客户关系
低	A 企业在必需品商品市场上基本以价格手段进行竞争	C 企业通过增加客户服务项目来增进客户利益和满足需求
	低	高

（1）价格导向公司

表 11-1 中，A 企业发现自己没有产品和服务方面的优势，只能被迫地以价格为手段进行竞争。在这种情况下，除非企业能够维持低生产成本的优势，否则要想获得长期的成功是很困难的。

（2）产品导向公司

表 11-1 中，B 企业通过寻求技术优势来给消费者提供优良的产品和比较高的满意程度。一定条件下，只要产品业绩方面的优势是明显的，购买者就能容忍企业在服务方面的不足。另外，消费者对自己将要忍受的困难是有限度的，一旦超出限度，企业要维持这种战略便是困难的。

（3）服务导向公司

表 11-1 中，由于 C 企业认识到了维持以长期技术优势为基础的产品业绩优势的困难性，它就转到极力提供额外的消费者服务项目来取得竞争的优势。这种条件下，一些购买者可能满足于具有一般业绩的产品，但他们要获得来自自己了解和信任的代理商的支持和担保。

（4）关系导向公司

表 11-1 中，D 企业试图建立全面的优势，即以优越的产品特色及良好的服务业绩为基础。这种情况下，公司不仅赢得和留住了满意的消费者，而且系统地建立起了基于购买者期望和信任的关系。

11.1.3 物流服务产品的特征

1. 物流行业产品和服务的基本属性

（1）物流行业是服务行业中非常典型的"无形化"商品，具有"看不见、摸不着、无法存储、当场发生、无法重来"等服务特性。

（2）物流为内外部客户提供优良服务。外部客户是指厂商、配送点、卖场、消费者、供货商。内部客户是指自己公司的工厂、业务部门、公司配送人员、送货进货的其他公司的人员、公司上下游的同仁、主管和下属等。

（3）物流服务品质的决定因素较多。物流服务品质的决定因素包括：企业一致地、正确地提供所承诺服务品质的能力；企业中与提供服务有关的实体设备、人员和沟通工具等的运用；企业员工的知识、礼貌和赢得客户信赖的能力；企业协助客户的意愿和响应速度；企业对客户表示谅解和提供个性化服务的能力。

（4）处理顾客抱怨有 5 大要诀。即耐心多一些、态度好一些、动作快一些、补偿多一些、层次高一些。

（5）处理顾客抱怨有 8 大步骤。即谢谢您、解释原因、为错误道歉、允诺将立即处理、要求必要的信息、快速地更正错误、检查客户的满意度、防患于未然。

（6）服务业成功的原则。重视承诺并实现承诺；了解顾客的满意程度；第一次便将服务做好。

（7）爱护客户心理学。客户绝对不会有错，如果发现客户有错，一定是我看错了；如果客户有错，一定是因为我的错才影响客户犯错；如果是客户自己的错，只要他不承认错误那就是我的错；如果客户不认错而我还坚持认为是他的错，那就是我的错。总之，客户绝对不会犯错，这句话一定不会有错。

2．物流企业服务项目分类

（1）依据物流功能分类，物流企业服务项目可以分为仓储、装卸、保管、拣货、理货、贴标、组合包装、流通加工、配送、运输、信息、财务处理和送货收现等。

（2）依据产品种类分类，物流企业服务项目可以分为食品、日用品、化妆品、药品、服饰、信息产品、机械、原材料等。

（3）依据渠道分类，物流企业服务项目可以分为：一级渠道：超市、便利店、小卖店、医院、诊所、药局、饭店、连锁店、专卖店和百货店等。二级渠道：经销商、代送商。零级渠道：宅配、公司行号和邮购快配。

（4）依据服务对象分类，物流企业服务项目可以分为制造商、贸易商和物流公司等。

11.2 服务市场营销组合

11.2.1 7Ps——服务市场营销组合因素

所谓服务市场营销组合，是指服务企业对可控制的各种市场营销组合手段的综合运用，即服务企业运用系统方法，根据企业外部环境，把服务市场营销的各种可控因素进行最佳的组合，使它们之间互相协调配合，综合地发挥作用，实现企业的营销目标。

市场营销理论的核心之一就是 4Ps 营销组合，即产品/服务、价格、促销、渠道。4Ps 营销组合理论对服务市场营销具有一定的借鉴意义，但以无形产品营销为主的服务业有其特殊性，必须重新调整市场营销组合以适应服务市场营销。于是，有学者将服务市场营销组合修改并扩充为 7Ps，即产品（Product）、价格（Price）、渠道（Place）、促销（Promotion）、人（People）、有形展示（Physical evidence）和过程（Process）。

1．产品

服务产品是一种特殊的商品。服务产品营销必须考虑所提供服务的范围、服务质量、服务水平、品牌、保证及售后服务等。

2．价格

价格是影响服务产品销售的最重要的因素之一。服务企业要特别重视价格在开拓服务市场中的作用，在价格方面要考虑包括价格水平、折让和佣金、付款方式和信用等因素。在区别一项服务和另一项服务时，价格是一种识别方式，顾客可从一项服务的价格上感受到其价值的高低。而价格与质量间的相互关系，也是服务定价需要考虑的重要因素。

3. 渠道

由于服务产品的生产过程和消费过程具有不可分离性，提供服务者的所在地及其他地缘的可达性就成为服务市场营销及市场营销效益的重要因素。地缘的可达性不仅是指实物上的，还包括传导和接触的其他方式。所以，分销渠道的类型及所涵盖的地区范围都与服务可达性密切相关。

4. 促销

促销包括广告、人员推销、营业推广、宣传、形象促销、公关等各种市场营销沟通方式。

5. 人

在服务企业担任生产或操作性角色的人，在顾客看来其实就是服务产品的一部分，其贡献也和其他销售人员相同。大多数服务企业的特点是操作人员可能担任服务表现和服务销售的双重任务，因此市场营销管理者必须和作业管理者密切合作。企业工作人员的任务极为重要，尤其是那些经营"高接触度"的服务业务的企业。正因为如此，市场营销管理者必须重视员工的甄选、训练、激励和控制。此外，对某些服务而言，顾客与顾客间的关系也应引起重视。因为，某顾客对一项服务产品质量的认知，以及对服务产品生产过程的参与程度，很可能要受到其他顾客的影响。

6. 有形展示

有形展示会影响消费者和顾客对于一家服务企业的评价和服务产品的销售。有形展示所包含的要素有实体环境（装潢、颜色、陈设、声音）、服务提供时所需用的装备实物（如各种各样的物流设施、物流装备和工具等）及其他实体性线索（如航空公司所使用的标志、物流服务人员的形象和语言规范、着装等）。

7. 过程

人的行为对于服务企业很重要，而服务的传送过程同样重要。表情愉悦、专注和关切的工作人员，可以减轻必须排队等待服务的顾客的不耐烦感，还可以平息技术上出现问题时的怨言或不满。整个系统的运作政策和程序方法的采用、服务供应中的机械化程度、员工决断权的适用范围、顾客参与服务操作过程的程度、咨询与服务的流程等，都是市场营销管理者需要特别关注的事项。

11.2.2 3Rs

在新的市场环境下，顾客的满意和忠诚已成为决定服务企业营销利润高低的主要因素，所以服务企业应将营销重点放在如何留住顾客、如何使他们购买相关产品、如何让他们向亲友推荐企业的产品上。这就产生了3Rs，即留住顾客（Retention）、相关销售（Related Sales）和顾客推荐（Referrals）。

1. 留住顾客

留住顾客是指通过持续地和积极地与顾客建立长期的关系，以维持与保留现有顾客，并取得稳定的收入。随着老顾客对公司与产品的熟悉，对这些顾客所需的营销费用将降低，因而这部分收入的利润将越来越高。特别是对于顾客参与的服务来说，费用的下降更为明显。企业界的实践证明，顾客的保留率每上升 5 个百分点，公司的利润将上升 75%。例如，美国最大的信用卡发行公司 MBNA 在 1982 年采取了一项提高顾客忠诚度的计划。这一计划中，最有效与简单的方法是给每一个已停止使用这个公司信用卡的用户打一个电话，结果有 1/3 的人立即重新使用该信用卡，并增加了他们的使用金额。此外，该公司还从不满的顾客那里收集抱怨信息，以改进公司的管理与产品。到 1990 年，该公司的顾客离开率已降至行业内最低点，只有竞争对手平均水平的一半。结果，1982—1990 年，仅仅 8 年时间，公司利润增长了 16 倍，行业地位由第 38 位一跃成为第 4 位。

2．相关销售

所谓相关销售，是指销售与产品相关的产品和服务，尤其是与产品相关的配套服务。在制造业中，许多公司的大部分利润来自顾客服务而不是产品的销售。例如，在电梯制造业，由于竞争的激烈，美国电梯业中的大部分公司在电梯的销售上只能获取有限的利润，它们的大部分利润来自电梯的安装与维修等服务。一些成功的企业提供免费的顾客服务的一个重要的原因就是，期望在未来向这些顾客销售相关产品，并获取可观的利润。

3．顾客推荐

随着市场竞争的加剧和广告信息的爆炸，人们对大众传播媒介（如电视）越来越缺乏信任，而在进行购买决策时越来越看重朋友及亲人的推荐，尤其是已有产品使用经验者的推荐。实施服务营销，提高顾客满意度与忠诚度的最大好处之一就是忠诚顾客会对其他潜在顾客进行推荐。顾客推荐将形成对公司有利的效应，最终提高公司的赢利水平。美国消费者协会近几年所做的一项调研发现，高度满意与忠诚的顾客将至少会向其他 5 人推荐产品，而对产品不满意的顾客将会告诉其他 11 人。虽然这项调研数据因行业与公司的不同而有所区别，但大致说明了基本情况，即顾客的满意程度将对公司形成好的或坏的效应，从而影响公司的获利能力。

11.2.3　顾客忠诚度与员工忠诚度

1．顾客忠诚度的提高能促进企业获利能力的增强

顾客忠诚度的提高能大大促进企业获利能力的增强。美国一些学者调查发现，忠诚顾客每增加 50%，所产生的利润可达 25%～85%。忠诚顾客的增加不仅能给企业带来更多的利润，而且能弥补企业在与非忠诚顾客交易时所发生的损失。究竟哪些人能被视为忠诚的顾客呢？一般来说，具备以下 3 个特征的顾客可被视为忠诚的顾客：① 不购买或极少购买其他企业的同类产品或服务。② 重复购买本企业的产品或服务。③ 推荐他人购买本企业的产品与服务。企业应根据忠诚顾客的特征，加强对忠诚顾客的管理，并将提高顾客忠诚度作为营销管理的首要任务。

2．顾客忠诚度是由顾客满意度决定的

顾客之所以对某企业的产品或服务表现出忠诚，视其为最佳和唯一的选择，首先是因为他们对于公司提供的产品和服务满意。在经历了几次满意的购买和使用之后，顾客的忠诚度就会随之提高。

3. 顾客满意度由其所获得的价值大小决定

什么是价值？如前所述，这里的价值是指顾客获得的总价值与顾客为之付出的总成本之间的差距。由于顾客在购买商品和服务时总希望把有关货币、时间等成本降至最低限度，同时又想从中获得更多的实际利益，以使自己的需要得到最大限度的满意，因此顾客所获价值越大，其满意度就会越高。

4. 高价值源于企业员工的高工作效率

价值最终是由人创造的。企业员工的工作是价值产生的必然途径，而员工的工作效率无疑直接决定了他们所创造价值的高低。

5. 员工忠诚度的提高能促进其工作效率的提高

为什么忠诚度高的员工会有很高的工作效率呢？这是由其所具备的特征决定的。忠诚意味着对公司未来发展充满信心，为能成为公司一员而感到骄傲，十分关心企业的经营发展情况，并愿意为之长期效力。

6. 员工的忠诚取决于员工对企业的满意

正如顾客忠诚度取决于他们对企业产品或服务的满意度一样，员工的忠诚同样取决于他们对公司的满意度。对企业满意的员工不会轻易离职，对企业的忠诚自然可以从其对企业的回报中得以体现，而不满意企业现状的员工不会对企业表现出太多的忠诚，希望获得更为满意的工作的展望会促使他们跳槽，更谈不上高效率的工作了。

7. 企业内在服务质量是决定员工满意与否的主要因素

促使员工对企业满意的主要因素一般包括两个：一是企业提供的外在服务质量，如薪金、红包、福利、舒适的工作环境等。这一切是人们能实际看到的。二是企业提供的内在服务质量。所谓内在服务质量，是指员工对工作及对同事所持有的态度和感情。若员工对工作本身满意，同事之间关系融洽，那么这种内在服务质量就是较高的。

11.2.4 服务利润链

服务利润链是把公司的利润和员工、顾客的满意连在一起。这条链上有5个关节点：

- 内部服务质量——高级职员的挑选和培训、高质量的工作环境、对前线服务人员的大力支持。
- 满意的和干劲十足的服务人员——更加满意、忠诚和刻苦工作的员工。
- 更大的服务价值——效力更大和效率更高的顾客价值创造和服务提供。
- 满意和忠诚的顾客——感到满意的顾客，他们会保持忠诚。
- 服务利润的获得和增长——优秀服务公司的表现。

对物流企业而言，客户服务是一个以成本有效性方式为供应链提供增值利益的过程。客户服务水平的高低，决定了具有相同生产研发能力的企业为顾客提高个性化服务的水平。但是，客户服务作为经营活动中的一项支柱性活动，必须严格考评其为企业创造的效益。

有研究表明，客户流失率减少一半，利润会翻倍。而国内现阶段的物流企业多是从事运输、仓储等初级第三方物流业务的企业，它们的主要业务就是为客户提供高质、满意的服务。如何提高客户服务水平，如何把握客户服务成本与经济利益之间交叉损益的平衡关系，如何判定自己企业现阶段的客户服务水平是否已经"合适"，这些都是我们必须思考的问题。另外，为了支持自身的经营活动，许多大型商贸流通企业纷纷组建自己的物流服务组织，让新的实体承担了企业一般意义上的客户服务内容，其中也面临上述问题。

11.2.5　物流客户服务变量

笼统而言，以下几个变量是客户服务最重要的几个变量：满足承诺的交付日期的能力、履行订单的准确性、运输延误的提前通知、对客户服务投诉采取的行动、有关发货日期的信息、在库产品承诺的提前期长度、相对于价格的总体质量、价格的竞争力、销售人员快速的后续行动、以快速反应的方式完成紧急订单的能力、下单时提供的信息——计划交付日期、投诉处理、库存可供应情况。

客户可能将某一个变量设置得很重要，这就是企业提供差异化服务的机会。不可否认，国内物流企业普遍没有树立主动跟踪客户需求的观念，总是等客户上门，尤其是有些工作人员对客户提出的新要求往往轻易回答"我们不提供"。客户服务是企业和顾客直接交流的窗口，企业上下必须认真对待，仔细分析客户的新需求，这样才能超越竞争对手。

在企业日常管理中，管理人员不能忽视管理会谈、企业内部督察、外部督察对企业服务能力的影响。定期进行自身的检查是很有必要的。管理会谈应该在负责订单处理、库存管理、仓储、运输、客户服务、财务/会计、生产、物料管理和营销等业务的管理者之间进行。内部督察应确定客户获取的信息类型、公司内部负责提供信息的人、客户联系这些部门的方式、对客户询问做出反应的平均时间、回答询问的人对所需信息的掌握程度。

企业要尽可能多地实现完美订单，以此为标准来督促自身。各方面都实现服务承诺的订单被命名为"完美订单"，普遍定义是交付准时、完整、无差错的订单。

$$完美订单实现水平 = 准时性 \times 完整性 \times 无差错$$

测评企业的客户服务水平和竞争对手之间的差异，可以利用"客户服务矩阵""竞争地位矩阵或绩效评估矩阵"等工具进行。

11.2.6　高效的物流团队的特征

物流团队可以针对客户综合的、个性化的物流服务要求，按照客户的特点进行物流过程纵向重组，形成综合的、一体化的物流服务项目，从而和客户的整个供应链的运作紧密结合。那么，高效的物流团队应具备的特征有哪些呢？

1. 清晰的目标

高效的团队对于所要达到的主要目标有清楚的了解，而且目标的重要性能够激励团队成员把个人目标升华到群体目标中去。在有效的团队中，成员愿意为实现团队目标做出承诺，他们清楚地知道自己应该做些什么。物流团队奋斗的大目标：① 每一个过程框架中完成的工作有利于综合，综合后的群体目标能以最小的投入取得最大的产出。② 所有的努力都必须集中于为客户增值。这两个目标短期内可能有冲突，但从长远看，两个目标应该是一致的。

2. 相关的技能

高效的团队是由一群有能力的成员组成的。高效的物流团队不仅需要具备丰富的物流专业知识，更要注意有关的法律法规。另外，物流团队除了必须具备团队及企业内部协调能力外，还应当具备与外部客户协调的能力。

3．团队合作和奉献精神

物流服务的物流特性表现为一种网状结构，这个网是由多个节点和连线构成的。任何一个节点出现问题，又没有得到及时妥善解决，就有可能造成重大的损失。因此，在作业过程中，团队成员要在做好本职工作的同时，为周边相关岗位多想一点和多做一点，使信息传递、业务交接达到无缝化状态。如果没有这种团队协作和奉献精神，团队就不可能将整个线上的作业点有机地结合在一起，就不可能有效准确地完成复杂程度较高的物流服务。

4．一致的承诺

高效的物流团队成员会对团队表现出高度的忠诚和承诺，我们称为一致的承诺。一项物流活动仅当其对客户价值做出贡献时，其存在才被认为是正当的。团队核心成员必须培养这种能对外在因素进行思考的能力。另外，由于物流服务常常会涉及客户商业机密，因而要求物流团队成员不仅忠诚于团队，还要忠诚于客户。

5．良好的沟通

物流服务的特征之一是客户能参与物流方案设计、实施及评价的全过程。物流团队成员在工作中需要时时与他人协调沟通、与上下游环节的岗位人员进行协作。时间是衡量物流服务水平的要素之一，这要求团队成员信息交换必须及时，还需要保证各种渠道的畅通。此外，管理层与团队成员之间有效的信息反馈，也是建立良好沟通的重要特征，有助于管理者指导团队成员的行动、消除误解。

6．恰当的领导

现代物流活动不可预测的因素很多，有效的领导能为团队指明前途所在，并且担任教练和后盾的角色。他们要告诉团队成员可能的风险和困难，并对他们提供指导和支持，但并不试图控制风险和困难，因为一线工作人员对实际情况更清楚。一些管理者已开始发现这种新型的权力共享方式的好处，但仍然有些习惯于专制方式的管理者无法接受这种新观念。这些无法接受新观念的人应通过这种方式或领导培训逐渐意识到它的益处，并将其应用于日后的工作之中。

7．内部支持和外部支持

成为高效物流团队的最后一个必要条件，就是支持环境。不论是企业自身、合作伙伴还是客户的管理层，均应给团队提供完成工作所必需的各种资源。外部支持有时难以获得，这就要求核心成员进行沟通协调，有时甚至需要管理层出面协助。

11.3 物流服务市场分析与市场细分

11.3.1 服务市场分析

服务企业进行市场分析的目的，在于把握和选择存在于某一特殊市场的条件和机会。服务企业要通过市场分析挖掘消费者的需要和欲求，评估需求规模和成本价格，满足其需要和欲望。

1. 市场细分

在市场分析的基础上，企业要对服务市场进行细分。服务市场细分的依据同样是消费者需求的异质性，即根据人们对同一服务追求利益和满足的不同进行市场细分。

2. 目标市场的选择

在市场细分的基础上，企业要运用一定的标准选择目标市场。企业要考虑细分市场的大小、它的特殊需求及其他企业或该企业可满足的程度，以及企业是否有足够的资源满足这种需求等。通常，判定一个细分市场是否可行要遵循如下标准：① 可测量性，即细分市场的规模及特征可以测量出来。② 可营利性，即细分市场的质量能够保证企业获得足够的经济效益。③ 可接近性，即企业有足够的资源接近该细分市场，并占有一定的市场份额。④ 易反应性，即如果一个细分市场对营销战略的反应同其他细分市场没有区别，则要把它当成一个独立的市场。

根据以上分析，服务企业就可以根据自己的优势与劣势，选择其中一个或几个细分市场作为目标市场，并按照目标市场的利益要求开发项目，并满足顾客需求。

11.3.2 服务市场定位

所谓服务市场定位，是指企业根据市场竞争状况和自身的资源条件，建立和发展差异化竞争优势，以使自己的服务产品在消费者心目中形成区别并优越于竞争产品的独特形象。当企业选择了目标市场并遇到竞争对手时，它自然而然就要做定位分析。

1. 市场定位原则

市场定位的最终目的是提供差异化的产品或服务，使之区别于和优越于竞争对手的产品或服务，而不论这种差异化是实质性的、感觉上的还是两者兼有的。虽然服务产品的差异化不如有形产品那样明显，但是每种服务都能使消费者感受到互不相同的特征。所以，企业进行市场定位时必须尽可能地使产品具有十分显著的特色，以最大限度地满足顾客的要求。为达到此目的，服务企业的市场定位必须遵循如下原则：① 重要性原则，即差异所体现的需求对顾客来说是极为重要的。② 显著性原则，即企业产品同竞争对手的产品之间具有明显的差异。③ 沟通性原则，即上述差异能够很容易地为顾客所认识和理解。④ 独占性原则，即上述差异很难被竞争对手模仿。⑤ 可支付性原则，即促使目标顾客认为因产品差异而付出额外花费是值得的并有能力购买这种差异化产品。⑥ 营利性原则，即企业能够通过产品差异化而获得更多的利润。

2. 市场定位策略

服务企业可采取以下市场定位策略：① 强化当前地位、避免迎头打击策略。② 确定市场空当、打击竞争者弱点策略。③ 重新定位策略。

11.3.3 服务定价

在服务市场营销工作中，定价是一项重要、困难又充满风险的工作。服务定价受到两个方面的影响，即不但要补偿服务产品生产和经营所消耗的费用，而且要考虑消费者所能接受的程度。服务产品价格与销售是一对矛盾，只有恰当的价格才能保证企业获得满意的效益。为此，企业要在遵循价格规律和供求规律的前提下讲究定价策略。服务价格可依据物质产品定价的理论、目标、程序和方法，结合服务的特点加以确定。其策略也是物质产品定价策略在服务业的具体运用，因此不再赘述。

11.3.4 服务分销渠道

与实体产品一样，服务企业也需要一个把服务产品转移到顾客消费的联系纽带，这就是服务产品的分销渠道。服务产品的主要销售渠道有两种。

1. 直销渠道（直销）

直销渠道简单地说就是没有中间商（中介机构）参与的销售渠道，即服务企业直接为顾客提供服务的方式。直销渠道可能是服务企业经过选择而选定使用的销售方式，也可能是由于服务和服务提供者的不可分割所致。

如果直销是经过选择而决定的，经营者的目的往往是为了获得某些特殊的营销优势。原因在于：① 采用直销，对服务的供应可以保持较好的控制，而若经由中介机构处理，则往往会失去控制。② 能够以真正个性化方式服务在其他标准化、一致化以外的市场产生服务产品的差异化。③ 可以通过与顾客的接触直接反馈关于顾客目前需要及这些需要的变化，以及竞争对手产品内容的意见等信息。例如，有些投资顾问机构或会计师事务所都可能有意限制客户的数量，以便能提供个别服务。

如果直销是由于服务和服务提供者之间的不可分割性（如法律服务、家务服务等）决定的，那么服务提供者可能面临如下问题：① 对于某些特定专业的人才需求（如著名的辩护律师），其企业业务的扩充将会遇到各种问题。② 采取直销有时意味着局限于地区性市场，尤其对那些人的因素比重大的服务产品，在不能使用任何科技手段作为服务机构与顾客之间桥梁的情况下，更是如此。

2. 间接渠道

间接渠道与直销渠道相反，它是有中间商（中介机构）参与的销售渠道。间接渠道是服务业经常使用的渠道，其结构各不相同，有些甚至相当复杂。常见的服务业市场中介机构：① 代理，如观光、旅游、运输、保险、信用和工商业服务等。② 代销，即专门执行或提供一项服务，然后以特许权的方式销售该服务。③ 经纪，如股票、证券、广告服务等。④ 批发商。⑤ 零售商。

中介机构的形式还有很多，某些服务交易进行时可能会牵涉好几家服务公司。例如，某顾客租用一栋房屋，可能牵涉的服务业包括房地产代理、公证人、银行等。

11.3.5 服务促销

服务企业的市场营销活动经常采用人员推销、广告宣传和其他促销手段，但它的促销要比实体产品困难得多。

服务企业促销最常用的手段是人员推销和广告宣传。其员工兼生产与销售于一体，他们是处理好顾客关系的关键，也是向顾客推销服务的有效途径。因此，训练和激励每个员工做好促销工作，是服务企业促销的重点。服务企业员工首先要清楚地了解每一个顾客的利益要求，然后调整提供服务的方法，以达到促销的目的。

服务企业在进行广告宣传时应注意：① 尽可能将同一个有形物体联系起来宣传。② 着重宣传企业的信誉。③ 宣传服务能够带来利益,并强调与竞争者的区别。④ 持续宣传。

11.3.6 服务营销：为顾客定制服务

营销理论和实践的发展起源于实体产品的销售,然而近年来的主要大趋势之一就是服务业的惊人增长。但迄今为止,服务公司营销工作的应用方法仍落后于制造业公司。许多服务企业不采用正规的管理或营销技术,有些服务企业认为应用市场营销方法不符合其专业特点,其他服务性企业面对大量需求仍未能认识到营销的必要性。下面,我们以典型的服务行业——银行服务营销发展的过程为例对服务营销加以说明。

多年以前,银行业对营销既不理解也不重视。银行人员不必为查对账目、储蓄、贷款或为保险箱而费心,他们坐等顾客上门,服务态度漫不经心。然而,随着我国新市场经济体制的建立和对外开放后外资银行的涌入,银行业认识到没有营销将不能生存。银行业对营销的认识有以下6个过程：① 银行营销包括广告、促销和公共宣传。例如,面对储蓄方面的激烈竞争,一些金融机构决定增加广告和促销手段,采用赠送雨伞、肥皂的方式吸引更多新的顾客。② 银行营销就是微笑和对客户友好。银行认识到要吸引一批人成为忠实顾客,就要有更全面的营销概念,所以要求银行职员微笑服务,走出窗口提供咨询,在银行大厅营造一种温馨、友好的气氛。每家银行都变得亲切感人,人们就很难以哪一家态度友好为标准来选择银行了。③ 银行营销着力于市场细分。银行开始寻找新的竞争工具,它们对市场进行细分,并开发新品种为每个细分市场服务。例如,银行如今向顾客提供的金融服务多达几百种以上,然而由于互相模仿,优势产品的竞争力保持时间正在不断缩短。④ 银行营销注重金融定位。如果所有的银行都做广告,都微笑服务,都在细分市场创新,那么又将会发生什么情况呢？显然,它们开始看起来是一样的了。于是,银行被迫去探索新的、有所区别的领域。它们发现没有一家银行能够成为所有顾客心目中的最佳银行,没有一家银行能提供顾客需要的全部服务。所以,银行必须有所选择,必须研究各种机会,并在金融市场上确定自己的位置。⑤ 银行营销注重市场分析、计划和控制。在国际知名大银行倒闭及亚洲金融危机的影响下,国内银行业逐渐认识到,制订一个完善的营销计划和控制制度势在必行,并要配有相应的人员考评制度。⑥ 银行业务注重定制化。随着互联网的不断发展,银行现有的顾客可能逐渐地走向那些能提供更广范围服务的机构。银行上亿元的资金由于基金的出现而流失,无银行抵押的公司把业务扩展到了家庭贷款等,这些促使银行业必须不断调整经营方式。

11.3.7 制定大客户营销策略

物流大客户可以依据二八定律来划分。不同的客户等级可以依据业务量、增长水平、服务成本、行业竞争程度等标准进行区分,并给予不同的服务策略。

物流营销技巧

物流高端市场细分和高端物流产品开发

全球最大的快递物流服务公司UPS目前第一利润源已经转变到了物流金融服务产品

上。公司作为银行与客户的第三方，以客户保管的货品作质押，向客户提供金融支持，包括代垫运费、贷款融资、贷款回收和结算等。这一细分市场带来了丰厚的回报。

必备技能

如果没有顾客，企业将会怎样？

一个悬崖上有一块长木板，木板的一端坐着顾客，另一端是一个大舞台。舞台是为企业准备的，企业利用该舞台在台上展示和演出。有趣的是，企业所在木板那端构成的大舞台，其下边是悬空的。也就是说，如果顾客在演出结束之前离开，或顾客这一头没有足够的力量支撑，企业就会掉下悬崖。实际上，用这幅漫画来形容企业的产品或服务又何尝不是如此呢？如果没有消费者和顾客，企业将会怎样？企业该如何了解自己的顾客呢？

（1）请根据上边的描述画一幅漫画。
（2）请在漫画上明确标示物流企业的顾客由哪些人或组织构成。
（3）讨论物流企业怎样做才会吸引更多的顾客坐在木板的一端，以给企业更大的支撑。
（4）讨论物流企业怎样做会使顾客从木板的一端撤身。
（5）使木板均衡有许多办法，请分组讨论后尽可能多地列举出来。

实训 11 客户服务规划设计书

实训任务单

学习领域	物流市场营销实务
学习情境	物流服务营销
学习任务	选择当地某第三方物流企业的某个关键客户，仔细调查研究该客户的业务类型、业务需求规律、业务量变动、协议考核指标、企业文化、组织结构类型、负责该项业务经理的性格、业务主管的爱好等信息，据此准确提炼出该客户的服务需求项目、类型、特点、标准、变化趋势等信息，并按照服务营销的基本理论进行"客户服务规划设计"
任务描述	物流企业提供的主要业务就是服务。服务是物流企业赖以生存的基础和关键。服务营销是整个物流企业营销的核心。那么，物流企业应该给客户提供怎样的服务呢？ （1）物流企业客户的3个层次：一般业务客户、关键客户和战略合作伙伴客户 （2）物流企业客户满意度的3个层次：基本满意、完全满意和感动 （3）让客户感动的3种服务：主动帮助顾客拓展事业、诚恳关心顾客及家人、做跟你卖的产品无关的服务 （4）物流服务本身的3个层次：分内服务、边缘服务（可做可不做）、与销售无关的服务 作为物流企业的业务员或揽货员，我们的口号是： （1）我永远是一个提供服务的人 （2）我提供服务的品质与我的生命的品质成正比 根据上述理论，从当地某第三方物流企业中选择一个客户，经过系统调查，为该企业的该客户进行服务规划设计，要求：

续表

任务描述	（1）所选择的客户应为企业的关键客户，最好是目前存在服务危机、有可能流失的客户 （2）对该客户要进行周密调查研究，掌握各种有效信息 （3）服务设计和规划要依据上述物流服务基本理论，并有创新性体现 （4）服务规划设计书完成后交由企业主管评定成绩 （5）设计要充分考虑成本因素和可执行性等问题					
任务目标	能够运用物流服务基本知识为物流企业服务					
任务要求	任务情境	任务对象	任务手段	任务资源	任务组织	任务成果（物化成果形式）
^	对物流客户进行研究分析	1. 物流企业 2. 物流企业客户	1. 侦查 2. 调查 3. 二手资料分析研究	1. 电话座机 2. 互联网 3. 照相机 4. 客户原始数据与资料 5. 物流企业数据库资源	1. 学生分组，一般每6~8人一组 2. 任务的完成应该符合具体工作过程中人的思维的完整性，即包含和体现信息、计划、决策、实施、检查和评估6个步骤 3. 该过程由教师指导学生完成	1. 客户服务规划设计书 2. 汇报用的PPT
分配人签字		受领人签字				

第 12 章

物流市场直复营销

学 习 目 标

通过本章的学习，了解直复营销的本质、关键和机构建设，把握物流直复营销的形式、应用技术与技巧。

工作任务

致 函

亲爱的××小姐：

您好！

岁月流逝，时光如梭，又一个秋冬季节已经来到我们身边。

正因为如此，3 周前，我为您寄出了一本附有特殊礼品的最新秋冬专辑，以使您免费获得一件极棒的产品——米色风衣。

这款风衣由高材质制成，配以简洁的设计和清爽的颜色搭配，是特别之作，能给您带来简约而时髦的着装概念。

但是，您的免费礼物似乎至今仍未索取，也许您的订货正在送达过程中。我非常精心地为您挑选了这件礼物，如果您没有机会享用它，我将感到非常遗憾。所以，我要再次告诉您：您还有 15 天时间可索取它！

这是一件获得极大成功的礼物，正因为如此，我担心 15 天以后，我也许将无法为您保留它，我真心地希望您能够喜欢这件实用而时髦的风衣。

您只需购买目录中的任何产品，就可免费得到这件米色风衣。我们特别为您保留着它，并将把它放进您的订单。

如果您已经下过订单，请不必在意这封信的内容，因为此时您的订单一定正在处理过程中。

现在就请打开××公司为您的秋冬准备的专辑吧！这个季节，我们为您推荐了多款时尚而漂亮的衣服，尽情欣赏它们吧！

非常高兴有机会将礼物放进您的订货包裹中！

××公司商务总裁（签字）

×××年××月××日

? 思考题

本致函的特色是什么?

12.1 直复营销概述

12.1.1 直复营销的概念

直复营销是一种为了在任何地方产生可度量的反应或实现交易而使用一种或多种广告媒体互相作用的市场营销体系。

该定义包括4个要素:① 它是营销人员与目标顾客进行双向信息交流、互相作用的体系。② 直复营销活动为每个目标顾客提供直接向营销人员反映的机会。③ 直复营销的交流是不受时间和空间限制的。④ 所有的直复营销活动的效果都可测定,这也是其最重要的特性。

12.1.2 直复营销的形式

当前,直复营销的形式有以下几种。

(1)网络营销。

(2)数据库营销。数据库营销是指运用个性化的营销媒体和渠道,建立个体顾客订购和询问方面的有效信息、记录和数据库等资料,并以此分析产品或服务,以更有效的方式满足顾客需求的营销方式。

(3)直邮营销。直邮营销是指采用邮寄的方式直接向消费者投寄广告和产品目录,以此宣传企业及产品,并达到刺激消费者立即用信件、电话或传真的方式订购产品或劳务的营销方式。

(4)电话营销。电话营销是指利用电话或传真等方式直接向消费者销售商品的营销方式。

(5)电视营销。电视营销是指利用电视这一媒体直接向顾客销售其产品或服务的营销方式。

12.1.3 直复营销的本质

回顾过去150年营销领域所发生的变化,我们可以看到一条清晰的变化曲线——从关注大众到关注个体。媒体广告成本越来越高,厂商竞争越来越激烈,消费者也越来越挑剔,直复营销就是为了满足消费者需求的一种个性化营销方式。社会变革、财务压力、新兴技术三者的推动,使得直复营销应势而生。

1. 直复营销是一个销售系统

这个销售系统是一个相互联系、相互影响、相互作用的体系,其目的是成功地将产品及其所有权由生产者转移到消费者手中,成为实际消费的对象。

2. 直复营销是一个互动体系

直复营销者与目标顾客之间以"双向交流"的方式传递信息，而不是单向传播。营销者通过某个（或几个）特定的媒介（电视、广播、电话、互联网、目录、邮件、印刷媒介等）向目标顾客或准顾客传递产品或服务信息，顾客通过邮件、电话、在线等方式对企业发布的信息进行回应，订购企业宣传中提供的产品或服务，或者要求提供进一步的信息。

3. 直复营销使得直复营销人员有可能获得顾客的回应

顾客可以通过诸如电话、互联网、邮件等多种方式将自己的反应回复给直复营销人员，直复营销人员据此提供产品或服务、总结营销工作中成功的经验和失败的教训、提高营销水平和成效。

4. 直复营销的双向交流不受时空限制

只要能建立一种有效联系直复营销人员和顾客的方式，那么无论双方在空间上相距多远，无论购买活动在时点上发生与否，双向的信息交流都能顺利进行。

5. 直复营销的一切活动效果都是可以测定的

在直复营销活动中，任何媒体使顾客产生的直接反应都是很容易确定的，即企业能确切地知道产生回复的顾客的比例，知道回复的内容是什么、回复可以分多少种类，并可以对回复的信息进行分析、分类和储存。正因为如此，直复营销能够产生高效率。

6. 直复营销强调与顾客建立长远关系

直复营销强调直复营销人员与顾客的关系并不因一次交易的终止而终止，而是会继续延续下去的。直复营销人员会将通过目标顾客的反应得到的信息与这个目标顾客原来的一些相关信息一起存入数据库，作为直复营销人员进行下次直复营销活动的依据。直复营销人员还将分析目标顾客的有关数据，根据这些数据为下一次直复营销活动制订计划和营销策略，并且与每位顾客联系之后还要重新修订这个顾客的有关数据。因此，可以说直复营销是着眼于长远的而非眼前的。

7. 直复营销不等同于直接销售

有的学者把直复营销称为直接销售，其实它们之间是不等同的。直接销售也称面对面销售，是指销售方派出销售代表，直接和顾客达成交易的方式。相当一部分学者倾向于把直接销售与直复营销同归于无店铺销售；也有学者认为如果稍稍放宽时空上的要求，并从信息传播者的角度来定义销售代表，直接营销应列为直复营销的一种。不管怎样，将直复营销与直接销售画上等号是错误的。

12.1.4 直复营销的关键

1. 建立一个数据库

建立一个数据库，了解客户的需求，并将对他们的了解与物流企业的产品或服务项目、特征等对应起来，是直复营销成功的关键。因为只有对别人有所了解，你才能更好地去营销。你对客户的了解比你对自己产品的了解还重要。数据库可以帮助企业做出更聪明的决策。

TNT 公司在荷兰的直复营销公司的数据库里，所有的消费者数据都会持续地被充实和更新,并且几乎每个消费者数据最终都会有1 000多项有关的信息。

2. 提高客户的满意度

客户的满意度决定了直复营销是否最终能获得成功。客户对服务的评价可能会影响到其他客户。客户满意直接来源于对客户的亲和,这对于直复营销来说是关键要素。了解客户、提供为客户解决问题的方案是对客户亲和的主要内容。要达到对客户亲和的目的,企业就必须整合直复营销链上的各种元素并锁定客户,为客户提供容易使用的直复营销工具、创新的产品和优质的门到门的配送服务,向市场提供直复营销知识,同时发挥配送和结交伙伴的作用。

> **实 例**
>
> 在荷兰,每年要搬家的家庭有70万个,这创造了40亿元的销售机会。荷兰人如果搬家,就会到邮局填写表格,告知所有的邮寄地址更换的信息。专业的直复营销公司会给这些搬家的人一个资料包,里面包括与搬家迁址有关的40家公司的服务介绍。搬家者可以及时更改地址,同时从这些介绍中得到产品信息;而对于直复营销公司来说,它们既能将得到的数据发邮件给搬家者,又能够从这些放入产品介绍的公司处获得收益。
>
> 另一个能够吸引客户的服务是卡片服务。在卡片服务上,TNT公司做了很多创新。针对那些只需要进行几千份投递的客户来说,TNT公司首创了一种将投递人的姓名直接打在卡片正面、与卡片合而为一的形式。企业用这些卡片的目的在于取得有效的回应。而当收件人收到这些有自己的名字,甚至自己的名字会被打印在小小的手机短信图片上并出现在手机屏幕上作为祝福语的一部分时,他们会感到非常亲切。同时,便捷的设计使得回复十分方便,收件人只要撕下覆盖在背面的一层纸,就能够直接将印有回执地址和付了邮资的卡片寄送给企业。

3. 加强与客户沟通

公司丢失客户的一般原因可能是因为他们搬家了、歇业了或者被其他竞争对手拉走了,但是公司丢失客户最主要的原因就是客户不在乎你,他们有可能也认为企业不在乎他们。而要解决此问题,就要及时与他们实现无障碍沟通。

4. 注重时机的选择

美国某机构曾经做过测试,一封关于产品信息的电子邮件如果是周五被发送出去的,那么被打开的概率比在周一发送的电子邮件高38%;在具体的阅读时间上,8点看邮件的人数比9点高出51%,比下午3点高出260%;如果电子邮件的主题里有收件人姓名,并且是当天的邮件,那么被阅读的可能性比只有收件人姓名的多出24%,比没有收件人姓名的多出75%。这个例子证明了时机选择的重要性。

12.1.5 直复营销专业机构

1. 电话营销公司

这类公司专门培养具有专业电话沟通技巧的人员,以利用电话或传真做推销。当然,他们单独作战的机会也不多。通常,他们必须搭配广告、直接信函或与其他促销活动一起发动营销攻势，这样才能奏效。

2．名单租售公司

随着直复营销的发展，在直复营销的经营者不断要求下，一种专门收集各式各样名单的公司渐渐增加。当然，与传统名单公司不同，它们会将所拥有的名单，经过严格分析整理，成为具有营销价值的信息。而且，它们还会提供计算机打印名单贴纸、封装与邮寄等各项服务来满足直复营销公司的需求，为经营者节省不少人力成本。

3．直复营销顾问公司

这种专业的顾问公司给厂商提供直复营销计划、执行与追踪等全过程服务，其中包括策略的设想、创意表现、媒体选择、实际工作执行、效果评估与追踪等。

4．全自动化装封公司

此类公司给顾客提供完全计算机化与机器化装封以取代人工装封的麻烦，可以更加快速有效地处理大量直复营销信函。目前，最先进的全自动化装封系统设备可将打印信函内容、收件人姓名、地址及装填印刷品、封口、打印邮资记号等烦琐的动作一次完成。

5．私营送递公司

可想而知，采用直复营销的经营者将会成为私营送递公司的大宗邮件的主要收入来源。而且，在特定地区内的直接信函若委托私营送递公司寄送，价格将会是公营邮局邮资的一半左右。再则，目前从国外及中国台湾地区的经验来看，私营送递公司的速度与安全性都颇受称道，值得直复营销的经营者善加利用；不过，偏远地区则不在私营送递公司的服务范围之内。

12.2 物流直复营销形式

12.2.1 数据库营销

1．数据库营销的含义

数据库营销，就是企业通过收集和积累消费者的大量信息，经过处理后预测消费者有多大可能去购买某种产品或服务，以期利用这些信息进行有效的市场营销定位。

2．营销数据库的信息内容

（1）顾客基础信息：姓名、年龄、职业、地址、联系方式等。
（2）顾客购买信息：顾客收入水平、购买习惯、频次、购买数量和喜好等。
（3）顾客期望、意见和建议信息：顾客对产品、价格、促销模式、购买的方便性的意见和建议等。
（4）顾客信息和资料的更新。

3．营销数据库的建立

一个完整的营销数据库应包括两个方面的要求：一是应该拥有齐全的资料，既包括现有顾客的基本资料和交易资料，也包括将来准备拓展的目标顾客资料；二是应该对这些原始资料进行筛选、测试、整理，在保持信息准确的前提下，实现数据库的"智能化"，从而保证它能够依照某项营销活动的目的迅速、详尽且准确地提供顾客群资料。企业在建立营销数据库时应该注意以下几点：

（1）顾客记录的个别性。营销数据库中，每个现实或潜在顾客都被作为一个记录。市场群体是众多可识别的个体顾客的集结。

（2）顾客记录的全面性。顾客记录不仅包括其识别和联系的信息（如姓名、地址、电话号码等），而且包括其他广泛的营销信息（如消费者人口统计和心理统计信息、产业顾客的产业类型和决策单位信息、消费者对企业营销活动中各种沟通方式的反应、历史交易情况信息等），为企业接近顾客、促成交易提供资料基础。

（3）顾客记录的动态性。企业的顾客总是处于动态之中的，顾客记录要及时准确地反映顾客已经发生变化的情况，确保提供信息资料的真实性。

（4）顾客记录的标准化、规范化。企业顾客记录应按不同标志进行分门别类，但其分类应该标准化、规范化，以便于运用，防止不同营销部门和营销形式自行设置顾客记录、自定记录内容和概念含义，造成数据库中的信息资料混乱，影响使用效率和效益。

（5）顾客数据库管理计算机化。企业应将计算机技术运用于客户数据库的开发管理上，数据库的管理要现代化、网络化和科学化。

4. 数据库营销的运作程序

数据库营销一般经历数据的采集、数据存储、数据处理、数据的使用、数据的扩充和更新、数据的安全防范等基本过程。

（1）数据的收集。收集数据的来源有两个：一是内部信息资源，即企业通过市场调查、展销会、商品交流会、博览会及销售回函记录等所取得的信息资料，包括历史资料的积累；二是公共部门保存的数据资料，包括统计部门、财政金融部门、生产与流通行政管理部门所保存的数据资料，将这些对企业营销有用的数据资料收集起来，以便建立数据库。

（2）数据存储。收集到的信息还必须经过去粗取精、去伪存真的整理及筛选，才能依据数据库营销目标并按一定的索引保存起来。数据一般按照顾客与企业的密切程度分3类储存。第一类是经常购买企业产品或服务的顾客数据资料；第二类是曾经购买过企业产品或服务的顾客数据资料；第三类是准顾客数据资料，以便据此开展数据库营销活动。

（3）数据处理。企业的各个部门对其所需顾客信息的要求是不同的，这就要求数据库处理部门按不同的要求对顾客数据进行排列和组合，以适应各个部门有效利用数据开展工作的需要。

（4）数据的使用。数据库的建立成本是很大的，所以企业必须尽可能多方面地使用数据库内的资料，发挥数据库资料的多种用途。例如，可以用其寻找"最有利可图的顾客"，即根据"20/80原理"——企业80%的利润是由20%的顾客创造的，这20%的顾客就是最有利可图的顾客，故企业应将营销工作的重心置于这部分顾客身上，留住他们并使他们保持对企业的忠诚。

（5）数据的扩充和更新。在与顾客交易过程中，企业必然会得到新的信息和更多的顾客资料，这些新的资料要不断地充实到数据库中，同时删除对企业已毫无价值、内容陈旧的资料，以保证数据库内的信息更新和可使用量的最大化。

（6）数据的安全防范。数据库是直复营销企业的重要资产，所以保证它的安全和保证厂房、仓库的安全同等重要。一方面，要防止信息被窃取；另一方面，要防止意外侵害，如计算机病毒的感染等。

12.2.2 直邮营销

1. 直邮营销的特征

直邮营销是通过企业营销人员将广告信息印刷成信件或者宣传品,利用其客户数据库或从专业公司购买的邮寄名单,以指定方式将邮件寄送给消费者或用户。直邮营销具有如下特征:

(1) 选择性。直邮营销运用目标市场数据库来选择具有共同特征的消费者群或企业购买者群。不管消费者居住何处,只要其符合企业目标顾客的特征,就可以成为企业的推销对象。正是这种选择性实现了企业销售的产品或服务与目标市场的良好匹配,避免了其他大众媒体形式的非针对性缺陷。

(2) 个性化。直邮营销人员向顾客寄发的邮件已具体到收件人的姓名和地址,这造成一种假象,似乎卖方与其目标市场进行的是个人接触与沟通,有利于增加企业与顾客之间的亲切感。

(3) 灵活性。直邮的选择性和个性化特征使其在直复营销的活动中具有高度的灵活性。直邮可以很方便地根据所要吸引的受众特点和具体情况将传递的信息顾客化。而且,企业可以不受大众媒体的限制,根据自己的需要,从数据库或购买(租用)的名录中选择对象,并寄发相应的邮件。

(4) 隐秘性。企业向目标顾客寄送邮件、发布信息,对于收件人来说,在未打开邮件之前,他们可能根本就不知道信封里邮件的性质和内容。

(5) 高回应率。直邮的回应率一般在 35%以上,比直复营销的其他形式的回应率都高。尽管该方法每千人接触成本较之采用大众广告媒体要高,但所接触的人成为顾客的可能性较大。同时,高回应率又有利于客户数据库信息资料的更新和完善。

(6) 效果的可测试性。正是高回应率决定了直邮效果可以被测试。即每一次邮寄带来的经济效益和收集信息的功能作用都能比较精确地计算出来,并为继续开展直邮营销活动提供依据。

2. 邮政媒介的选择

邮政是进行直复营销首先选择的媒介,目前可以选择的邮政媒介有明信片、邮柬、信函和包裹。这些媒介有着各自的优点和缺点。例如,明信片简洁、方便、一览无余,但暴露、简单、容量小、价格单一;邮柬形式新颖、表现力强、保密性强,但情意不浓,不够正式;信函看起来正式、庄重、容量大、组合灵活,但比较复杂、价格稍高;包裹实物直观、开拆率高、效果好,但是价格稍高。

客户在进行邮政媒介选择的时候,首先要考虑的是所选媒介对回复率的影响。以下因素是选择媒介需要考虑的主要因素:① 收件人身份。② 所销售商品的品质及邮件内物件的品质。③ 使人优先阅读的特异性。④ 读者阅读的方便性。⑤ 成本。

另外,邮政媒介的付费方式、格式、外观、媒介质地、收寄方式、名址书写方式等对回复率都有影响。

3. 名址选择

名址选择是邮政实施直复营销最重要的环节。正确选择名址是"将信息送给有需求的人"的关键，只有进行正确的名址选择，才能使邮政媒介的作用发挥到最佳。正确选择名址，首先要进行客户分析，即考虑客户是大众消费企业还是特殊企业、产品是易耗型还是耐用型、产品的单位或批次利润空间如何、企业通常的销售方式和销售渠道是什么、企业有无客户资料和交易记录；其次要分析客户的用户群体，即分析产品使用群体的共同特征是什么、客户群体是否有一定规模、对客户群体唤醒的难度与成本如何、谁对购买有决定权和影响力。只有将以上问题真正弄清楚，才能合理确定邮政直复营销的主体和受体。

为了更有效地进行邮政直复营销，我们可以进行一些测试。实施直复营销测试的变量有很多，如名址清单、媒介类型、媒体、时机、规模、频率、创意设计、报价、回复机制等。这种测试能够帮助客户做出合理的判断。测试与不测试结果大不相同，从表12-1中可以看出最重要的变量测试结果。

表 12-1 直复营销变量测试

因　　素	最好的与最差的区别
名单	×6
报价	×3
时机	×2
创意	×1.35
回复机制	×1.2

不能说测试是一种非常精密的技术，但它能帮助你提高成功的概率。名址清单测试的主要内容是名单质量和有什么特征的人对你邮寄的内容有兴趣，与此对应的测试指标是退信率和反应率。具体的测试可以依照以下步骤进行：一是按照不同的特征、行为分类；二是给每一份名址函件都编写批次处理号；三是一次测试一个变量（以便知道回复率增长或下降的原因）；四是同时寄出所有的测试清单。

4. 设计制作

选择好邮政媒介和合适的名址后，就要着手进行直复营销邮件设计工作。为做好这些邮件的设计，企业必须做好以下几项准备工作。首先，研究产品和市场，即考察顾客购买产品的动因、产品的使用频率和使用方式、顾客为什么选择这种产品或不选择这种产品及顾客的改善建议、顾客了解产品的途径等。其次，与客户一起研究清楚一些细节，即产品简介、产品用途、产品价格、产品卖点（与同类产品的特异之处）、产品报价（优惠、售后服务）、购买产品的支付方式、产品承诺、使用直复营销的目的、发寄对象或消费者及他们的特征、设计销售信函中的关键词和避免词、有无特殊信息。

（1）进行设计前决策。这一决策的主要内容如下：

1）确定邮寄样式，确定是一步营销还是两步营销。采用一步营销，则需要齐全的设计，有销售函、小册子、回复订单等；采用两步营销，则有销售函、回寄单即可。

2）判断目标对象是消费者还是企业。如果是消费者，邮件应大一些、漂亮些，诱因推动力强一些；如果是企业，则要取决于寄给何种职位的人：通常职位越高，邮件给人的印象和感觉就应该越保守些，邮件的成本也越低些；反之亦然。

3）选择做多大推动。这里有两个定律：一是大拇指定律，即期待购买者的数目大、交叉使用媒体、强诱因设置等。期望测试信函有效性高时，要给足够多的人邮寄邮件。若要确保最少50份回复、期望1%的回复率，则测试群需要5 000个。二是小拇指定律，即预测项目收益时的回复率不超过1%，若大于1%则要慎重考虑。回复率为0.05%~20%，那是一个相当大的范围。

4）确定是"冷"清单还是"热"清单。"热"清单用于已与客户建立信任的情形，此时不必过于推销。"冷"清单则要考虑怎样与客户建立信任感。

（2）销售邮件的设计。直复营销邮件不是通信，它只是借用了通信的元素；直复营销邮件不是广告，它只是借用了广告的元素。它是直销邮件，目的是为了销售或是得到回复。为了实现这个目的，销售邮件的设计要特别注意以下几点：

1）标题。标题应将读者的注意力集中在1~2项实惠和承诺上，给读者一个花宝贵时间去读的理由，给下文内容一个提示。

2）开头。站在读者的角度展开（用读者关心的问题开头而不是你关心的问题）。

3）报价预告。给读者提供奖品、试用品、宣传资料时，应该提示它是免费的，并且不用承担任何责任。这样读者可以放心，能引起读者的回复行为。

4）销售的文字说明。牢记你正在销售的是报价，而不是产品！一定要靠报价实惠打动人。

5）报价。报价一般要注重4个方面：读者实惠、建立信任、方便回复、督促行动。

6）附笔。签名可以加强行动号召力；职务表示郑重，可以增加信任和亲切感。

5. 把握发寄时机

实施直复营销要选择发寄的最好时机，因为发寄时机对回复率有较大的影响。例如，某保险公司使用"冷"清单吸引新的汽车保险用户，开始只是简单地发给车主名单中的所有人，回复率很低，甚至低于1%，后来公司发现可以从一些渠道得到车主需要更新汽车保险的日期等信息，于是只给那些保险将在近两个月到期的车主发送邮件，这使得平均回复率增加到5%以上。

人们通常认为周二到周四让客户收到邮件有利提高回复率。根据客户的情况不同，选择合适的时机进行直复营销是非常重要的。

6. 影响反应率的主要因素

实施直复营销最重要的是提高反应率。反应率是由诸多因素决定的，其中重要的是清单、报价、时机、创意和回复机制。通过测试，人们意识到名址清单的重要性要达到40%~60%。

提高反应率的唯一途径是勤于实践，通过实践积累经验，掌握不同条件下的反应概率并据此予以改进。同时，交叉使用多种媒体也可以提高反应率。例如，奥美公司对一条国际航线做过一项客户认知度研究——把经常来坐飞机的人分成两个样本，向其中一个样本发送了3个说明这条航线优点的邮件，另一个不发邮件。3个月后，再对这条航线展开电视广告攻势，跟踪结果如表12-2所示。

表 12-2 两个样本的反馈比较

客户意向	样本一	样本二
电视广告认知度	69%	49%
作为第一选择的品牌	27%	1%

结果表明,对于电视广告认知度,并且作为第一选择的品牌,样本一的选择率远远高于样本二。可见,多种媒体的交叉使用也可提高反应率。

7. 效果评估

实施直复营销时要进行销售评估,主要评估指标有退信率、反应率、交易率和成本—效益率。直销邮件的主要成本因素有设计费、文件打印制作费、名址清单使用费、信封及信封打印费、封装费、邮资等费用。直销邮件的成本—效益如何计算呢?

例如,如果企业发出了 7 500 份邮件,直接成本为 4 500 元。通过直邮,企业收到了 300 份回复(4%),那么每份回复的成本是 15 元。企业收到订单 105 份,转化率为 35%,那么每份订单的成本就是 42.86 元。这些订单的总销售额是 19 425 元,平均订单价值是 185 元。毛利率为 65%,赢利 12 626 元,减去邮寄等直接成本 4 500 元,客户获得的净利润为 8 126 元,利润率就是 41%。

只有做好了直复营销的成本—效益评估,才能保证直复营销收到满意的效果。

12.2.3 目录营销

1. 目录营销的概念

目录是企业所销售商品或服务的罗列。目录营销是指以目录作为发布信息的载体,并通过直邮渠道向目标市场成员发布,以获得对方直接反应的营销活动。目录营销是直邮营销的一种形式。

2. 目录的设计

(1)目录的设计要求。

1)商品信息量大。目录营销者在设计目录时,一定要注意加大商品的信息量。一是尽可能按照商品用途,对商品进行分类,各类主要商品品种都要进入目录;二是刊登主要商品的图样、品质、用途、使用方法说明,以供顾客进行比较、分析、选择;三是注意综合性目录与专题性目录相结合,以增强目录营销的针对性。

2)印制精美,令人赏心悦目。目录要求用上档次的纸张印制,做到印刷精美、图文并茂、画面色彩丰富,较好地表现产品或企业形象,增强目录的感染力。

3)便于客户保存。目录营销对象选择性强,依据客户数据库信息寄发,对象明确。企业要根据对象需要设计规格尺寸和厚度,方便顾客携带和长期保存。

(2)目录规格尺寸设计。目录的规格尺寸大小是由目录中商品数量和每个商品品种所占的空间所决定的,商品在目录中的展示空间则取决于发布内容和对展示有效性的要求。具体规格尺寸大小,没有统一的规定。

(3)目录制式设计。目录的制式可以多种多样,但一般都由封面、封底和若干双面印刷的目录页所构成。封面和封底确定目录的主题,其设计要求精美、色彩鲜明、丰富、协调，能够引起读者注意、激发读者对内容的兴趣。封面页要能反映企业名称和形象，内页要以图文形式刊载商品信息。其商品目录的排放应以商品品种销售额的大小为序，也可把新产品放在显著位置，以产生夺目的效果。

（4）目录视觉表现效果设计。视觉表现效果一方面可以增加目录的感情诉求，另一方面便于目标市场成员迅速捕捉发布的信息。在这一方面，照片可以说是多数目录的视觉焦点。通过精心设计，利用特别的灯光效果、摄影角度和背景，真实地表现商品的外形和特质，显然有助于商品的推销。

（5）目录文案设计。目录文案是目录中不可缺少的部分，每个商品的图片与文案要相互配合。图片强化文案的说明，文案又是对图片的补充，两者各司其职、相得益彰。文案描述一个产品对顾客的利益，起着推销的作用；同时，文案给出了产品订购信息，便于顾客购买。因此，全面而精练的文案对于目录营销的成功至关重要。

（6）目录订单设计。典型的订单一般装订在目录的中间，上面所载项目包括商品品目、款式与数量、价款、支付方式、购货说明、到货、收件人信息及其他注意事项。订单既是企业发货的依据，也是企业收集数据的重要途径，因此应认真设计。

12.2.4 电话营销

1. 电话营销的特点

电话营销是随着现代电子通信技术的发展而发展起来的一种运用电话网络、以高效率的双向沟通方法直接与顾客接触、沟通并展开促销活动的直复营销方式。

按照发话和受话主体的不同，可以将电话营销的方法分为拨进和拨出两种。拨进是指顾客给企业拨打电话进行订购、问询或寻求服务的电话营销方法；拨出是指企业给顾客打电话进行推销或提供其他可能导致顾客购买的信息的电话营销方法。电话营销能够快速发展，是由电话营销的以下特点决定的。

（1）即时性。企业运用电话作为媒介与顾客沟通，瞬间可与目标顾客通话联系交流。就速度而言，电话是其他沟通工具无法相比的。

（2）简便性。电话营销操作简便，几乎有语言表达能力的人都会使用。

（3）双向性。电话营销可以立即接收到对方的回应，特别是随着可视电话的推广与普及，直复营销人员可以运用文字语言和体态语言与顾客自由地沟通、交流。

（4）经济性。电话营销可以减少无谓的往返，有利于时间和费用的节约。

2. 电话营销的要素

（1）实行电话营销需要一定的硬件设施：① 与电话营销规模相适应的电话设备。② 开展营销业务、储存和处理营销信息的计算机、打字机、打印机、传真机、计算器等。③ 顾客及有关企业或单位的档案资料。④ 电话跟踪报告。⑤ 高效率的办公环境，和谐的办公气氛。

（2）实行电话营销需要有效、完整的电话营销范本和流畅、高效的商品运送及售后服务系统。

（3）实行电话营销，必须有训练有素的促销人员。

3. 电话营销的功能

电话营销的功能有电话推销、约定会晤、提供咨询、接受订货、收集信息、提供服务、催收账款等。

4. 电话营销的技巧

（1）听的技巧。在与顾客进行电话沟通的过程中，营销人员要认真、耐心地聆听对方的回应，在聆听的过程中全面了解对方，寻找并记录有价值的信息，以便在下一轮谈话中先发制人，迅速指出问题关键所在，这样必然针对性强，收获也会较大。

（2）说的技巧。电话营销是通过说来打动顾客的，因此掌握说的技巧对营销工作的重要性是不言而喻的。

（3）处理顾客抱怨的技巧。顾客使用产品之后，实际所得利益不如预期利益，产生不满心理，并将这种不满主动向企业申诉，称为"顾客抱怨"。电话营销人员必须处理好顾客抱怨，变坏事为好事。一要用体谅的心态，尊重顾客的观点，设身处地为顾客所想；二要详细记录顾客的抱怨，将自己的姓名等情况告知顾客，以表示负责；三要主动征询顾客所希望的解决办法，征求顾客对企业处理方案的意见；四要在顾客抱怨处理完之后向顾客询问满意程度，并表示歉意。

（4）账款催收的技巧。

12.2.5 网络营销

1. 网络营销的含义

作为一种交互式的、可以双向沟通的渠道和媒体，网络为物流企业与客户架起了营销的桥梁。客户可以直接通过网络订货和付款；物流企业可以通过网络接收订单、安排生产，直接将产品或服务项目通过现实的各种物流设施提供给客户。互联网的直复营销将与直复营销的理念更加吻合。

2. 网络营销的特征

互联网是一种有效的双向沟通渠道，物流企业与客户利用它可以实现低费用、低成本地沟通和交流，还能为企业与客户建立长期关系提供有效的保障。

（1）利用互联网，物流企业可以直接接收客户的订单，客户也可以直接提出自己的个性化需求。企业可以根据客户的个性化需求，利用柔性化的生产技术和设施最大限度地满足客户的需求，为顾客在消费产品和服务时创造更多的价值。

（2）利用互联网，物流企业可以更好地为客户提供服务并与之保持联系。互联网不受时间和空间限制的特性能最大限度地方便客户与物流企业进行沟通，客户也可以借助互联网在最短时间内以简便方式获得物流企业的服务。

（3）通过互联网交易，物流企业可以实现从产品质量、服务质量到交易服务等全程质量的控制。

（4）通过互联网，物流企业还可以与同行业相关企业和组织建立关系，实现双赢。互联网作为最廉价的沟通渠道，它能以低廉成本帮助企业与企业的供应商、分销商等建立协作伙伴关系。

3. 网络营销是软营销

软营销理论是针对工业经济时代以大规模生产为主要特征的"强式营销"提出的新理论。它强调企业进行市场营销活动的同时，必须尊重消费者的感受和体会，让消费者能舒服地主动接收企业的营销活动。

互联网上，信息交流是自由、平等、开放和交互的，强调的是相互尊重和沟通，网上使用者比较注重个人体验和隐私保护。因此，物流企业采用传统的强势营销手段在互联网上展开营销活动势必适得其反。例如，美国著名 AOL 公司曾经对其用户强行发送 E-mail 广告，结果招致用户的一致反对，许多用户约定同时给 AOL 公司服务器发送 E-mail 进行报复，结果使得 AOL 的 E-mail 邮件服务器处于瘫痪状态，最后不得不道歉以平息众怒。网络软营销恰好是从消费者的体验和需求出发，采取拉式策略吸引消费者关注物流企业来达到营销效果的。在互联网上开展网络营销活动，特别是促销活动，一定要遵循网络虚拟社区形成规则，也称"网络礼仪"（Netiquette）。

4. 网络整合营销

互联网对市场营销的作用可以通过 4P（产品/服务、价格、渠道、促销）的结合发挥出来。利用互联网，传统的 4P 营销组合可以更好地与以顾客为中心的 4C（顾客、成本、方便、沟通）相结合。4C 的具体内容如下：

（1）产品和服务以顾客为中心。由于互联网具有很好的互动性和引导性，顾客可以通过互联网在企业的引导下对产品或服务进行选择或提出具体要求，企业可以根据顾客的选择和要求及时进行生产并及时提供服务，使得顾客可以跨时空得到所要求的产品和服务；另外，企业还可以及时了解顾客需求，并根据顾客要求组织及时生产和销售，提高企业的生产效益和营销效率。

（2）以顾客能接受的成本进行定价。传统的以生产成本为基准的定价在以市场为导向的营销中是必须摒弃的。新型的定价基准应以顾客能接受的成本为基础，并依据该成本组织生产和销售。物流企业以顾客为中心定价，必须测定市场中顾客的需求及对价格认同的标准。这在互联网上可以很容易地实现。顾客可以通过互联网提出可接受的成本，物流企业则根据顾客的成本提供柔性的产品设计和生产方案供顾客选择，直到顾客确认后再组织生产、销售和相关的物流活动。所有这一切都是顾客在企业的服务器程序的引导下完成的，并不需要专门的服务人员，因此成本也极其低廉。

（3）产品的分销以方便顾客为主。网络营销是一对一的分销渠道，是跨时空进行销售的，顾客可以随时随地利用互联网订购产品或物流服务。

（4）压迫式促销转向加强与顾客的沟通和联系。传统的促销以企业为主体，通过一定的媒体或工具对顾客进行压迫式营销，顾客是被动的接受者，公司的促销成本很高。互联网上的营销是一对一的和交互式的，顾客可以参与到企业的营销活动中来，因此互联网更能加强企业与顾客的沟通和联系，更能帮助企业了解顾客和需求，更能使企业的产品或服务获得顾客的认同。

5. 网络广告

从 1994 年网络媒体的商业化运作开始，互联网就以罕见的速度发展着。互联网的媒体特性促使网络广告（Internet Advertisement）诞生和发展，并以惊人的增长速度显示着强大的力量。

（1）网络广告的主要发布渠道。我国网络广告的发布渠道主要有两种形式：一种是通过网站发布，网民在访问网站的主页时可以顺便访问发布的网络广告；另一种是通过 E-mail 发布。目前用 E-mail 发布广告有两种方式：一种类似于邮寄广告，它将有关信息强行发布给收集来的 E-mail 地址；另一种是通过 E-mail 发送免费的电子杂志附带发送广告，接受者必须自行订阅且同意接受。

（2）网络广告的主要发布形式。目前，网络广告的主要发布形式是旗帜广告和图标广告。由于我国的网络传输速率较低，国外流行的丰富图文旗帜广告在国内用得较少。国外企业发布网络广告的动机主要集中在市场定位、品牌建立、电子商务、接触网民和吸引访问等几个方面；而我国网络广告还处在尝试阶段，因此企业的网络广告还缺乏长期性规划。

（3）网络广告的类型。① 按钮型广告。② 旗帜型广告，又称横幅式广告，即以 gif、jpg 等格式建立的图像文件。③ 主页型广告。④ 邮件列表分类广告，即利用网站电子刊物服务中的电子邮件列表，将广告夹在读者每天所订阅的刊物中发给相应的邮箱所属人。⑤ 赞助式广告，分为内容赞助、节目赞助和节日赞助 3 种。客户可以根据自己喜欢的内容、节目或节日等进行赞助。⑥ 新闻式广告。⑦ 链接广告。⑧ 插页式广告，又称弹跳式广告，即广告主选择自己喜欢的网站或栏目，在该网站或栏目出现之前插入一个新窗口以显示广告的方式。⑨ 综合型广告，是以上几种广告方式的综合运用。

（4）网络广告的发布途径。网络广告的发布途径一般有以下几种方式：① 主页形式。② 网络内容服务商（ICP）。③ 专类销售网。④ 免费的互联网服务。⑤ 黄页形式。例如，Yahoo 等一些专门提供查询和检索服务的网络服务商的站点，它们如同黄页一样，按照类别区分用户，进行站点的查询。⑥ 企业名录。例如，一些互联网服务提供者（ISP）或政府机构会将一些企业的信息融入他人的主页中。⑦ 网上报纸或杂志。各类报纸和杂志将自己的触角伸向网络，招致更多的用户进行访问。⑧ 虚拟社区、公告栏（BBS）及新闻组（Newsgroup）。⑨ 友情链接。

（5）旗帜广告。

1）旗帜广告的特点。旗帜广告即我们通常所说的"Banner Advertising"。网络广告最早即起源于那些位于网站顶部或底部的长方形的旗帜广告。网络广告通常使用静态或动画 gif 图像。旗帜广告有下面几个突出特点：可定向性、可跟踪性、方便灵活的可操作性及交互性。

2）旗帜广告的评价与定价。在传统的广告宣传测量中，最重要的测量方法是每千次费用。在 Web 的旗帜广告测量中，我们很容易记录观众访问次数及点击旗帜广告的次数。尽管如此，目前的旗帜广告测量还不能说非常完善，如访问者的个人信息及旗帜广告是被 10 个人看了 100 次还是被 100 个人看了 10 次等还无法准确测得。随着技术的不断完善，这些现在还不可能完成的测量工作一定能完成。进行旗帜广告测量时的基本要素包括以下几个：点击（Hit）；调用（Request），调用次数可以准确地反映某个 HTML 文件的被访问次数，而不是包含在这个 HTML 文件中的所有图像文件；访问（Visit），指一个用户在特定时间段的连续调用，而特定用户以一个有效的 IP 地址来确定；IP 地址，它并不能反映出实际的用户数量；有效客户（Unique User）；第一访问页（First View），它是我们访问一个页面时所看到的第一屏,是投放广告的最佳位置,所以我们的广告条一般都设在这个位置;综合浏览量(Page View);点阅(Click Through),点阅率(Click Through Rate)是用户使用鼠标点击旗帜广告的次数与旗帜广告显示次数的比率;广告收视次数(Impression)。

一般提供旗帜广告空间的出版商能够提供适于旗帜广告投放网站的访问测量情况,如上面的主要测量要素。你也可以要求出版商提供上面的基本信息或相关信息,然后结合你的目标客户情况,制定出最佳的及最经济的旗帜广告策略。

物流营销技巧

物流俱乐部——物流市场营销的有效平台

有实力的物流企业应该以自己所在城市为基点,组织成立"物流俱乐部",广泛吸收各类企业客户、科研机构、物流同行、政府相关机构、大中专院校等参加。俱乐部要广泛听取各成员的意见和建议,定期或不定期地举办各类有意义的活动,如物流研讨会、免费物流讲座、企业问题恳谈会、组织物流参观等。俱乐部还可以在各城市发展连锁店,扩大影响,将其打造成物流营销的一个平台。通过与客户面对面接触、交流和沟通,虚心听取他们的意见,尊重他们的意愿,提供客户真正需要的价值,这才是真正意义上的"4Cs"营销。

必备技能

掌握物流服务的内涵

服务的英文是"Service",除了字面意义,还应该包含如下意思:

(1)"S"表示既要用微笑对待为你带来业务和创造价值的客户,还要用微笑对待与你有关联的一切人,甚至包括你的竞争对手(Smile for everyone)。

(2)"E"就是精通业务,并成为该岗位上的专家(Excellence in everything you do)。

(3)"R"就是对客户态度亲切友善,经常站在客户的立场上为客户着想,从细节上关注客户,洞察客户的困难和危机(Reaching out to every customer with hospitality)。

(4)"V"就是要将每一个客户,哪怕是业务量极少的客户都视为特殊和重要的大人物(Viewing every customers as special)。

(5)"I"就是要经常邀请每一位客户甚至他们的家人参加你为他们精心组织的各类有纪念意义的活动,还要邀请他们到你的企业光临指导(Inviting your customer to return)。

(6)"C"就是要为客户营造一个温馨的服务环境和标准化的服务规范与服务流程(Creating a warm atmosphere)。

(7)"E"就是要用眼神表达对客户的关心,传递真情(Eye contact that shows we care)。

实训 12　解读海运货代员的一封来信

实训任务单

学习领域	物流市场营销实务
学习情境	物流市场直复营销
学习任务	读海运货代员的一封来信，为毕业后从事货代销售积极做准备
任务描述	一名学生毕业后进入货代行从事海运销售，其主要工作就是电话销售。在短短时间内，该学生取得了不错的业绩。经教师要求，该学生从自己的实践出发，面对所有在校物流专业学生发回一封热情洋溢的信（见附录 12A）。要求： （1）写一份读后感，不低于 1 000 字 （2）学习使用甘特图制订货代职业知识储备计划，并对该计划实施 KPI 目标管理
任务目标	能够运用物流服务基本知识为物流企业服务

任务要求	任务情境	任务对象	任务手段	任务资源	任务组织	任务成果（物化成果形式）
	读来信	1. 甘特图 2. 货代员	1. 计划技术 2. 时间管理 3. KPI 目标管理	毕业学生来信	1. 任务的完成应该符合具体工作过程中人的思维的完整性，即包含和体现信息、计划、决策、实施、检查和评估 6 个步骤 2. 该过程由教师指导学生完成	1. 读后感 2. 甘特图计划表 3. KPI 目标管理表
分配人签字			受领人签字			

附录 12A

海运货代员的一封来信（摘要）

1. 揽货之前要具备的基本业务知识

（1）掌握世界海运地图的各条航线及各个港口的中英文对照名称，特别要注意各个区域都有哪些国家和地区。例如，明确中东、美西、美东，以及日本的关东、关西、九州和欧洲，这些地区都有哪些港口，以及这些港口都是哪些国家的。

（2）掌握各个船公司的中英文全称，清楚它们属于哪些国家、它们的优势航线是哪些。这非常重要，如果在学校就已经打好了基本功，再做货代就不会觉得听那些老业务谈话或遇到客户询价及自己向同行询价时一头雾水。

（3）学好货运代理、国际贸易、海运地理、集装箱、单证等基础知识，特别是各种集装箱各自的特点、功能及用途，它们的长宽高和内容积等。特别要注意 FOB、CIF、CFR 这 3 种国际上最常用的贸易俗语，一定要搞清楚它们最根本的区别在哪里。例如，要明白哪个是海运费到付，哪个是预付，在各个贸易方式中货代对哪一方负责，代表着谁的利益。我们一般在学校时不会太注意这些，实际上这些才是最必要的基本知识。

2. 做货代的基本步骤

（1）进行上述基本知识的学习和电话营销技巧的培训（一般很少有货代公司去做电话营销技巧的培训，都是让你坐在那里听别人怎么打电话）。这个过程一般需要1个月，也是最难熬的阶段。这一段时间，你会感觉整天无所事事，想做些什么但又无从下手，也会觉得整天背那些基本的业务知识弄得脑袋里一团糟。如果在学校里都做好准备，就会省事又省力，做起来也会从容得多。

（2）第二个月开始给有进出口业务的企业和外贸公司打电话，当然也有一些公司在你刚到几天时就会让你打电话。一般公司都会给新人一本《中国进出口企业名录》，让你打上面的电话。练习一段时间后，就需要自己去找资源了，一般可以到"阿里巴巴""中国商品网"等网站上去找。

（3）前三四个月的主要工作就是打电话，积累客户的资料，重点是获得客户的MSN。前三个月期间，建议不要着急出货，就是有人询价也不要花费太多的精力去给他们做报价表，等积累到二三百个客户之后，再每天花半天时间用计算机和客户聊天，从众多的客户里面去发现真正的目标。如果在有了五六十个客户之后就一直和他们聊，则会浪费大量的时间。

（4）注意向同行询价。《旭日物流》和《中国远洋船务》等杂志上都刊登着青岛各个货代公司和船务公司的优势航线。注意，询完价之后，一定要问他们哪一点做得最好，然后获得他的MSN，再进行分类，分类越细越好。

（5）做好工作计划，整理好客户资料，注意回访客户。

3. 工作计划

上午的工作计划：

8：30—9：00　工作前的准备，把要回访的客户资料都详细看一下，调整好心态。

9：00—10：00　打30个有效电话，获得3个客户的MSN，发3份公司简介。

10：00—10：20　回访客户，记下获得的新的客户信息。

10：20—11：00　打20个有效电话，获得2个客户的MSN。

11：00—11：30　整理客户资料并记录到客户资料表上，如有必要，还要把有些通话内容的重点及客户的态度记录下来，然后利用剩余的时间去发传真。

下午的计划和上午的大同小异。

第 13 章

物流市场营销管理

学习目标

通过本章的学习，了解物流企业进行营销管理和控制的一般思路，以及各种实用有效的营销管理表格及其设计方法。

工作任务

解读 FedEx 公司在中国的营销管理之道

随着中国加入 WTO，国际物流企业加快了在中国的发展，而像 FedEx（美国联邦快递）、UPS（美国联合包裹服务）公司这样的物流业巨头则在之前就已悄悄地完成了在中国的战略部署。有数字表明，目前国内速递市场中，中国邮政的 EMS 市场占有率为 40%，DHL 占 30%，UPS 占 10%，FedEx 占 10%，其他占 10%。从 1995 年起，FedEx、UPS、DHL 等国际速递巨头在国内的营业额增长率都保持在 20% 以上。一定程度上，这些跨国物流企业在中国的经营对中国的物流企业的发展起到了极大的推动作用。

1．创造一体化物流服务模式

按照物流服务发展的 4 个阶段看，中国的物流企业还仅处于第 I、II、III 阶段，第 IV 阶段才只是刚刚起步。作为全球最大的快递企业之一，FedEx 公司在提供门对门、一体化供应链物流服务方面有着先进的管理理念及运作模式。

物流运作服务与物流管理服务强调个性化服务，提供专用运载工具或适用于特定产品的仓储、包装服务。一体化物流服务则是根据客户需求，整合客户的上游企业与下游企业，以及客户自身的生产经营流程，是一种附加值最高的物流服务。

2．创建资源整合建设专家角色

FedEx 公司通过其中国的合作伙伴——大田集团，已经完成了以北京、上海、深圳为中心的中国物流网络的布局。这样，FedEx 公司实际上已经开通了中国京、津、沪、穗、深圳及周边城市客户投寄 15 个亚洲城市和美国、加拿大各个城市的"亚洲一日达"和"北美一日达"快递服务。

FedEx 公司通过其 FedEx Ship Manager、FedEx PowerShip、FedEx Shipping

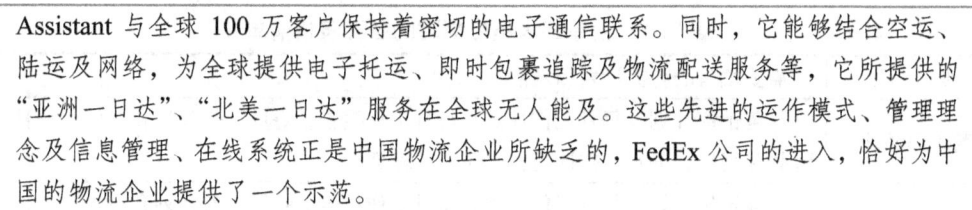

Assistant 与全球 100 万客户保持着密切的电子通信联系。同时，它能够结合空运、陆运及网络，为全球提供电子托运、即时包裹追踪及物流配送服务等，它所提供的"亚洲一日达"、"北美一日达"服务在全球无人能及。这些先进的运作模式、管理理念及信息管理、在线系统正是中国物流企业所缺乏的，FedEx 公司的进入，恰好为中国的物流企业提供了一个示范。

3. 以物流信息化提升服务质量

现代物流企业服务质量的好坏，在很大程度上取决于企业的信息化程度高低及对信息的运用能力。FedEx 公司的成功，在一定意义上取决于其快捷、便利的信息系统及自动化的物流设备，它几乎应用了世界上最先进的各类物流信息技术和运作模式。FedEx 公司进入中国后，中国的本土的企业一定会寻求与 FedEx 公司同样的服务速度，这会促进国内物流企业注重物流自动化设备的建设，加快其信息化的进程，提升其服务的质量。

4. 物流运作具有高度专业化特色

物流服务有很强的专业技巧和技能，这一方面要求有配套的运载工具、存储等相关设备、措施，另一方面需要有了解货物属性、通晓货物相关要求的专业人士。例如，温控运输中的保温技术、危险品运输中的安全防护措施及特种物流作业，FedEx 公司能用飞机为大熊猫、赛马、跑车、钢琴等各种物品提供跨地区的运送服务，货物既要有普通物品的运送特性，又要有高度安全、环保的要求，运送要求非常高，没有专业的技术和措施是无法确保服务质量的。FedEx 公司已经在全球物流运营过程中积累了丰富的知识与经验，各项安全、环保标准及其他技术指标都能符合国际要求。这也提醒中国物流企业，若要持续发展和走向全球物流市场，物流运作必须符合国际标准。

? 思考题

物流营销的成功离不开营销管理，包括营销设备、营销人员、营销信息、公共营销资源等。那么，什么是公共营销资源？

13.1 物流市场营销管理概述

13.1.1 物流市场营销管理的含义

物流市场营销管理是对涉及物流营销的一切因素进行计划、组织、领导和控制，以确保营销效果的活动。

13.1.2 有效营销管理表格

1. 营销部人员应填写的各种表格（见表 13-1）

表 13-1 营销部人员应填写的各种表格清单

部门	需要填写的各类计划和表格
营销部经理	年度销售计划、每月工作计划、每月工作报告、每周工作计划和报告、每日工作计划和报告、下月工作计划、业绩考核表等
分公司经理	年度销售计划、每月工作计划、每月工作报告、每周工作计划和报告、每日工作计划和报告、下月工作计划、业绩考核表、每月拜访计划、每周销售报告、客户记录总表、市场巡视工作报告、市场信息反馈报告等
专卖店店长	年度销售计划、每月工作计划、每月工作报告、每周工作计划和报告、每日工作计划和报告、下月工作计划、业绩考核表、每月拜访计划、每周销售报告、客户记录总表、市场巡视工作报告、市场信息反馈报告、客户投诉记录表、销售代表业绩考核表等
销售代表	年度销售计划、每月工作计划、每月工作报告、每周工作计划和报告、每日工作计划和报告、下月工作计划、业绩考核表、每月拜访计划、每周销售报告、客户记录总表、市场巡视工作报告、市场信息反馈报告、客户投诉记录表、销售代表业绩考核表、每月拜访计划、客户拜访基准表、每日理货报告、每日销售报表、每周销售报表、客户资料卡、客户存货报告等
备注	

2. 年度销售计划表（见表 13-2）

表 13-2 ___年度销售计划表

填表人：　　　　　　职位：　　　　　　负责区域：

月份	上一年度计划			本年度计划			备注
	目标	实绩	达成率	目标	实绩	达成率	
1							
2							
3							
4							
5							
6							
7							
8							
9							
10							
11							
12							
本年合计							

3．每周拜访计划表（见表13-3）

表13-3　每周拜访计划表

填表人：　　　　负责地区：　　　　填表日期：　　年　　月　　日

星期一	星期二	星期三	星期四	星期五

4．每日销售报告（见表13-4）

表13-4　每日销售报告

地区：　　　日期：　　年　　月　　日　　销售代表：　　　单位：

客户名称	类别	拜访时间	产品1	产品2	服务1	竞争品	今日累计		至今日累计	
							本公司	竞争者	本公司	竞争者
今日累计										
至今日累计										
本月目标										

5．每周销售报告（见表13-5）

表13-5　每周销售报告

填表人：　　　负责地区：　　　至：　　　抄送：　　　日期：

品名＼客户名称							本周累计	至本周累计
合计累计								
存货额							合计	
订货额							合计	
收款额							合计	
备注								

6. 客户存货报告（见表 13-6）

表 13-6　客户存货报告

分公司：　　　　月份：　　　　填报人：

编　号	产品或项目						合　计
	本月定量						
	月初存货						
	现时存货						
	销量						
	本月定量						
	月初存货						
	现时存货						
	销量						

7. 每周市场销售报告（见表 13-7）

表 13-7　每周市场销售报告

日期：　　年　　月　　日

① 销售目标：　　　　销售实绩：　　　　达成比率：

② 完成的原因（或未完成的原因）：

③ 畅销商品的名称、数量和金额：

④ 销路不好的商品的名称、数量和金额：

⑤ 畅销的原因：

⑥ 销售不佳的原因：

⑦ 消费者有何新情况：

续表

⑧ 经销商有何新情况：

⑨ 有关竞争厂商的报告：

⑩ 下周工作重点、中心、突破口：

8．本公司产品销售情况（见表13-8）

表 13-8 本公司产品销售情况

填表人：　　　负责区域：　　　工作月份：　　年　月

品名	规格	本 月			上 月			下月（估计）
		实际销售	销售指标	对比增减（%）	实际销售	销售指标	对比增减（%）	

9．总结与建议（见表13-9）

表 13-9 总结与建议

① 本区域产品、陈列、促销、广告、培训、会议等工作总结：

② 竞争公司产品、价格、陈列、促销、广告等信息：

③ 本地顾客与本公司及竞争者产品的反馈意见和消费者行为：

④ 本地经济发展及相关政策：

⑤ 工作建议和要求：

10. 市场信息表（见表13-10）

表13-10　市场信息表

信息提供人：	城市：	品牌：	规格：

专卖店或经销商商号：_____

活动：（在空格内填上✓）：

☐ 新产品投放	☐ 新包装	☐ 媒体广告	☐ 价格变动
☐ 样品促销	☐ 宣传品	☐ 店内促销	☐ 加送赠品
☐ 幸运抽奖	☐ 其他		

日期由　　年　　月　　日至　　年　　月　　日

详情：_____

_____

估计影响：_____

建议行动：_____

资料来源：_____

11. 市场巡视工作报告（见表13-11）

表13-11　市场巡视工作报告

巡视人员：　　　　巡视起止时间：　　　　巡视地区：

商店名称	类别	店面面积	专柜面积	商品陈列及库存		分销品种		广告促销情况		销售情况		备注
				本公司	竞争者	本公司	竞争者	本公司	竞争者	本公司	竞争者	

12. 客户记录总表（见表13-12）

表13-12　客户记录总表

销售人员：　　　　地区：　　　　最新跟进日期：

编号	客户类别	客户名称	辐射区域	商店名称	商店面积	联系地址	邮编	电话/传真	负责人	开户银行及账号

13. 客户资料卡（见表13-13）

表13-13　客户资料卡

客户名称				地址			邮编	
负责人		性别		年龄		职务	电话	
类别	竞争品在此处销售额：	往来银行及账号			税号			
		休息日			结账日			
					付款条件			
		工商登记号及主管项目			经济性质			
					店面所有人			
		注册资本			流动资金			
		开业历史			固定资产			
		赊账期			账期			
规模		销售/导购/营业员人数			运输车辆数量			
		营业面积			商圈范围			
		仓库面积			分店数量			
		运输方法			送货地址			
		负责人个人资料						
客户其他资料								

14. 客户信用卡（见表13-14）

表13-14　客户信用卡

客户编号		地区		
客户名称		电话		邮编
客户地址				
负责人姓名				
营业执照编号				
经营性质				
每月营业额				
店面所有人				
销售代表对客户的评价				
信用资料				
开户银行名称		账号		
地址		电话		
联系人姓名				
职务				

续表

供应商 A 名称	电话
联系人姓名	年营业额
职务	
供应商 B 名称	电话
联系人姓名	年营业额
职务	
供应商 C 名称	电话
联系人姓名	年营业额
职务	
客户的其他信息	销售代表

15．客户投诉处理记录表（见表13-15）

表 13-15　客户投诉处理记录表

受理编号：	投诉地区和记录人：	投诉日期：
客户名称		地址和邮编
电话和传真	联系人	投诉凭据
投诉内容		
具体事由		
要求		
分公司调查结果		
销售部门处理意见		事实 处理意见 改善对策
责任部门对事故原因的分析和处理意见		原因分析 处理意见 改善对策
市场部经理意见		处理意见 改善对策
营销总监意见		处理意见 改善对策

16．营销策划方案实施与执行管理事项清单
（1）从策划案中抽出全部工作任务和工作事项，列出明细表。
（2）建立一个关于该活动的临时组织机构，画出组织架构图。
（3）编制活动人员分工计划表，通过目标管理表实施跟踪管理。
（4）时间进度安排表，要求用甘特图建立。
（5）物料清单，列详细表格。
（6）预算表，要求每种物料至少询价3家以上，并提供详细询价证据。

（7）现场踩点勘察报告，要求对活动场地实地勘察，画草图标识，做详细说明。
（8）活动现场规划设计方案，详细标出区位划分、区位功能、物品摆放位置。
（9）活动流程图及各节点内容说明。
（10）活动彩排及安排表。
（11）活动前置预热安排计划与实施方案。
（12）宣传品展架、喷绘、写真、易拉宝、单页等尺寸规格、内容、设计方案、现场悬挂方案（实地测量，请学习其他平面设计专业学生代为设计）。
（13）安全管理方案。
（14）活动临时综合管理制度与执行。
（15）活动前培训沟通计划与执行。
（16）活动预案。
（17）活动结束撤摊方案。
（18）物流运输与配送计划安排。
（19）现场每天邀约、拍摄、采访计划安排。
（20）备货计划安排。
（21）其他必要计划和准备。

物流营销技巧

物流教育——物流市场营销的引子

物流企业，特别是国内专业的第三方物流企业，应该责无旁贷地承担起现代化物流教育和物流知识普及的重任，及时地向各类客户和货主提供他们所需要的和可以为他们提供第三利润源的物流经验、技术、技能，经常在业界组织各种形式多样的物流研讨会、专题讨论、企业参观学习和观摩、物流培训等，让更多的货主了解物流。

13.2 物流市场营销控制

1. 物流市场营销控制的含义

物流企业市场营销控制是通过检查与监控企业各级营销活动的实际过程，考察营销实际发生与原计划或规划之间的偏差，分析其中的原因并采取措施，以保证目标实现的活动。

2. 物流企业营销控制的基本程序

物流企业营销控制的基本程序大致如下：

（1）确定市场营销的科学目标。任何物流企业、企业营销的任何部门、营销部门中的任何员工都要有非常明确的营销目标，这是实施营销检查与控制的前提条件，也是营销控制的重要依据。营销目标的制定必须符合 SMART 原则：

- Specific，即可确定的，是指目标的制定要是具体的，从目标到目标的分解、实施步骤、措施、评价等都是明确的、具体的。
- Measurable，即可衡量的，是指目标要可以度量，最好是量化指标，即使定性指标也应该加以具体、细致的描述。
- Acceptable，即可接受的，是指目标必须是被实施者愉快接受和认可的。这是目标实现的前提，只有被认可的目标才有实现的可能。
- Realistic，即可实现的，是指目标是现实的，经过努力可以完成和实现，并不是高不可攀的、望尘莫及的。
- Time Indication，即有时间限定，是指目标的完成要有明确的时间设定，还要有具体的完成步骤和进度。

（2）选择控制的方法和技术。一般而言，上级主管对下级营销部门的控制主要有两种方法：① 直接控制，指通过双方签订协议、合同或所有权分享等途径实现控制的方法。② 间接控制，指靠传递指令和相互竞赛控制物流营销部门或员工的行为与行动的方法。

（3）进行实地调研。实地调研的目的是收集各级营销部门的工作实绩和现状，掌握第一手资料，做到胸中有数，以便在与下级进行沟通时做到用事实说话。

（4）明确责任。比照目标与营销实现的现状，找出差距和不足，分析原因，界定责任归属。

（5）纠正偏差。控制过程中发现的偏差要及时采取有效措施加以纠正，以防蔓延。值得注意的是，一个部门、一名员工身上发生的错误要通过企业内部网络让所有的部门、全部员工都知道和清楚，必要时还要开展讨论。

（6）评价效果，树立标杆。对于营销管理和控制过程中发现的先进典型，要将其及时树立为企业的标杆，加以推广，把他们的经验标准化、规范化、制度化、形象化，同时建立有效的机制（一种可以复制更多标杆经验的机制），让更多的组织和员工自觉加入到向标杆学习的行列中来。

3．物流企业营销控制的方法

物流企业营销控制的方法：① 年度、月度、旬度、周度和日度计划与目标控制方法。② 企业赢利控制。③ 企业战略控制。

◇问题卡片

物流营销中的快速分享与复制

物流企业的营销基本上属于行业营销、组织市场营销、企业客户营销和大用户营销。关于该类营销，特别是对于物流行业而言，基本上没有非常成熟、现成的有效理论、经验、知识、技术和方法可供借鉴，大部分经验与知识都散落在不同企业的不同优秀营销团队和优秀物流业务员、揽货员的脑袋中。所以，物流企业怎样将这些有价值的经验和技巧挖掘出来，并加以整理和归纳，形成标准化的营销模式，进行大规模的分享和复制，是提高物流企业营销业绩的重要手段，也是物流企业营销管理的重要工作。其难点在于，物流企业营销激励机制等方面的缺陷，使得这些优秀的揽货员通常不愿意将自己的秘密公开，所以企业通过什么方法和途径、建立怎样的机制、是给予物质奖励还是注册优秀员工服务品牌等就成为物流企业营销管理面临的一个十分重要的营销课题。

必备技能

组合力+联想力=创新力

让看似与营销互不相关的事物建立联系，让世界上的万事万物与营销交合，会给营销带来怎样的帮助？对你会有什么启发？

树与营销的关系：

- 绿色通道方便紧急商品快速物流；
- 营销组织的树形结构；
- 营销网络的树形结构；
- 营销人员业绩树，即根据业绩将营销员的名字从树底向树顶移动；
- 绿色营销，即营销不搞虚假宣传、不欺诈客户；
- 树干，即企业的关键客户，也是企业的主干业务、产品；
- 树立营销典型，分享成功经验；
- 营销装备少使用或不使用木材，尽量用塑料代替，节约资源；
- 牢记营销中树大招风的定律，注意控制和准备应急预案；
- 圣诞节前夕，对客户奖励圣诞树，上面要有为客户孩子准备的各种各样礼物；
- 为营销员制定的营销目标应该高一些；
- 剥开树皮看本质，通过调研找问题；
- 筑巢引凤，引进优秀营销人才；
- 注册"树"状图案商标；
- 从事木材物流；
- 回收木制家具；
- 营销的根是开发高质量的产品和服务；
- 大树底下好乘凉，与知名品牌捆绑，营销效果佳；
- 树要浇水，营销员要充电，要有高额回报；
- 在企业墙上设计市场树，凡已经攻克的市场将树叶换成绿色，否则为红色；
- 营销员的不良习惯和小问题犹如小树枝，要经常修剪；
- 问题树；
- 决策树；
- 企业义务植树；
- 企业义务管理公共树林；
- 在树上悬挂企业标志；
- 在城市的树上悬挂"请爱护树木"的标志牌；
- 天冷的时候，义务为树保暖；
- 树有四季生长规律，企业产品有生命周期规律；
- 掰掉烂树叶，砍掉非营利市场、客户和产品；
- 捐献树苗；
- 树苗物流；
- 站得高，才会看得远，营销战略更重要；
- 企业新婚夫妇义务植树活动；
- 学习松下公司的经验；
- 常青树与百年企业；
- 在一个市场从扶持一家经销商开始，通过口碑宣传结硕果；
- 与客户共植"友好树与友谊树"。

实际上，答案是无法穷尽的，请大家接着联想。

实训 13　期末大分享：销售冠军路线图

实训任务单

学习领域	物流市场营销实务
学习情境	物流市场营销管理
学习任务	把第 1 章"实训 1"安排的每位同学与物流企业的销售能手"交朋友"的跟踪记录在全班集中分享，最后整理成册，形成全班《销售冠军路线图》合订本
任务描述	1. 开全班分享大会，也可以邀请学校其他相关专业学生或教师参加 2. 邀请其中几位销售冠军与学生见面，当场游戏，并介绍经验；游戏主要考察学生与销售冠军经过一个学期的"交朋友"行动后二人的默契程度 3. 制作《销售冠军路线图》合订本 4. 向当地企业销售《销售冠军路线图》，销售业绩计入成绩考核
任务目标	能够学会分享销售经验

	任务情境	任务对象	任务手段	任务资源	任务组织	任务成果（物化成果形式）
任务要求	销售经验交流大会	1. 物流企业业务员 2. 货代员	经验介绍	1. 学校学生、教师等 2. 企业销售冠军代表若干 3. 照相机 4. 报告厅 5. 投影设备 6. 饮品、小食品 7. 摄影设备及专业人员 8. 礼仪小姐 9. 留言簿、登记簿	1. 任务的完成应该符合具体工作过程中人的思维的完整性，即包含和体现信息、计划、决策、实施、检查和评估 6 个步骤 2. 该过程由教师指导学生完成	1. 活动录像带 2. 销售冠军轨迹表原始材料 3.《销售冠军路线图》合订本
分配人签字			受领人签字			

参考文献

［1］ 旷健玲. 物流市场营销（第1版）［M］. 北京：电子工业出版社，2012.
［2］ 尚致胜，李厚豪，李坤恒. 幸福营销［M］. 北京：清华大学出版社，2013.
［3］ 董千里. 物流市场营销学（第2版）［M］. 北京：电子工业出版社，2010.
［4］ 黄福华，李坚飞. 物流营销［M］. 沈阳：东北财经大学出版社，2009.
［5］ 李雪松. 现代物流营销管理［M］. 北京：水利水电出版社，2008.
［6］ 魏农建. 物流营销与客户关系管理（第2版）［M］. 上海：上海财经大学出版社，2009.
［7］ 张铎，苑晓峰. 物流市场营销基础［M］. 北京：中国铁道出版社，2008.
［8］ 袁炎清，范爱理. 物流市场营销［M］. 北京：机械工业出版社，2003.
［9］ 毛晓辉. 王建军. 助理物流师［M］. 北京：人民交通出版社，2004.
［10］ 王少愚. 物流与市场营销学［M］. 北京：对外经济贸易大学出版社，2005.
［11］ 蓝仁昌. 物流技术与实务［M］. 北京：高等教育出版社，2005.
［12］ 詹姆斯·H·迈尔斯. 市场细分与定位［M］. 王祎，译. 北京：电子工业出版社，2005.
［13］ 曲建科. 现代物流企业管理［M］. 北京：中国经济出版社，2005.

反侵权盗版声明

　　电子工业出版社依法对本作品享有专有出版权。任何未经权利人书面许可，复制、销售或通过信息网络传播本作品的行为；歪曲、篡改、剽窃本作品的行为，均违反《中华人民共和国著作权法》，其行为人应承担相应的民事责任和行政责任，构成犯罪的，将被依法追究刑事责任。

　　为了维护市场秩序，保护权利人的合法权益，我社将依法查处和打击侵权盗版的单位和个人。欢迎社会各界人士积极举报侵权盗版行为，本社将奖励举报有功人员，并保证举报人的信息不被泄露。

举报电话：（010）88254396；（010）88258888

传　　真：（010）88254397

E-mail：　dbqq@phei.com.cn

通信地址：北京市万寿路 173 信箱

　　　　　电子工业出版社总编办公室

邮　　编：100036